# 作家成长记

主编／王琰

甘肃文化出版社

甘肃·兰州

**图书在版编目（CIP）数据**

小作家成长记 / 王琰主编 . —— 兰州：甘肃文化
出版社，2020.10（2025.2 重印）
ISBN 978-7-5490-2118-5

Ⅰ.①小… Ⅱ.①王… Ⅲ.①作文—中小学—选集
Ⅳ.①H194.5

中国版本图书馆CIP数据核字（2020）第196825号

# 小作家成长记

王 琰 | 主 编

责任编辑 | 李志军　王博玉

封面设计 | 韩　征

出版发行 | 甘肃文化出版社
网　　址 | http://www.gswenhua.cn
投稿邮箱 | gswenhuapress@163.com
地　　址 | 兰州市城关区南滨河东路 520 号 | 730030（邮编）

营销中心 | 贾　莉　王　俊
电　　话 | 0931-2131306

印　　刷 | 河北浩润印刷有限公司
开　　本 | 787 毫米×1092 毫米　1/16
字　　数 | 310 千
印　　张 | 19.75
版　　次 | 2020 年 10 月第 1 版
印　　次 | 2025 年 2 月第 3 次
书　　号 | ISBN 978-7-5490-2118-5
定　　价 | 58.00 元

# 编 委 会

# 从心灵到笔尖步履不停（代序）

写作是一场奇妙的旅行，一场从心灵到笔尖的旅行。行走于自我的旷野上，将那些触碰过自己的经历记录下来，也许仅是一朵浮云、一场微雨，也会让你在今年吹过的微风里感受到去年的温度。

那么，现在请打开这本书，一起来感受孩子们的梦幻旅程，看看他们如何在自己的世界里步履不停。

这本《小作家成长记》是惠正杯"我是小作家"作文大赛的第二本学生作品集，收录的作品为第二届"我是小作家"作文大赛的优秀参赛作品。

由兰州市委宣传部、兰州市文明办、兰州市关心下一代工作委员会、兰州日报社、兰州市教育局、兰州市文联联合主办，兰州晚报社承办的"我是小作家"中小学生作文大赛，于 2017 年 1 月 1 日开赛。这是中小学生盛大的一场作文大赛，经过层层筛选后的入选作文以专版在《兰州晚报》刊登，再由甘肃省作家协会主席马步升领衔，阳飏、牛庆国、王若冰、王琰五位导师组成的评委团队，对入选作品进行月赛与总决赛两次细致评选，决赛前三名学生成为兰州市作协会员，第一名获奖作者赢得万元奖金。

这场大赛将孩子们最好的文字、作家团队最精心的评选、媒体最快的刊发，完美融合，使每一篇努力证明过自己的文字都得到了尊重。从首届大赛开赛之后，三年多的时间里，孩子们以"雪花"一样的投稿速度，诉说着他们的童年、成长、困惑，以及热爱。记录就是最好的倾诉，在这种文字的旅行当中，他们找到相同的心灵，如同一棵树呼应着另一棵树，风声就是交流。他们也看见思考的力量，就是向上，向上，直抵天空。

"我是小作家"中小学作文大赛同样也吸引了一些文化单位的参与，甘肃文化出版社结集出版了《兰州晚报》刊登过的首届大赛入选作品后，书名《小作家写作文》。这让"我是小作家"大赛上发表过作文的小朋友拥有了自己的第一本书。而为了继续支持兰州市中小学生的创作热情，让文字引领思考，甘肃文化出版社再次结集出版了第二届的大赛入选作品，这本《小作家成长记》就是他们给予孩子们最好的礼物。

如果写作是一场旅行，出发一定从阅读开始。翻开这本书吧，启动旅程的第一步，只要不停地走，不停地走，有一天我们的脚步终将抵达心灵的深处。

# 目 录

## 决赛获奖和入围作品

## 月赛获奖和入围作品

### 1月份

## 12月份

## 公 益 作 文 大 讲 堂

# 决赛获奖和入围作品

**第一名授奖词：**

张瀚之的《兰州，真好》，从这座城市每天清晨的一碗牛肉面开始，对兰州进行了历史与现实跨时空的描写，以充满诗意的文字，表达了对这座黄河穿城而过的城市发自内心的热爱。

# 兰州，真好

◆ 张瀚之

清晨的白雾如一双大手轻拂楼宇，擦着阳光的暖意轻轻叩响窗扉。熟睡的我醒来，在兰州，还有更早起者，就是牛肉面馆的师傅。四点开始煲汤，六点面馆开门，不出十分钟，窄小的门店里挤满了客人。一口热气腾腾的大锅，牛肉和白萝卜片跳起圆舞曲，香菜和红辣椒相聚融汇。长长的面条，划出一道优美的弧线在空中翻一个滚儿稳稳落入锅中。一位早出的行人，急匆匆地在街角巷陌穿行，经过一道道钢筋水泥的建筑，现在，一大碗牛肉面活色生香地盛在了面前。牛肉面据说最早源于清朝陈维精将手艺传给回族同学马六七的历史，历经一波三折由马保子挑担经营，才是我们今天看到的牛肉面。门店小，位置少，端起面往桌子上一放，和对面的人相视一笑，呼呼开始吃面，吃下一筷子面，喝一口汤，咬一口清爽脆嫩的小菜。兰州的生活，满福！

如果说一碗面拉近了人与人之间的距离，那一座桥更是拉近了两岸兰州人的距离。翻开兰州历史，黄河猛兽般自巴颜喀拉山脉翻滚涌下，穿过兰州城嘶吼着飞奔而去。桥如杆铁枪横在城中央，扼住黄河这头猛兽。黄河铁桥由德国人设计建造，百年时光转瞬即逝，铁桥仍安然盘踞。五座弧形钢架拱梁飞架于方座桥墩上。解放兰州战役中，铁桥被漫天炮火映得通红，却仍坚守在河上，忠诚地守护着这座城。如今安褪去骁勇的光芒，静静地伫立在石碑旁，如那风云动荡年代的人们向和平伸出的橄榄枝。夜有凉风，桥上灯火通明。百年铁桥，静守兰州岁月悠长。兰州的桥，攒劲！

兰州作为西北重镇，古丝路的必经之地，在中国乃至世界都有着别样的魅力。黄河是兰州流向世界的一抹蓝，兰州国际马拉松赛事中，来自世界各地的人们沿河奔跑。黄河是一条长长的线，将滨河路一个个景点串起来，向世界人民交出兰州这张闪亮的名片。越来越多的外地人在夏天来到兰州避暑，吃一牙黄河蜜，坐在黄河边的木椅上，看夜晚灯光通明的游船。或是在清晨，读者大道旁绿树成荫，天空微笑，瓦蓝瓦蓝的笑容，头顶春日丁香色的流云，我和风一起奔跑着，骑着自行车沿滨河路前行，耳边偶尔有羊皮筏子师傅爽朗的吆喝，溅碎满城阳光。活在兰州，亮豁！

欧里庇得斯在某个清晨说："出生在一座著名的城市里，这是一个人幸福的首要条件。"兰州著名吗？或许并不，可是，作为一个土生土长的兰州姑娘，看惯了这座城的车水马龙，听惯了隐约的钟声、河边吼着的秦腔或花儿，入夜总有皮影在光影交错的剧场演起来，我依然觉得幸福。在一个地方待久了，总会不经意带上这个地方的气息。这座城，有我挂念的人，有各种青梅往事，有偶尔从头上飞过的大雁。春日到来，燕子归去，远方有田野，我总是在上学的路上。母亲会在每个清晨为我煮好一颗白水煮蛋，父亲在我上高中之后，总会尽早回家，陪伴我在灯下读书的每个夜晚。院子里的槐树下，我埋下一个盒子，我叫它时光盒。我在里面装上青涩的心事，珍重地与它道别，并向它许下诺言。有一天我们会再次相遇，我会变成更好的自己。兰州，真好！

第二名授奖词：

　　蒙雨飞的《永不凋零》，用日记的形式描述了姥爷逝世前后自己的心理变化，并由此得出了亲人给予的爱乃生命之火的延续，这也是一个人生命的价值和意义。文章从一个侧面记录了一段特殊的心路历程，颇富人文情怀及哲理意蕴。

# 永不凋零

◆ 蒙雨飞

　　骑着单车穿过长长的林荫大道，会觉得时光如同飞越瞳孔的流影，刚感觉到明朗就旋即消失，唯剩点点感慨停留。

——题记

2016 年 12 月 10 日　阴转晴

　　妈妈告诉我姥爷的病情加重了。这个话题真是沉重啊，我想着。

　　今天学校里并没有发生什么有趣的事，本来我觉得可能没有什么好记录的，就不打算写日记了。但是临睡前，妈妈接到了舅舅的电话，说姥爷病情加重。舅舅的语气很疲倦，光是拿起听筒等待声音传来都能令人感到他面对姥爷生命即将燃烧殆尽的无力。一时间，突然感觉这冬天好冷！

　　我不知该如何表达此刻的情感。以前总觉得日记里写的全是我生活中最真实的一面，可当真正遇到这种生离死别的大事时，我却语塞。或许是我还太小，所以在漫长却又短暂的生命面前显得太过微不足道。

　　总之，还是希望姥爷能赶快恢复健康，顺利治好病。在这里把最好的祝福献给姥爷。

2016 年 12 月 29 日　小雪

马上就要期末考试了，时间过得真快啊，转眼这个学期就要结束了。明年六月，我的初中生活也将画上句号。

说起来，中考这个话题我虽然不常在人前谈起，就算迫不得已要说，我也只是表达我对它的害怕，但是每当夜深人静时躺在床上想起它，我还是有些激动的，因为这意味着我要成为高中生了呀！如果考得好，说不定我的人生从此就会走上一段令我无法想象的奇妙旅程……

这些光是想想就能令我热血沸腾啊！加油，一定要坚持住，胜利的曙光就在明年六月！

另外，舅舅今天打电话说姥爷的病情有所好转，这真是太好了，看来我的祝福真的被姥爷听到了。


2017 年 1 月 15 日　阴

我现在真的不知道该怎么办了。没错，这次期末考试我考得真的真的很差，尤其是语文。

可能这段时间担心姥爷的病情对我有些影响，但那不是主要原因。别再找借口了，就是我最近学习没有以前认真。

今天的天气很差，望着窗外厚密的云层，我感觉自己也仿佛被愁云包围。我突然感觉前路很迷茫，就像是在海上行驶的邮轮，本来明晰的航道被一阵突如其来的迷雾包裹。一时间，我失去了方向，也失去了信心。


2017 年 3 月 21 日　晴转阴

最近到处的花都开了，看来春天彻底来临了呢！但我却无心赏花——姥爷的病情又加重了。生病、治病，病情好转又加重，的确是一波三折的事儿。

听爸爸说今天早上妈妈接到舅舅的电话脸色瞬间就变得惨白，姥爷这次真的挺不过去了吗？我很想去看望姥爷，但是再过几天就要一诊了，我现在最主要的就是考好这次诊断考。如果姥爷知道我考得好的话，他一定会很开心，说不定对他的病情也会有帮助。

姥爷，您一定会好起来的！

2017 年 4 月 20 日　晴

今天我去看望姥爷了。姥爷的脸色很差，但眼神依旧清明、依旧慈爱，不论姥爷变成什么样，他始终都是那位最疼爱我，也是我最敬重的老人。我告诉姥爷这次诊断考我考得很好，姥爷发自内心地替我高兴。那一瞬间，仿佛姥爷不再受病痛折磨，快乐得如同一个孩子。

走在回家的路上，我不禁在想，生命的意义究竟是什么，究竟什么样的人生才算值得？

姥爷浮浮沉沉一辈子，他所经历的很多困难、很多磨难都是我无法想象的。如果生命已经走到他那一步，或许病痛对于他来说已经不算什么了。那么他现在最希望的是什么呢？我想他一定希望孩子们都能幸福地生活下去。再残忍、再真实一点地说，可能他希望我们不再受他的拖累吧。

那么我的生命走到哪一步了呢？人们常说"豆蔻年华"，诚然，说的就是我现在所处的年龄。这么美好的年华却被现实强迫着去面对最亲爱的人离去，是否太过残酷？

想来想去，思绪早已飞向远处，也忘记了最初思索的那个问题。春日的夜晚还是很寒冷的，但这也不及我心中孤寒的万分之一。有些花已经陆陆续续开败了。花落都使人如此伤心，更何况生命的流逝？

2017 年 5 月 7 日　小雨

姥爷去世了，我亲爱的姥爷最终还是没能挺过这个夏天。

以前总觉得秋冬才是最萧索的，"自古逢秋悲寂寥"。可令我没想到的是，在万物都蓬勃发展的夏天，姥爷却……却去世了。

我是晚上放学回家才知道这个消息的。我不知泪水是如何模糊了我的眼，只觉那一瞬间，时光格外漫长，世界格外安静，脑海中除了姥爷的音容笑貌，除了姥爷的点点滴滴，我再什么都想不到。

大悲无言。此刻，文字已无法表述我心中的一切，不知今晚的夜风能否仁慈一些，能否在我的梦中吹入姥爷的样子，让我再见他一面。

2017 年 7 月 19 日　晴

转眼盛夏已至，蝉鸣聒噪，可我却一点都不觉得厌烦，因为那是生命的象征。

姥爷去世之后很长一段时间，我都没有再写过日记。每天我都在机械地重复着学习，可能对姥爷的思念以及对他的承诺是那时我能坚持下去的唯一理由。我不知自己是如何走过那段时光的，但值得一提的是，经历过生离死别后，中考在我眼中反而没有那么可怕了。我不仅做到了坦然面对、冷静处理，而且最终的结果没有令人失望——我考上了梦想的高中。

其实从医院回家那晚的思考一直没有停止，之后我不断地想，生命的意义究竟是什么。姥爷生活的那个年代，物质极其贫乏，但他身为一家的顶梁柱，凭一己之力，保证全家温饱，把几个孩子都培养成材。对孩子的孩子，他百般疼爱却从未溺爱，言传身教，不仅告诉我们做人的道理，还告诉我们，这世间有比活着更为重要的东西——给予。

他给予我们爱与鼓励，在我们的身上，他的生命之火得以延续，他的生命变得比时光更绵长，这就是他的生命的意义吧。

花开是美，花落亦是一种美。因为"落红不是无情物，化作春泥更护花"。

那么我生命的意义是什么？我想这是一个值得我用一生去回答的问题。

所谓成长就是一个沉淀的过程，从最初的浮躁到最后的成熟，以及离去。愿你在经历了这世间的一切之后仍能坦然面对，从此不再患得患失，不再手足无措。

现在，我可以坦然接受姥爷的离去，我知道，我长大了！

第三名授奖词：

　　杨姗姗的《带上信念出发》，以自己钦佩的古代诗人笑看人生的生命态度，表达了与信念相伴的意志，进而反映了属于自己的人生篇章的价值观。

# 带上信念出发

◆ 杨姗姗

　　成长的路上，你问："该带些什么呢？"他道："背上包袱。"我笑言："卸下行囊，带上人的心灵本真——信念，足矣。"

　　是的，信念非常重要。有了信念，心便无碍；心无碍，路便无阻。信念，如同参天大树深埋于地下的根，没有了根基，再高大的树木也会轰然倒下；信念，如同远洋巨轮的发动机，没有了动力，再繁华的巨轮也会停滞不前。而对于正值青春的我们，信念，尤为重要。

　　唐朝著名诗人刘禹锡，写下无数传唱至今的名篇，而他也曾一度失意。在变法失败后，刘禹锡被贬到荒凉偏僻之地。他从曾经的身处庙堂，到后来的屈居陋室；从曾经的意气风发、光彩照人，到后来竟被一个小小的县令刁难。其中的苦楚，恐怕只有他自己才能真正明白，可这也无法击垮刘禹锡。在被贬谪的路上，他仍欣赏沿途的风景，甚至还挥笔泼墨，写下了"晴空一鹤排云上，便引诗情到碧霄"的名句。面对陋室，他却赞美道："苔痕上阶绿，草色入帘青。谈笑有鸿儒，往来无白丁。"因为他始终认为："斯是陋室，惟吾德馨。"是信念，坚定不移的信念，支撑着刘禹锡在被贬的二十三年中，笑对人生，活出精彩。

　　宋朝也有一位与信念为伴的文学家，苏轼。被贬黄州后，苏东坡与好友相约步于中庭，一句"何夜无月？何处无竹柏？但少闲人如吾两人者耳"

道尽内心惆怅。但信念给了他力量，让他勇敢地站了起来。"莫听穿林打叶声，何妨吟啸且徐行"，这是何等的豁达！"竹杖芒鞋轻胜马，谁怕，一蓑烟雨任平生"，又是何等的洒脱！驰骋猎场，他呼喊："为报倾城随太守，西北望，射天狼！"他奋力地表达着内心一腔爱国之情，同时也在向未来挥手，倾诉无限的希望。

反观阮籍，曾经是那样的意气风发，是那样的奋发有为，可他却在一系列的变故之后，终不堪重负，被磨难击垮。他放弃了梦想，丢失了信念，最终昏昏度日、碌碌无为，只给后人留下了一个捧着破酒罐、消失在夕阳中的歪斜的背影……

如今的我们，正值青春，你是否彷徨？你是否迷惘？也许你与我正在遭遇着一件件不尽如人意的事情。可拥有了信念，一切便可迎刃而解。有了信念，那凋落的花瓣，带来的不再是伤感，而是春的讯息；那枯黄的草地，带来的不再是萧瑟，而是生的希望；那呼啸着的冬风，带来的不再是寒冷，而是胜利的号角！

有人说，人世间，万般皆苦。但我明白，带上信念出发，一切皆可自渡。

愿你我与信念为伴，一路披荆斩棘，勇往直前，写下属于自己的人生篇章！

# 我和我的祖国

◆ 李钇融

我看过朝阳胜火，映遍祖国的山川大河；我看过黄河波涛怒吼，奔腾着祖国不息的脉搏；我看过山花遍野，辽阔是祖国博大的气度；我看过细风疏柳，秀美是祖国江南的温情脉脉……我看见新时代的春风，拂遍祖国的每一个角落！

黄尘清水三山下，更变千年如走马。回首时光千年，我的祖国——她在夏商周的远古文明中迎来青铜时代的曙光，她在秦王嬴政的挥斥剑戈下奠定了大一统的气象，她将山河的壮丽载进隶书不朽的史册，她将丝绸之路的文化明珠散落在他乡之邦。我曾经仰望泰山之巅，叹路途之坎坷；我曾经踏上蜀道的天路，畏前路之艰险；我曾经踏上漫漫的黄沙，听耳边驼铃叮咚；看一轮初阳，在天边迸发耀眼的光芒！

我的祖国，从黄河源头缓缓走来。冰川峡谷，流淌着中华民族悠久的历史与丰厚的家国情怀。她告诉我，她见证了一路上的艰难与坎坷。史册上的隶楷是她生命的延续，泥土下的宫商羽调是她千年以来对大地的轻语呢喃。屈原纵身一跃激起的浪花，荆轲击鼓慷慨激昂的歌唱，李白对酒当空的一轮皓月，苏武手中陈旧却坚硬的使节，成败在诸葛面前成了付诸流水的笑谈，气节成了苏轼屋前的一方绿竹，思乡成了陆游在马背上的一封家书，思念成了李清照窗前的一盏淡酒……轻启历史的书篇，我看见祖国从千年的时光中走来，缓诉她不朽的诗篇！

闭上眼睛，听一曲古琴妙音——前者如高山流水般细腻高雅，后者如激流击石般振奋人心！1840年的一声炮响，将天朝上国从睡梦中惊醒，热血又勇敢的华夏男儿，踏上了保卫祖国河山的羁旅！林则徐虎门禁销烟，梁启超的远大抱负，鲁迅的化笔为剑，毛主席带领人民的顽强奋斗——是中华儿女用鲜血与汗水铺就了祖国发展的道路！

如果你用双手轻抚祖国鲜艳的五星红旗，你会感受到指尖炙烫的温度，那是祖国奔腾不息的热血，那是祖国沉默了千年的呐喊！

而今日，登上天安门城楼，你会看见旭日东升；踏上万里长城，你会看见山河永不朽！城市在发展，祖国在进步！我看见在山的那边，一幢幢高楼大厦拔地而起，平坦的柏油马路上车辆川流不息。我看到人们的脸上洋溢着笑容，春天的色彩在牡丹花苞上悄然绽放！

青山绿水，环绕林立的高楼，和谐与生态齐飞，文明共发展一色！城市的道路与垃圾告别，小鸟在树林里拥抱蓝天！城市的经济发展与绿色、生态、环保相呼应，人们不仅过上了衣食无忧的生活，也品尝到了生活的幸福与快乐！

我的祖国，她经历千年沧桑依旧风华正茂，她经历了无数艰难坎坷依旧笑谈春秋！

我的祖国，她在朝阳中奔跑，奔向人民幸福安康的生活！

我的祖国，她用她奋力拼搏的汗水谱写一篇篇壮丽的华夏乐章！

我和所有的华夏儿女一样，与祖国同呼吸，共命运！

# 从爱国开始

◆ 边子

总有一天，我会站在一个看得清全世界的高度，也豪迈地说一说：为往圣继绝学，为万世开太平。

——题记

父亲是一名军人。在我从小接受的教育中，爱国教育占据了很大的比重。每天晚上睡觉之前，父亲都会讲故事给我听，讲毛主席戎马倥偬的一生，讲陈毅元帅功勋卓著的一生，讲红军过雪山草地的传奇，讲中国人民抗日胜利的辉煌……那时候，我就如痴如醉，爱看《红日》，爱看《红岩》，爱看《铁道游击队》，也爱看二战时期的纪录片。有时父母甚至会疑惑，我怎么会喜欢这些打打杀杀的东西。但我心里明白，我并不是喜欢这些打打杀杀的场面，而是一个民族凤凰浴火、涅槃重生的经历才能真正告诉我：我要爱和平。

曾经，在一次上美术课的时候，老师要求我们每个人绣一个香包。刚好那天碰上了国庆节放假，我在路边的一个阿姨手里领到了一面精致的小五星红旗。正在一筹莫展之际，看着手中的五星红旗，我忽然计上心来。我骄傲地拿起剪刀和针线，开始不假思索地在这块上好的布料上尽情地发挥。完工以后，我满心欢喜地把成品交到父亲手中，笃定、自信、胸有成竹。可我至今还忘不掉他的反应——先是赞许、笑意盈盈,细细打量一番后,怔住了,收敛了笑容,眼眶红红的,眼里除了不易被发觉的泪水,还多了点儿什么。只有被洋葱激到眼睛时,他才这样的。父亲没有批评我,我内心期许的表扬也没有如期而至。带着五味杂陈的失落,我走开了。

虽然那时候没能读懂父亲,但我再也没有那样做过。

2008 北京奥运会那年,我六岁。现在回想起来,我自己都觉得奇怪:刚刚入学的我居然会为当时的大气开场所震撼,还第一次激动到流泪。整个赛程中,我对各项赛事的规则都是一知半解,可仍然十分关注中国运动员取得的成绩。每到一天结束的时候,我就会用父母的手机看一看当天世界和中国的动态。我清楚记得,当我知道中国是金牌榜世界第一的消息时,我欣喜若狂。

应该讲,爱国教育算是我的启蒙教育,而我非常感激自己的心灵之窗是以这样的方式被叩开的。正是这种看似虚无缥缈的信仰深深植根于我的内心世界,我才得以汲取其中源源不断的养料。这一份情怀,教给我的还远远不止这些,也告诉我要热爱和平、关爱身边的人,让我看到了前进的动力和方向,找到了生命的价值,知道了要做一个大写的人。就像冰心说过:"一个人只要热爱祖国,就什么事情都能解决。什么苦楚,什么冤屈都受得住。"

渐渐地,我长大了。我了解到这片生养我的土地,它养育过一片片葱郁的森林,结过数不胜数的智慧之果。从先秦时期的诸子百家开始,圣人就身体力行地阐释着人生的大智慧。我想,圣人之所以为圣,是因其感怀苍生、兼济天下的普世情怀,是因其天人合一、万物致祥的融合胸襟。发展到后来,有了文天祥的"人生自古谁无死,留取丹心照汗青",有了顾炎武的"天下兴亡,匹夫有责",有了林则徐的"苟利国家生死以,岂因祸福避趋之"……《钢铁是怎样炼成的》一书中,保尔·柯察金曾说道:"我的整个生命和全部精力,都献给了世界上最壮丽的事业——为解放全人类而斗争。"这也是我的祖国教给我的。

如今,我们步入了新时代。全世界都在一同见证中国质量与中国速度。我们的经济发展居世界前列,我们提出"一带一路"倡议;我们有女排精神，我们横扫世界乒坛；我们设计了"天眼"，发明了"北斗"，制造了 C919，建成了港珠澳大桥。作为千禧一代，我正在和祖国一同成长。于是，我能想到的最宏伟的事情，就是看看辽宁舰、看看神威·太湖之光，就是乘着"天宫"奔向天宫……

我想，爱国是一种胸怀。一个人学会了爱国，便会懂得大爱与博爱，懂得去爱凌驾于个人生命之上的人、事、物。正如我们，新时代的青年，会爱党、爱国家、爱人民，不忘为中华之崛起而读书。在当今高度智能化的社会中，人类该如何保持本真、长久立足呢？祖国教给我的是：从爱国开始，心怀大爱，负重前行。

# 轻似大千，重如羽毛

◆ 付山清

"于大千世界，我也许只是一根羽毛，但我也要以羽毛的方式，承载和平的心愿。"

谁都不会想到，和志虹，这位平凡的妻子和母亲，会在联合国驻海地维和部队的工作中，奉献自己的生命，也留下这份箴言。

每个人的生命都是有限的，绝大多数人的生命是平凡的，在大千世界中，一切都是那么微不足道。然而总有人，用"羽毛"的分量，撑起这大千世界的蓝天。和志虹和每个平凡人一样，拥有幸福美满、波澜不惊的生活，但又与我们不一样——她有一份"羽毛的愿望"。在长途跋涉中，她背负着和男战士完全相同的沉重的包裹，走在最前方，是战友们最爱戴的"和班"；军营里，她举起每个黑皮肤的孩子，在阳光下同他们游戏、奔跑；当地震来袭时，她与其他七位英勇的战士一起冲向没有退路的灾区；当羽毛落地，它叩出的声音震撼着每个像她一样的平凡人。世界静默了，因为一根羽毛。

每份幸福与快乐，每次成功与荣光，每种权力和自由，这些我们汲汲而求的，都显得那么令人艳羡；每一个从普通蜕变为伟大的脚印，都显得那么来之不易。然而，总有人抛弃辛苦的事业。当他穿着一身又破又薄的棉袄出现在苏区代表大会上时，农民们都怔住了——无人相信这就是方志敏。那天夜里，一件崭新的棉衣被悄悄送进了方志敏的房间，可是当他回来看到时，却执意不收，硬是退给了乡亲。血染的长征路上，方志敏第一个开路，带领着先遣队北上，不幸落入敌手。牺牲前，在那间狭窄阴暗的囚室里，他写道："为着阶级和民族的解放，为着党的事业的成功，我毫不稀罕那华丽的大厦，宁愿住在卑陋潮湿的茅棚！"北风紧吹，烈士的头发倔强地立着，身上的枷锁与镣铐狰狞地笑着，那件破袄在风中紧紧贴在他的身上。"沙场竟殒命，壮志也无违。"方志敏的棉袄遮去了一片雪，也存下了炙热的阳光。

如潮的掌声，耀眼的灯光，轻柔的乐曲，脚步只为他停留。黄旭华——这位满头白发、年近百岁的老人，习近平主席亲自为他挪开前排的座椅，小心地搀扶他坐下，替他抚平衣襟上的皱处。他是一个儿子，也是一个工程师；他用三十年的时间造出核潜艇并随着他的爱艇"沉潜"，却没能抽出一个星期去见父亲最后一面。不解的人发问："自古忠孝难两全，你难道不曾犹豫吗？"耄耋之年的他抑制住泪水，紧紧地抿了抿微颤的嘴皮，告诉你我："对国家的忠就是对父母最大的孝。"这是一个儿子的遗憾，也是一个儿子的孝顺。

羽毛轻扬，时光一瞬。我们总是相信，改变世界的是星辰与海洋；我们总是渴望，自己会在登上山巅时收获最美的风光；我们总是发问，什么时候终点才会出现，道路才有尽头。羽毛给出答案：请让我去吧。世界又一次恢复了光亮。

# 千里难忘

◆ 缪浩文

我躺在这广阔大地上，延伸着，向着光明与希望，不由地感叹起彼时。

## 1

我扭动着锈迹斑斑的身躯，向无边的黑暗试探，不知道何处是起点，何处是终点。

国，有些残损，也正是因为这残损，才有了我，有了难以烙上中国印的我。

犹记得1840年的那声炮响，惊醒了多少"天朝之梦"。多少国人还未举起武器便已倒下，倒下的不是肉躯，不是中国人，而是中国！西方冰冷的面孔冲进这片沃土，念叨着些听不懂的话语，之后，就有了我。

那时的中国并不爱我，只拿起铁锹，扛起炸药，变着法摧毁我。"除铁路"的声音不绝于耳，我只能闭上眼，变作一堆废铁，等待着下一次苏醒。列强不会就此作罢，一步步踏入国门，最后，屈服的不是我，是中国。我成了列强的工具，成了无声的奴隶，可我没有法子，只能看着鸦片一车一车进，白银一车一车出。

有人路过，也不忘唾弃我，骂我卖国贼，都怪我让那西方的大胡子净占了中国的便宜！

我也不恼，闭上眼，等待着。

## 2

"中华人民共和国成立了！""中国人民站起来了！"听着人们这样的呐

喊，我是顶兴奋的，因为"中国"二字即将刻在我的铁躯之上。

人们喊着"修铁路！"于是，我向着大江南北延伸，见到了江南的绵绵细雨，见到了西南的喀斯特，见到了北方的雪，可我最难忘的，是西藏，是她冰冷的触感和难以征服的火烈脾气。

中国人一锹一锹挖，一袋一袋扛，一米一米修，为了我，更为了中国。世界性难以攻克的冻土在中国人的热血之中融化了，高原的稀薄空气在坚韧之中变得充盈，我也努力地迈步，向着布达拉宫前进，去到世界屋脊做一次心灵的荡涤。

终于，到了，到了我们的西藏！中国的西藏！清澈的空气，没有一丝杂染，这就是我的祖国啊！祖国的西部！我走到这里来了！

火车载着人们，我载着火车，送他们到大江南北，让他们看看我最爱的祖国！

## 3

再转眼，今天我已是中国名片之一。2.2 万公里的身躯让我骄傲地立于世界潮头。这一切，不是我自己的荣誉，于我而言，我是很喜欢我的名字的，因为它将祖国的名字放在前头，我跟在后头。听着对"中国铁路"的赞叹，我很知足，百余年来，我终于可以昂首挺胸，将中国的烙印展示给世人了！

中国铁路，用的不是别人的技术，中国的工程师在艰难困苦之后摸索出来了中国自己的技术，开山、下海早已不是难关。听到国家八纵八横的铁路布局计划，我想象着人们能在我的身躯上奔向远方，能在青海油菜花海中畅游，能在贵州沟壑中穿梭，能在云南梯田旁观落日……未来太美好，我还需要扎扎实实走好现在的每一步！

更令我振奋的，是我走出国门、走向世界，帮助了广大地区的人民过上幸福生活，且无论走到哪里，我的铁躯之上永远烙着"中国铁路"！

我还在延伸着，向着光明和希望。从那一片黑暗中走过，从那艰难困苦之中走来，我依旧是我。从失落中走来，从痛苦中走来，我依旧是我。从国家落难中走来，从国家虚弱中走来，我还是我。

一路走来，我成长，我奋斗，我壮大，"中国铁路"四字一天天深刻，祖国一天天强大，我和我的祖国始终站在一起。不论我当年多么稚嫩短小，国人对我如何唾弃，这千里之域始终是我的祖国母亲；也不论多年之前的千里边疆有多么遥远，我始终与我的祖国母亲连在一起；更不论如今我走出多远，哪怕千里之外我也始终记得母亲给我的名字——中国铁路！

# 落叶归根人亦去

◆ 杨小龙

在我的印象中，有这样一个人，他来自湿润的南方，携灿烂的阳光，陪伴着我天真无知的童年。他似是平静海面的一抹浪花，轻轻地拍着岸上沙土，也轻轻地拍着我心中的一叶小船，带着小船去远行……

那是一年的夏天，本应处处充满生机活力，田野花间都应有鸟叫虫鸣，但于我而言，夏天更像是江淮区的梅雨，雨水连绵不断，整个人如同发霉一般，总是静静地坐在房间里发呆。那一天，他告诉我他要回家了。

本是一次闲散的漫步，却变成了一次长征。他轻轻拉住我的衣角，缓缓抬起头，低声说："我……我马上要回杭州了，可能以后不能再陪你玩了。"

"回杭州，为什么？这里才是你的家啊！"那时的紧张已然成了一种激动。

他笑了笑："你忘了吗？杭州才是我的家。"

不知为什么，看着他笑了，我的眼泪却开始往下流，竟是那般滚烫，都烧红了脸颊。

"我不管！你不能走！"与其说是一种咆哮不如说更像是乞求，一声有力却也无力的乞求。

他摸摸我的头，用拇指抹去眼边的泪痕。"每当你想我的时候，就用一个便签写下我的名字，再把它折成星星，等你攒够一百个，我就会回来看你……"

那次漫步之后的第三天，他就要离开了，临行前他给我发了简讯："我今天就要去了，你要照顾好自己，记得折星星啊……，还有……，再见……"

我将手机随意地扔在床上，一直盯着眼前的闹钟，看着秒针滴答地转，看着分针慢慢地移，也不知道看了多久，闹钟响了，我埋下头，听着闹钟的声响。

"闹钟响了，他走了，他走了……"

不知不觉，一滴泪狠狠地摔在了地上。

房间空了，只留下一个疲惫的闹钟，一扇半掩着的门和一颗带有他名字的星星。

我回到了与他曾经漫步的街头，看着一片片残叶枯枝重回泥土，盯着残老枯黄的灌木和槐树孤寂的枝干。秋天了，落叶也该归根了，人，是不是也要归根了？泥土是落叶的归宿，那何处才是人心灵的港湾？

之后的三年，我的生活如同平静的湖面一般，不曾再掀起过波澜，每天过着日复一日的生活，攒了半罐的星星也摆在房间角落里一个不起眼的地方，落了些许灰尘。

一天夜里，我收到了他的简讯，觉得既可笑又想哭。"不知道为什么，我突然想你了，对，就是这么突然，哈哈。你还好吧，我过得也就那样……记得，一定要好好学习！一定要好好学习！……"

我嘴角微微上扬。"这家伙一定是喝醉了。"

但不知为什么，泪水却开始在眼眶里打转。

夏天来了，暑假到了，因考试成绩不理想的我整日把自己关在房间，不与人交流。父母告诉他我的情况，他让我出去走走，说不定会遇到什么开心的事呢。我心中默许了，不知为什么，我拿来了角落里的那个罐子，细细数了里面星星的数量。

"……97、98、99，还差一颗，算了，我再叠一颗吧。"

之后我便带着那个罐子再次来到了曾经漫步的街头，与三年前不同的是，这里已经满是槐香，阳光沐浴着大地，鸟叫虫鸣样样不少。街道两旁的灌木也变得枝繁叶茂，让人不禁想一直沉醉其中。

我双手抱着罐子，观察着周围的车水马龙，看着人来人往，细细打量每一处景，观察每一片叶，就这样一直走，走到了街道的尽头。我在远处望见一个很像他的身影，此时的心已不再平静，步履随着心跳的加速而加快，这时的眼眶如受了刺激一般开始积攒泪水。

这时，他，回头了。

"小老弟，想我了吗？"

我强忍着泪，飞速朝他跑过去，又定在离他一步的距离。

"你怎么在这？"话语中透出难掩的期待。

"是啊，我怎么在这，不知道是谁三年前在这里哭得稀里哗啦的，说什么都不让我走，现在，我回来了，你不高兴吗？"

"瞧你那臭美劲，我才不高兴呢。"

"等等，你手里的罐子里，是星星？这么多，看起来一百个了吧，还说不想我，你再装，哈哈哈！"

"我也没想到，你会在这，要不然我才不抱呢。"

"行了，别装了，赶紧把眼泪擦了，都多大人了，不会还让我帮你擦眼泪吧？"

"不用你管，我自己来。"说着说着我露出了童年时的笑容。

"那好，来，抱一下。"他笑嘻嘻地说。

"嗯，就只抱一下。"心里默默地想：就只抱一下。

曾经那个爱哭的少年变得坚强，暖心的大哥哥变得幽默，成长改变了他们，但没有改变他们之间的纯真。虽说落叶归根，但老去的落叶终会在新的枝叶上归来，人也是。

# 北方有佳人

◆ 吕亚琦


对兰州最初的印象是无限繁华。

在小县城里蹒跚学步的孩童对于外界的认知实在少得可怜。至少，我是这样的。儿时的兰州在亲戚朋友的高谈阔论中频频现身，而形容她现身姿态最恰当的词便是繁华。原谅那时的我胸无点墨，绞尽脑汁也只想出这个空泛的词语。更多的时候我会悄悄在心里构建那个相隔不远又恍在天边的城市，每长一点见识便为她添砖加瓦：在电视上看到游乐园，心里想着那是兰州该有的；出游归来的熟人展示购物后的战果，那些华服饰物也是兰州该有的……岁月就这样在我对她单方面的神交中呼啸而过。我在成长，她亦是。

直到我亲眼见到她。

那是一个平凡但对于我来说非同寻常的午后，时隔太久我只依稀记得乘坐着如醉汉一般的大巴车踉跄在公路上，晕车给了我一个下马威，长途奔袭也让我疲倦乏味。可是，在我下车后，三月的兰州将我抱个满怀。我清晰地记得双脚着地时的触感，记得她不算温柔的风灌满我的 T 恤，记得现实的她融于我梦境的那一瞬，更记得小小的我身处这个还算陌生的城市时包裹着我的巨大喜悦和惊艳。

一见钟情，这是我和她的初见。

真的抱歉我又笨拙地乱用词语，可是思来想去，依旧是一见钟情。

后来我去体验了游乐园，穿上了好看的衣裳，坐在装修惊艳的餐厅里，走进远比县城先进的学校……这座城像圣诞老人一样不断掏出给我的礼物，而我就沦陷在她的热情里。

是什么时候开始改变了呢？

是我长大了许多后，一如我在人们的交流中仰慕她一样，我了解了更大更好更繁华的城市，少年的梦坐上了网络发达的高铁，一站站看过远隔万里的烟火，兰州有点装不下它了。不，这不是得不到的才是最好，而是她真的比不上那些彻夜不眠、高楼大厦鳞次栉比的繁华都市。逐渐知道原来兰州人外出竟会被问"你们平日出门是不是骑骆驼啊？"原来她在经济落后的甘肃都无法一枝独秀，原来她……

怎么形容呢，就像一位一直活在别人口中的美人，她俏影朦胧，数次走进我的梦中，直到见到她的那一刻，只能想到"闻名不如见面，见面更胜闻名"。可是相处久了，就会发现美人也无法保证一直优雅地踱步于云端，更何况她还是一座网着十丈红尘的城市，柴米油盐、凌乱破旧，她都无法避免。见识到她粗陋一面的同时又遇见更加美丽动人的城市，移情别恋仿佛是不可避免的，甚至她还未年老色衰，我就抛弃了她。

可是我没意识到，在她默默在我面前剖开自己的不堪时，我已经将除她以外的地方归到了"外面"这个范围。譬如，你出去看到了很多美丽动人的姑娘，可愿意为你端上一碗热汤的只有家中不够美丽却足够温柔的妻子。是的，我对兰州的感观一直都不是"养育了自己的母亲"，而是"一见钟情后沉沦于温馨岁月的爱人"。

何况我知道她也有自己的灿烂，每次听人提起兰州的"一条河、一碗面、一本书"时心里都会由衷的自豪。追溯她的历史才知道原来她一直静静地驻足北方，虽不见温婉甜蜜的江南烟雨，却见证过狼烟风沙染过落日的豪迈孤勇。

北方有佳人，遗世而独立，一顾倾人城，再顾倾人国。

兰州于我便是那佳人，她虽未倾国倾城，却充满了我的青春，倾了我的一片少年心。如爱人般，让我记得一次次漫步黄河边时晚风似一双纤纤素手抚过我的脸颊、掠过我的鬓发；让我记得在中山桥上逐风而行时掺着黄河水澄澈野性味道的烈风将我包围，我想，那时少年鼓鼓的衣衫一定如旗帜一般飞舞；让我记得五泉山上霍去病雕像跃起的马蹄虎虎生风，仿佛要带人去见识千年前的波澜壮阔。

承载着我和无数人记忆的这座城，虽然她不够喧闹繁华，但却是我们的家，无论是身处兰州的人，还是远方漂泊的兰州游子，都因为心中有着她的坐标而安稳。或许流浪多年的游子归来时，人们都以为他是异乡客，可当他再次走过嵌刻在记忆深处的大街小巷，当他再次抚着黄河母亲雕像的温暖线条，泪水会溢出眼眶、打湿衣襟，然后他轻拭泪水笑着解释："哎，黄河边的风还是这么大啊，都迷了眼。"

那是否将会是多年后的我呢？不知天高地厚的少年还发誓要远走高飞，要一览世界风华，要离开这座生活多年的城市外出闯荡，可是我永远也不会忘掉，她还在这里一直等着远去的人。

那么我又要在心里构想我和她的重逢了：

> 一如初见时的惊艳，
> 一如带着亲昵的小嫌弃，
> 一如回到家时的归属感。
> ……
> 北方有佳人，遗世而独立，
> 她叫兰州，是我生活的城市，
> 她承载了我不长的小半生。
> 她记录着我年少的梦。
> 她是我心头的朱砂痣，亦是我眼底的白月光。
> 兰州，兰州。

# 陪在我身旁

◆ 牛谱涵

我不会害怕，也不会孤单，因为我知道，无论走多远，你一直在我身边。

——题记

那仿佛是很久以前的事了。灾难击毁了我的世界，伤口赤裸裸地暴露在空气中。当我赶到医院时，看到的不是你躺在床上，笑着说"又给你们添麻烦了"，而是睁着双眼却没了呼吸地倒下。

一个可以顶天立地的男人走了，草率地丢下他的家庭。你的朋友将我安顿在车上，随后，留下孤独的我，关上了世界的大门。黑暗如潮水般向我涌来，压得我无法呼吸，一丝恐惧悄然来到我的心中，慢慢地变成一座压住我心灵的两界山。我想呼救，可话到嘴边却无法出声，我的心已经被锁死。

曾几何时，听到那些交通事故时，觉得它们离我好远好远，可有一天竟落入我们的家庭。我曾经十分恨你，那么小心谨慎的一个人，为什么要选择坐摩托车？我也恨那个司机，为什么会反过来敲诈我们。我想报复你们，一群冷眼旁观的看客，可惜，我做不到。

那是一段压抑的日子，两个人的家庭注定不会充满欢声笑语，母亲以泪洗面，我也默默无言，世界原来是灰色的啊。我开始惧怕黑暗，因为我总会感觉到有谁在看我，老师注意到了我上课时的心不在焉，也开始频频找我谈话，我却一句也没有听进。

同时，我开始害怕走夜路，因为觉得身后有只怪物正在追我，甩也甩不掉。为此，母亲甚至还带我看过心理医生，治疗对我而言毫无作用，为了不让母亲担心，我只是说："治好了。"

我的成绩自然下降得厉害。

"父亲虽然不在了，但他一直在看着我们，你虽然找不到他，可他却一直守望着我们。你看不见客厅中他工作的身影，也许他正在书房悄悄地阅读；你看不见他在餐厅狼吞虎咽，也许他已经在卧室呼呼大睡。我的儿子，他从未离开我们，他一直住在我们的心里。"

母亲的话像一把铁锤，打碎了我心房上的大锁，从不相信鬼神之说的我，却接受了这一切。黑暗中你的那双眼睛，向我投来关切的目光；小路上我身后的"怪物"，那是你在为我充当保镖。你，真的一直在守望着我。

我的成绩自然有所提高，重新考到班级前三，后来，成功考上了东方中学。

我不再惧怕黑暗，因为你在我的身旁。我又像从前那样，而家庭也渐渐有了笑声，而你，在我的回忆中，变得完美。原来世界从来都是色彩斑斓的。

成长本是一段未知的旅途，没有人可以预测前方的道路。我不会害怕，也不会孤单，因为我知道，无论走多远，你一直在我身边。一个失去目标的男孩，又站了起来，只是他不再是一个人了，他的身边有他已逝的家人——他的父亲，陪他一路前行。

"爸，还记得我们以前一起散步的事吗？"

……

"当然记得。"冥冥中，熟悉的声音在我耳边回响。

月赛获奖和入围作品

# 1 月 份

## 好书伴我成长

◆ 韩 易

我爱书，爱读书。古人苏东坡曾说："宁可食无肉，不可居无竹。"而对我来说则是"宁可不吃肉，不可无书读"。

书是我成长路上的良师益友。

我最早的读物是在上幼儿园之前，妈妈给我买的一套带精美图画的绘本。每天晚上妈妈不管多忙、多累都要给我讲两三本绘本。讲了两个多月，我不但能将这些有趣的故事记得滚瓜烂熟，还能学着讲一些简单的故事。这大大锻炼了我的语言表达能力。上了幼儿园，我逐步开始自主阅读，从各种绘本到带拼音的故事书。妈妈忙着做家务的时候，我就一个人安安静静地坐在小桌前看书。书里的世界那么有趣，那么精彩。我多想和孙悟空一样能腾云驾雾，降妖除魔，一个筋斗十万八千里。

上了小学，坚持读书的效果就显现出来了，背诵课文古诗、阅读写作对我来说都感觉很轻松。老师也一直鼓励我们坚持阅读，我的阅读范围也越来越广泛。到二年级时，我开始阅读中外名著，包括《西游记》《史记》《希利尔讲世界史》《伊索寓言》等。

其中我最喜欢的是《鲁滨逊漂流记》，反反复复读了好多遍。我看见鲁滨逊在荒岛上用船上的工具建造房子，学会了烤面包，解救野人星期五，捕猎动物，开凿山洞，开荒种地，终于建造了一个属于自己的"世外桃源"。

读完《城南旧事》，我眼前呈现的是民国时期老北京城南的景象：惠安馆、骆驼队、拨浪鼓、冰糖葫芦、秀贞、小桂子、宋妈，还有英子朗朗的读书声，"我们看海去，我们看海去，蓝色的大海上，扬着白色的帆……"声音渐去渐远，我的思绪也随着飘向遥远的海边。

除了文学历史类的书籍，自然科学类的书也是我所喜爱的，《博物》《国家地理》《我们爱科学》等杂志，我一期不落，反复阅读。这些书看得我如痴如醉，上厕所时看，坐公交车时也看，有时晚上还偷偷读。总之，一有时间，我就在书海中遨游。

书籍带着我游历世界，从南北极的冰天雪地到亚马孙的神秘丛林，从赤道的灼热沙漠到浩瀚无垠的海洋；书籍带我走入历史的长河，目睹中华五千年辉煌文明；书籍让我大开眼界，从细微的单细胞生物，到无限苍穹中的星云黑洞。书是我的良师益友，在成长路上带给我无尽的快乐，让我感受到温暖和美好，教给我许多知识，更让我明白做人做事的道理。

■ **教师点评** --------------------------------------------------

本篇习作语言质朴，情感真挚。作者选取了从幼年到现在的读书经历，字里行间流露出对于书籍的喜爱，同时也分享了读书时的收获，很有启发意义。

（赵香菱）

# 四季协奏曲

◆ 胡 颖

雨的声音是美妙的，悦耳的。

春雨姑娘一会儿敲打着小鼓，一会儿吹奏着口风琴，一会儿又弹奏着电子钢琴。淅淅沥沥，如牛毛，如花针，如婀娜多姿的少女柔柔的发丝招展；淅淅沥沥，洒在抽出嫩叶的枝丫上，沙沙沙，又像蚕宝宝在吞食桑叶；淅淅沥沥，像是给大地穿上了一件鲜绿色的轻纱；淅淅沥沥，撒下一粒粒充满希望的种子，留下歌唱过的痕迹……啊，春雨，一位伟大的音乐家，为大自然演奏动听的《春天进行曲》。

"咚咚咚，咚咚咚"，白云哥哥用他多年珍藏的大鼓，敲起了美妙的声音。他一会儿敲得刚劲有力，一会儿敲得如蜜蜂嗡嗡。白云哥哥忘记了自己，声音响彻云霄。太阳公公不喜欢惊天动地的声音，于是慢慢地退让下来，给别的"歌手"留下了一个"大舞台"。小雨丝妹妹可就有点不服气了，她号召所有的"姐妹"下了一场大雨。"滴，滴，滴"变成了"刷刷刷"，小孩子欢呼起来。大大小小的雨点为人们演奏了一曲《夏天狂想曲》。街上的汽车朋友最爱凑热闹了，看到如此场景，也"呜，呜，呜""滴，滴，滴"地唱了起来，整个世界都沉浸在欢乐之中。

《秋天丰收曲》也演奏起来。早上大概八九点吧，雨就悄悄地降落了，晶莹的雨珠在天上飘飘洒洒。绵绵的秋雨像一条条丝线落在地面上、房顶上、树枝上、玻璃上、汽车上，不时发出清脆的敲打声。"叮咚""啪啦""滴答"……这些声音像小溪，像山泉，又像瀑布，变化多端，奇妙无比。伴随着雨声，一场美妙的丰收音乐会开始了。一切的一切变成了各种各样的乐器，发出动听悦耳的声响，享受着在雨中的快乐。此时此刻感受到大自然的神奇，沐浴在大自然的快乐中多么幸福。

没有高山流水，没有电光雷鸣，没有冰雹叮当，没有细雨沙沙，这就是雪。沉默地落着，像一位洁白的女子，在柳絮飘飞中缓缓地行走，无边无际，纷纷扬扬，如棉如絮……只听到大人的谈笑声、小孩的嬉闹声，这与众不同的《冬天猜想曲》，无声无痕，以寂寞而恬淡的方式来到这个世界。"细雨湿衣看不见，闲花落地听无声"，只有思考者才知道大自然四季的合乐，才知道雨的协奏曲还可以用不同颜色、不同形状来表达。多么和谐的声音，多么美妙的天籁之音！

用心倾听美妙的声音，真心投入大自然的怀抱，细细品尝丰富多彩的韵律，就会乘着音符的翅膀，翱翔于自然旋律，快乐幸福。

**■ 教师点评** --------------------------------------------------

　　想象丰富，构思奇特且不脱离生活的真实，扎根于生活的联想，拓宽了读者的思维，让人觉得生动有趣。景物描写传神逼真，遣词造句贴切得体，景随情生，情景交融，呈现在读者面前的恰似一幅生动传情的美好图画。

（陈宜山）

# 慈母情深

◆ 王文豪

　　提起母爱，谁都为之动容，我也不例外。记得小时候，我体弱多病，是个不折不扣的"药罐子"。而妈妈因为生我伤了身体，常年与药物为伴。我们成了医院的常客。对于我们这个三口之家来说，一大一小两个病患，真是不小的拖累。爸爸每天天还未亮，便急匆匆地走了，去为一家人的生计奔波。当我们进入梦乡时，他才拖着疲惫的身体回家，狼吞虎咽地吞着我们吃过的剩菜剩饭。妈妈为了照顾我不能工作，只能整天看护我，时不时地摸摸我的头。如果觉得体温不对，就拿着体温计跟在我屁股后面跑，为我操劳。自己难受了，偷偷地吃着降血压的药，继续像没事人一样照顾我。可上天却偏偏跟妈妈作对，让我总是隔三岔五地生病，来折磨她。

　　那天晚上，夜已经很深很深了，爸爸还未回来，偶尔能听见窗外传来汽车刺耳的鸣笛声和突兀的狗叫声。我在床上翻来覆去，难受得睡不着觉。尽管我的动作已经很轻了，可还是吵醒了已经累坏了的妈妈。她习惯性地摸摸我的额头，发现我体温有些高，她立刻清醒过来，光着脚跳下床，拿起床头的体温计为我测量体温。发现我发烧了，她立刻打开家中的医药箱，陷入了熟练的忙碌中……时间一分一秒地流逝，可我的体温不降反升。这可怎么办呢？妈妈无奈而又果断地拿出绷带，又一次把我牢牢地捆在她单薄的脊背上，背着我，在寂静的夜里，孤零零地向医院走去。迷迷糊糊的我伏在妈妈的背上，听着那慌乱的跑步声和急促的喘气声，我知道，她——妈妈，又在拼命地往医院里赶。

当窗外明晃晃的阳光把我照醒时，我发现一个头发凌乱、衣着单薄的女人，正趴在我的床沿上，一动不动。那就是我的妈妈。不知道她是累坏了还是睡过了，只见她静静地躺在那里，鬓角的银丝印着额头上干涸的汗迹，是那样无助！那样憔悴！我的心都碎了！

"妈——""妈——"

头抬起来了，我的母亲。布满血丝的双眼睁开了，我的母亲。她站了起来，靠近我，用一双苍白的手又一次摸摸我的头，眼睛一眨不眨地望着我，露出了欣慰的笑容，我的母亲……

就这样，我在妈妈无微不至的关爱下渐渐长大。今天的我，已经是个健康、阳光的孩子。我对妈妈的感谢无以言表。"谁言寸草心，报得三春晖。"在很多人眼中，母亲好像外套，给予了我们温暖；母亲好像雨伞，为我们遮风挡雨；母亲好像指南针，为我们指明了方向……可在我心中，母亲就像一棵枣树，我就是那树梢上的枣子；母亲就像河水，我就是那河中快乐的小鱼；母亲就是蓝天，我就是在天空的怀抱中悠悠飘荡的白云。慈母情深，终身难报母恩！

■ **教师点评** ------------------------------------------------

这篇文章情感真挚，字里行间流露出对母亲深深的感恩。尤其是"深夜送医"这一段内容，读之令人动容。如果没有切身的感受，很难写出如此真情实感的文章。推荐它的理由，就是因为它的真实，它的感人。希望这种感恩之心永存。

（王亚丽）

# 小仓鼠

◆ 张家玉

我们家有一只小仓鼠，它虽然是无名鼠辈，但能量可大着呢，我给它取了个洋气的名字叫萌萌。为什么要叫它萌萌呢，那就请你往下看吧。

小仓鼠萌萌有一双三角形的耳朵，胖乎乎、肉乎乎的。全身是黑灰色的，只有脊背上有一道浅浅的黄色。尾巴很短，像被人锯掉了一截，不仔细看是看不出来的。它的腿很长，爪子也很长，像鹰爪，可以钩住方形的铁笼子。

我不在家的时候，它就躺在笼子里呼呼大睡，像个瞌睡虫，似乎永远也睡不醒似的。我放学回来了，它就火速地爬到笼子的边上，左蹿右蹿，上看下看，显得十分着急，好像在说："小主人，我饿啦，我要吃饭！"作为主人的我当然不会无动于衷，于是便从塑料袋里抓起一把瓜子撒进笼子里，哗啦啦，像是下起了一阵"瓜子雨"，吓得它躲在笼子的角落里瑟瑟发抖，一直"吱吱吱"地叫着。等我走开，它就原形毕露，开心地大吃起来。

萌萌算是过上小康生活了，住房是个二层"小楼"，虽说这个楼阁就在我家客厅的东南角，还没有我的椅子大，但我还是觉得很阔气。一楼是拿塑料铺的"地板"，二楼是个别墅样的"小卧室"，"小卧室"还有个圆形的窗户，每天它就通过这个窗户观察房间里的动静。在一楼到二楼之间，有个S形的"楼梯"，它像猴子一样爬上去，又像泥鳅一样滚下来，好像不怎么费力气。在一楼还装有一个圆形的滑轮，活像西部欢乐园里的摩天轮，等它高兴的时候就会爬上滑轮，四只爪子一刨，骨碌碌地转动起来，似是和世界田径名将赛跑呢！

一次，我给萌萌洗笼子，洗完之后，一转眼发现这小家伙不见了，心想："这死鬼跑哪儿去了呢？"哦！原来它是不耐烦了，从笼子里挣脱出来，钻到沙发底下跟我玩躲猫猫呢。我又不是猫，吃不了你，你怕啥呀！

这还算小意思！还有一次，爸爸在给萌萌喂食时，突然大叫一声："啊！我的手指头——"我急忙跑去一看，啊，他的手被小仓鼠给咬了一口，可萌萌却还待在那儿"笑"。我发火了，拿起一根长铅笔就戳它的屁股，吓得它连忙"跪地求饶"，看到它这副可怜样儿，我才饶了它。经过我的一番"教训"，估计萌萌明白了邻里之间和睦相处的道理了。

怎么样，我家这个萌萌够萌的吧？

**■ 教师点评** ------------------------------------------------

小作者以儿童独有的视角，童话般的语言，幽默的语气，描写了一只活泼可爱、机灵敏捷的小动物，观察仔细，故事生动传神，还表达了小作者对邻里关系朴素的懵懂的认识。

（高玉红）

# 这是属于我的世界

◆ 杨馨予

唐朝，一个民众追求精神富足，国家追求繁荣富强，精神世界繁花似锦，历史中难得诗意的国泰民安的朝代，一批又一批才华横溢的文学家、诗人、词人不断涌现，或高亢，或低沉，或豪放，或婉约，他们的诗作，形成一轮填满我心房的太阳，一束洒满真善美的阳光。

李白，用浪漫与大气构成了一系列优美动人的乐章。我流连于你"将进酒，杯莫停"的豪情壮志，我体味你"低头思故乡"的凄凉与惆怅，我寻觅你"夜发清溪向三峡"的憧憬向往，我感受你"不及汪伦送我情"的难舍难分。我在那样一个宁静的夜晚，回到你的时代，李白，你陪我，我陪你，你陪我朗诵你充满暗暗忧伤的诗句，我陪你熬过你那段孤独寂寥的时光。

我们坐在月光下，数着眨眼睛的小星星，在黑沉沉的夜空下，它们依稀可见，时明时暗。你，低沉的心情，一杯一杯地喝着闷酒，我一杯一杯地为你斟满。我看着你，端详着你，月，也渐渐暗了，淡了，望着你与月亮"对影成三人"，世间万物仿佛都成了你的背景。

杜甫，你用家国情怀点燃了一把熊熊燃烧的火焰。我流连于你"一行白鹭上青天"的向往，我体味你"初闻涕泪满衣裳"的兴奋，我寻觅你"月是故乡明"的怅惘，我感受你"国破山河在"的悲愤。我在那样一个明丽的清晨，回到你的时代，我拉着你，你拉着我，我拉着你漫步原野，你拉着我与你闯荡年少轻狂的时光。

我们互相扶着，在早晨的袅袅炊烟下，踩着旺盛的野草，你说，你想爬泰山，想站在山顶上，想被若隐若现的薄雾环绕，想看着世界是怎样渺小。我们与山风高歌，我们与树木比高，我们在云朵上飞翔。踏着满世界的绿，踩着自己的骄傲，我们登上了世界的高峰。你惊叹"一览众山小"，我笑着，大笑着，渐渐暗了，淡了，看你的衣襟在风中飞舞，世界万物都成了你的背景。

我沉迷于"诗豪"刘禹锡的"山不在高，有仙则名，水不在深，有龙则灵"，回味他对于名利的不屑一顾和对生活的淡然；我沉迷于李商隐"何当共剪西窗烛，却话巴山夜雨时"的无奈和对妻子的思念。

人们总说，唐诗宋词同为珍宝，我却敢说唐诗远胜于宋词。它开创了历史的最高纪录，将"诗"写到极致，在"情"上狠下功夫，在"韵"上对仗工整。

唐诗，是你陪我，还是我陪你？我与你一起流连忘返，你与我一起闯荡世界。

我与世界只差一个你，因为你，唐诗，我的生活逐渐诗化，我的人生充满诗意，唐诗，已经嵌入我的基因中，流淌在我的血液中，我，虽然迟到，却已然故人。

**■ 教师点评** ----------------------------------------

　　习作视角独特，选材精当。作者以唐诗古韵为蓝本，分别列举了唐朝三位古贤的家国情怀。或是诗仙故园望月，江边送友，寄托孤独哀思；或是诗圣望家国破败，登山而小众，抒发拳拳爱国之情；抑或是诗豪淡泊名利的洒脱率真，都流露出作者秉承遗志的决心，于是作者感乎于事，发乎于情，构造出一个属于自己的盛世唐朝。至此，内容并拢，标题点化，使主题鲜明。散文诗化的语言也为习作增色不少。

（王惠梅）

# 我想对父母说

◆ 张翰玉

　　古语有言：万爱千恩百苦，疼我孰知父母？是啊！父爱如山，母爱似海，人生一世，只有父母的爱永远相伴着我们！

　　亲爱的妈妈，人们都说母爱大于天，因为母亲是伟大的！从您生下我的那一天起，就操碎了心。不仅要管家，还要管我；不仅要照顾好我，还要兼顾工作。而我呢，小时候，一刻也不消停，东跑跑，西跑跑，跑个没完没了，很不听话。上了幼儿园，明白了要关心父母，给您沏杯茶，您就开心得不得了，整天念叨，传遍您的学校；上了小学，您又开始为我的学习忙碌，查找习题，复印资料，助我复习……

　　有时，看到您不停地咳嗽，我的心就痛得缩成一团，暗自伤心，泪水也模糊了眼睛。心里又特别害怕、担心，不时胡思乱想。那时心里就暗暗地想：我要勤奋一点，一定不让妈妈为我操劳费神！更想大声地说：妈妈，一定要保重身体啊！

　　此刻，在这里，我要对您说："妈妈，我爱您！"

　　亲爱的爸爸，每天的工作使您疲惫不堪，以至于您晚上经常不能按时吃饭，每每想到此景，我都想对您说："爸爸，您辛苦了！"可每一次涌到嘴边的话，却怎么也说不出来。因为我再一次地害羞了，您那独特的爱，随着我年岁的增长，已能使我理解并慢慢留在了心里！

在此，我想对您说："对不起，爸爸，我爱您！请原谅女儿说的那些让您伤心的话吧！"

羔羊有跪乳之情，乌鸦有反哺之恩。父母独特的爱，我们有时看不见，常常忽略掉。而今，父母所欲为者，我继续之；父母所欲重念者，我亲厚之。

爸爸妈妈，谢谢你们，因为有你们，我才很幸福！

■ **教师点评** ------------------------------------------------

作文字里行间都是对父母的爱，结尾点题，首尾呼应，使得文章浑然一体。对于六年级的小学生来说，不失为一篇佳作。

（台慧霞）

# 黄瓜的手

◆ 刘文博

每天放学，路过我家楼前的小花园，我都会看看居民种植在这里的黄瓜，因为黄瓜的成长过程与其他的植物不同，显得很有趣。

黄瓜的根长在花园中的泥土里，弯弯曲曲的藤蔓攀爬在栏架上。黄瓜的叶子呈三角状宽卵形，叶柄稍显粗糙，有些叶子重叠在一起，不留一点儿空隙，有些叶子却很稀少。黄瓜藤表面有白糙毛，藤不分支，顺着护栏向上爬，一阵大风拂过，叶子发出沙沙沙的声音，好似奏起了一段欢快的乐章，可是娇弱的黄瓜藤却没有从栏架上掉下来，这是为什么呢？我仔细地看了看才发现：原来在长叶子的地方伸出来三四根嫩绿色的细丝，这就是黄瓜的手。

黄瓜的手一碰到围栏就紧紧地抓住栏架，拉着黄瓜藤，不让它掉下去，黄瓜藤就这样沿着围栏慢慢地往上爬，抓着围栏的手会渐渐地变长并绕着围栏架缠上几圈，除非你生拉硬拽，否则别想拉下黄瓜藤。

在黄瓜藤中生出的好多小手的帮助下，黄瓜藤才生机勃勃地成长着。再后来藤蔓上的叶子间开出几朵黄色的花儿，里面有密密的细绒毛，引的蜂儿、蝶儿来嬉戏。美丽的花儿点缀在一片翠绿间，这时的黄瓜藤最惹人眼！

花儿开了，离坐果就不远了。果然没过几天，在花根部渐渐生出了一根短短的、细细的小黄瓜。在小黄瓜没有长大时，花儿是不会掉落的，等黄瓜长大后，花儿就凋零了。可爱的小黄瓜在一天天长大，我想它不会忘记妈妈的手——黄瓜藤上的那一根根细丝，没有妈妈的手，怎么会有今天青翠鲜嫩的小黄瓜？

### ■ 教师点评 ------------------------------------------

这篇习作小作者以黄瓜的生长过程为序，写出了黄瓜手的温馨可爱，同时感恩之心自然流露出来。从全文我们可以看出，小作者是个很细心的"观察家"，将黄瓜生长过程中的特点形象、细致地描写出来，文章中心突出、语言流畅、结构完整。

(贠元凤)

# 我的笔袋

◆ 张益玮

我有一个笔袋，这是妈妈在我二年级时给我买的，虽然早已缺边少角，但我还是很喜欢它。

灰色是这个笔袋的主色，典雅庄重。青铜色只是在灰色上面做了一些点缀和包边，这使原本淡雅的笔袋平添了一丝亮丽，让人一见倾心。

我的笔袋是一个长方体，它长21厘米，和一根筷子的长度差不多，宽9厘米，高4.5厘米。和其他的笔袋相比，算是一个"小瘦子"了，可别小看它哦！虽然装满文具后略显丰满，可它一次可以装20至30支笔，可谓笔袋界的"高富帅"。

笔袋外侧的两边，各有一个加层。右边的加层上有个NBA的图案，图案的左边，是乔丹的黄色卡通肖像，为笔袋平添了一些运动的元素，让热爱运动的我更加爱不释手了。右边加层里面，有三个松紧带，可以把常用的铅笔、钢笔放到这儿，既不会丢，也不用在"大仓库"里东翻西找。左边的加层里，是胶带、橡皮之类的小物品的家。

它的高性价比也是不容忽视的。除了可以在最小的空间装最多的文具之外，质优价廉也使它的销量稳居榜首，这可是售货员阿姨根据统计表告诉我的。它的材质也值得一赞。它由新颖结实的牛津布做成，不易磨损。跟皮革笔袋相比，更容易清洗。和老式的铁笔盒相比，高下更是一目了然。铁笔盒一身寒气，古板不说，噪声也大，无论开合，都会影响到他人，稍一碰撞，表面就会坑坑洼洼，颜色也斑驳陆离，只能光鲜一时。而我的这种笔袋，是不会这样娇气的，手感舒适不说，笔袋的拉链也顺滑流畅，质量也是顶呱呱，不会轻易坏掉。

看到这里，你是不是心动了呢？心动不如行动，赶紧拿出你的零花钱把它买下来吧！不贵，不贵，才二十元哦！当然喽，是在需要的前提下。不要以为我是浮夸的推销员，我只是一个普通的消费者。

**■ 教师点评** ------------------------------------------------

这是一篇小说明文，小作者能恰当地使用列数字、做比较、打比方、举例子的说明方法，由表及里、先分后总地将笔袋的外形、大小、内部构造及特点介绍得条理清晰，很有逻辑性。语言也轻松活泼，小作者将笔袋比拟成"高富帅""小瘦子"，说他的笔袋"不娇气"，结尾"我可不是浮夸的推销员"等一系列鲜活的语言，一改说明文平实的语言风格，富有创意。正如叶圣陶先生所说，说明文不一定就是板起面孔来说话，说明文未尝不可带一点风趣。

（魏孔玲）

# 父爱如山

◆陈昱江

恐惧时，父爱是一块踏脚的石；黑暗时，父亲是一盏照明的灯；枯竭时，父爱是一湾生命之水；努力时，父爱是精神上的支柱；成功时，父爱又是鼓励与警钟。父爱是一缕阳光，让你的心即使在寒冷的冬天，也能感受到春天般的温暖。父爱如大海一样深沉而宽广。

记得那是我上四年级的时候，那天晚上月明星稀，因为白天的期中数学考试我胜券在握，所以晚餐时我夸下海口："老爸这次我一定会拿到100分。"爸爸听了乐得一把搂住了我说："好样的！真要考到满分，我就给你买你最喜欢的书。"

第二天，当我拿到试卷时，我傻眼了，那个红得刺眼的87分狠狠地扇了我一个耳光，我拿着这份沉甸甸的试卷，背着书包，垂头丧气地走在回家的路上。一路上我忐忑不安，我真是无颜面对爸爸的期望啊！

那天的回家之路显得格外漫长，我慢吞吞地像只蜗牛似的，走了很久很久，才艰难地踏进家门。更不凑巧的是，那天爸爸妈妈回来的都特别早，我不敢面对爸爸的眼睛，灰溜溜地躲进了自己的房间。我拿出那份试卷仔细地看看我到底哪里没有做对，让人生气的是，我错的竟然全都是计算题。想起爸爸平时检查作业时对我的教导，让我做题一定不要偷懒，不要图省事，一定要细心计算。而我，偏偏就在最简单的题上犯了最低级的错误。我一直在自己的房间里磨叽着不敢出去，过了一会儿门"吱扭"一声开了。爸爸走进房间，拍着我的肩膀说："走，今天可是满汉全席，专门犒劳你的。"听了爸爸的话，我哇的一声哭了起来，我把卷子递给爸爸，等着暴风雨的来临。爸爸看到我改的题，拉着我的手语重心长地说："知道自己的问题在哪里，能记住教训，不要在同一个地方跌倒才是最主要的。一次没考好不可怕，就怕你看不到自己的错误，别哭了，吃完饭'罚'你再做一套满分的试卷，怎样？"我擦干眼泪，说："没问题！"

在我成长的道路上，父亲既是严父也是慈父，是他教会我如何面对失败，如何把握未来，我和爸爸既是父子，也是朋友，他尊重我的选择。我幸福是因为我拥有一份沉甸甸的爱。

### ■ 编辑点评 ————————————————————————

一件小事，凸显了父子深厚的感情。幸福的家庭，不同的表达方式，字里行间，细腻有爱。

# 对不起，可爱的小河

◆ 刘文博

在我姥姥家的附近，有一条弯弯曲曲的小河。记得我小时候常去姥姥家玩，每次经过小河时，总会忍不住多看几眼。

夏天，庄稼地里的小油菜长得绿油油的，全靠这条小河里的水来浇灌。在炎热的夏天，我和小伙伴们来到小河边的大柳树下，拿来捞网在清澈见底的河水中捉泥鳅。姥姥还有两个孙女，大的是姐姐，比我大两岁，小的是妹妹，比我小一岁。每次因为分泥鳅这点小事惹得我们大吵大闹，妹妹总是哭哭啼啼地跑去向她妈妈告状，好像我老欺负她似的。

冬天，小河水结冰了，冻得很坚固，大人站在上边跳一跳都没问题。这时，小河床就成了我们小孩子的溜冰场。我们比赛看谁滑得快，但总有小伙伴会滑倒。男孩子滑倒了会忍住痛，慢慢地在大家的搀扶下爬起来，女孩子就不一样了，胆小点的滑倒后被同伴救回"滑冰场"边小声地哭泣，胆大点的滑倒后就号啕大哭。哭归哭，依旧玩得很开心！就这样，我们开开心心地玩耍着，时间过得飞快，转眼间到了黄昏，在听到大人们的呼唤声后，我们才恋恋不舍地往家走。

姥姥家附近那条清澈的小河，给了我小时候太多美好的回忆。小河不仅是小孩子们的最爱，而且也是村民们的好朋友。农忙时，小河里的水要灌溉美丽的田野。清晨时，小河附近的村民们会牵着自家的毛驴、赶着自家的羊群来到小河边饮水，于是驴啼、羊叫组成了一幅生动、美妙的乡村画卷！

然而，如今的小河全变了……

去年暑假，我和妈妈去探望姥姥。路过往昔的那条小河时，眼前的景象让我惊呆了！小河边上堆积着小山丘状的建筑垃圾和生活垃圾，由于正是盛夏时节，垃圾上蚊蝇飞舞，空气中弥漫着阵阵恶臭的气味，让人直想吐！我问妈妈哪儿来的建筑垃圾？妈妈用手指了指前方，一座正在建设的高楼从姥姥家门前的不远处平地而起。听妈妈说以后这里的土地都要建楼，姥姥家也会搬到楼上住。

姥姥以后要搬新家了，可我一点儿也高兴不起来，我只听到面前的小河在痛苦地呻吟，看到小河在伤心地流泪……我的心很痛，痛得如针扎一般！

我想不明白，人们的日子一天天变好了，难道是以牺牲美好的环境为代价吗？

对不起，可爱的小河，对不起……

■ **教师点评** --------------------------------------------

这篇文章对比鲜明，突出环境被破坏的严重程度，小作者环保意识很强。倒数第二段的反问句引发思考。希望大家都来爱护环境，共建美好家园。

（贠元凤）

# 乡村风光

◆ 陈家瑶

乡村虽是一个很普通的地方，但它独特的风光在我脑中挥之不去。

早晨空气清新，走在乡间的小路上，偶尔会听见杜鹃的歌声，会闻到瓜果飘香。我背着小竹篓，兴高采烈走向山坡，山坡上有野花争奇斗艳，一望无际，还有沙枣树，散发着一丝丝淡淡的、迷人的清香。走过山坡，就来到草坪两边，那里有小河，有大榕树，还有放风筝的孩子。听说小河里还有凶猛的鱼儿，不小心会被它咬到呢！小河上面有正在梳理自己光滑羽毛的白天鹅，有一群鸭子正在争抢一条小鱼，扯着扯着，毛掉了一河。鸭妈妈一遍一遍不厌其烦地教小鸭下河游泳，寻找食物。

走过草坪，就是我们小孩子最向往的小竹林，我和姐姐就在这里砍竹子、玩捉迷藏。这里的竹子密密麻麻，没有一块空地是没有竹子的，我们甚至会在这里玩一天。这里可是夏天避暑的好地方，十分阴凉。竹子一根比一根粗壮高大，似乎抢着往高长，所以砍一根竹子要用好几天。每当游客来到这里，都不禁夸赞几句，还要用相机拍下这美丽的风景。

什么时候还能去乡村啊！真想再看看那迷人的风光！

■ **编辑点评** -------------------------------------------------

在一个城市孩子的眼里，因为陌生，乡村是迷人的。文章读起来生动有趣。

# 螃 蟹

◆ 李青泽

中秋节，姥姥给我买了一些螃蟹。姥姥把它们放到水池里，我用这段时间来仔细观察它们。

那些螃蟹一点儿也不安分，一会儿这个爬上来，一会儿那个又爬上来，甚至有一只趁我不注意爬到厨房小架子底下去了。不过还是我爸爸有本事，把它弄出来了，要不然众多螃蟹里还有一只"漏网之鱼"，这多不好啊！

姥姥买的虽然都是母螃蟹，但是攻击力却不比公螃蟹差！我把筷子伸过去，它们都能从我手里逃脱。让我大吃一惊的是，爸爸拿牙刷刷它们时，它们都要反抗！而且还能把牙刷夹下来，夹不下来还不罢休。爸爸当然要抢回牙刷，但一时竟不知怎么下手了，因为它们太厉害了！爸爸的手也差点被夹住，所以洗螃蟹用了很长时间。

虽然螃蟹那么厉害，但"一物降一物"，最后我们还是吃到了鲜嫩可口的螃蟹。

**■ 编辑点评** ----------------------------------------

这是一篇观察文章，小作者抓住了小螃蟹攻击力强的特点，将可爱的螃蟹写得活灵活现。

# 邵老师

◆ 席文杰

她是一个四十多岁的老师，但看起来很年轻，面容清秀，大眼睛，高鼻梁，嘴角老挂着微笑，让人一看就喜欢上了，这可能就像书上讲的，在她身上带有一种特殊的亲和力。

她在课堂上十分严肃，私下里却与我们谈笑风生，时不时会冒个冷笑话，同学们还亲切地叫她"邵妈"，她听后总是笑笑，算是默许。在她身上，我们还真能找出妈妈的影子。

她，就是我的班主任——邵老师。

有一次语文课，邵老师没有像往日一样抱着一大摞作业本或教科书出现在我们的面前，而是带着有点神秘的笑容，对同学们说："每天上语文课太枯燥了，今天咱们换个方式，玩游戏……"邵老师后半句话还没说完，同学们立刻欢呼起来。邵老师随后正色道："但前提是守规则。"我们兴奋地端坐着，看邵老师葫芦里卖的什么药。只见她微微清一下喉，说："这个游戏叫飞花令，就是我说出一个字，大家对出和这个字有关的诗词，男生与女生比赛。"然后邵老师在黑板上写了一个大大的"月"字，课堂上立刻活跃起来，"小时不识月，呼作白玉盘""举头望明月，低头思故乡""春江潮水连海平，海上明月共潮生"……你一首我一句，一节语文课在男女生对诗中过去了。事后同学们才明白，原来邵老师是在为三个月后的诗词比赛做准备。

让我最难忘的还有期末考试前的一件事。期末考试前的冲刺阶段，邵老师的父亲突然生病住院了，同学们都担心邵老师为了照顾老父亲会请假，如果真这样，谁给我们上总复习课呢，这次班上的期末语文成绩一定会一落千丈，成为全年级最后一名。全班同学都为邵老师父亲的病情感到不安，更为班上期末考试会受到影响感到着急。星期一的早晨，虽然阳光灿烂，但同学们的心情有些许压抑和担忧。然而，上课铃声刚响起，邵老师就准时站在讲台上，她的脸色看上去有点苍白，神态有点憔悴，同学们知道她准是守在父亲的病床前彻夜未眠。"同学们，为了迎接期末考试，今天开始进入考试前的冲刺总复习……"邵老师的声音略有些沙哑，但语调仍像往日一样，认真严肃，字正腔圆。课堂上非常安静，没有同学讲话，也没有人做小动作，同学们都在认真听讲，认真做笔记。

邵老师之所以在我心中是最好的老师，是因为她爽朗的性格与雷厉风行的做事风格，她舍弃小家，顾我们这个大家，把汗水洒在三尺讲台上。这不禁让我想起古人的一句话："落红不是无情物，化作春泥更护花。"所以她在我心中占有不可替代的位置。

■ **编辑点评** ------------------------------------------------

在这篇小文中，一个亲切、风趣、认真、敬业的老师形象跃然纸上。

# 故园情结

◆ 王国艳

唯有门前镜湖水，春风不改旧时波。

——题记

故乡的土壤饱含乡情，养育一方乡民。故乡是游子心灵的港湾，人生的驿站，感情的归宿，灵魂的延续。安逸的小村子，少了城市的繁华与发达，却别有一番滋味……

那天天热得发了狂，太阳刚一出来，地上就已经像着了火似的，一些似云非云的灰尘，低低地浮在空中，给远处连绵不绝、层峦叠翠的山峰更添几分静谧，正如张九龄笔下"灵山多秀色，空水共氤氲"般的绮丽美景。山虽无言，然非无声，山中鸟儿清脆的鸣叫唤醒了巍峨的大山，那潺潺的流水声，仿佛是大山在向人们展示它的水天一色，那青翠的草儿给严峻的大山添上几分俏皮的味道。山是故乡最朴素的自然景观，她不屈不挠，丰满雄伟，仿佛是一位俯瞰天下的王者，"会当凌绝顶，一览众山小"的信念便油然而生了。

夏日的午后，阳光如水般灿烂地流动，湿润了天上的云朵。故乡的水声潺潺流动，像是在叫我去欣赏它泛起微波的含羞模样，"日出江花红胜火，春来江水绿如蓝"大概便是说现在这个场景吧。河中的小石子和水姑娘相互嬉戏，波光粼粼的湖面经阳光的照射，被赋予新的生机。静静地，去欣赏，淡淡的几许波纹，却映衬出不一样的美，像是承载了千年的岁月，揽进了万里的浮云。

月光，忽地从院子里的枣树上筛落下来！这如水的月色，轻盈飘逸的韵致，清新淡雅的情调，给故乡笼罩上一层静谧的美，心情也在月色中变得很明朗，恍然间仿佛生命中的种种小幸福都灵动起来。

故乡的美在我的心中刻下无法忘却的痕迹。最好的画面是故乡的山清水秀，最灵动的声音是故乡潺潺的水声，最朴实的乡民就是故乡最美的风景。

## ■ 编辑点评

一个宁静的小村庄，在小作者的眼里有最动人的风光。融情于景，真挚动人。

# 掌声响起

◆ 赵子萌

每个人的一生，都有为之感动的一件事，一瞬间。我最难忘的是那次掌声响起来。

——题记

掌声是什么？是黑夜里的一盏明灯，指引你在茫茫世界里寻找到前进的方向。掌声是什么？是摆在饥饿已久的人面前的一块面包，让他获得重生的能量。掌声是什么？是在干涸已久的心田落下希望的雨露，让藏在心底的梦的种子快速生长。小学六年的记忆里，不知出现了多少次同学们鼓掌的样子，和那经久不息留驻耳边的掌声。

当人生中的第一次掌声响起，我才是一名二年级的小学生。当时的我并不出众，像只"丑小鸭"掉进了"白天鹅"群中，心里被自卑占满，就连在上课时抬头看黑板的勇气都没有，更别说回答问题了。我想就这么自卑下去，一直到小学毕业。

事与愿违，二年级下学期，教我们语文的王老师到了退休年龄，不代课了，学校新派了一位年轻又漂亮的老师。新老师一进教室门，我就感受到了她身上那种非凡的气质。她站在讲台上，潇洒地从粉笔盒中拿起一支粉笔，在黑板上漂亮地写出了她的芳名。写完后，开始自我介绍，那一刻，同学们和我仿佛在欣赏一场表演。"大家好，从今天开始我就是你们的语文老师了，大家以后可以叫我李老师。"这个柔软的声音响彻了整个教室。顿时，教室里像几滴水洒在了油锅里，一下子"炸"开了。同学们七嘴八舌地向老师介绍自己，而我却默默地在角落里独自看书，好像一切与我无关。

　　本以为这位新老师会跟以前的王老师一样，只重视在课堂上的"机灵鬼"。但是我的猜测大错特错了。老师在同学们的介绍声中走下讲台，走到了我跟前，摸摸我的头，满脸微笑地看着我，问道："你这么可爱，叫什么名字呀？"我冰雪般的心灵在这句简短的问候话语中一点点被融化了。我刚要回答，不料前面的同学转过头来对老师说："她叫'丑小鸭'，平常上课从不回答问题。"我的心又一次被"冻"住了。李老师看了我一眼，我再次垂下了头。

　　第二天，李老师刚好讲到《蜜蜂》这篇课文。讲课前她向大家提了一个问题："为什么蜜蜂在蜇人后会死亡？"这个问题太简单，在爸爸给我买的《十万个为什么》中我早读过。瞬间，我举起了手。但一想到要在全班同学面前讲，手又不由自主地缩了回去。这个动作早被李老师捕捉到了，她对全班同学说："下面请这位同学给大家讲一下。"我红着脸站起来，听到同学们纷纷议论："就她，平常连话都不说的人还有这本事？"老师听到这些议论后，严声厉色地对同学们说："无论做什么事，首先要学会倾听和尊重他人。"不一会，议论声没了。我磕磕巴巴地讲着，那声音就像一条小溪从石头较多的地方挤出来，时缓时急，断断续续的。过了大约五分钟，我终于结束了这段"艰难"的讲解。当最后一个字说出口时，老师带头给我鼓起了掌，继而我听到了同学们稀稀拉拉的掌声。李老师说，讲得真好！随后，热烈的掌声一浪高过一浪。我的泪水在眼眶里打了几个转，终究还是没忍住，一下子涌了出来，泪流满面。李老师递过一张餐巾纸，让我擦干泪水，并鼓励我要坚强点。

　　下课后，李老师把我叫到了办公室。她给我讲了一个故事：从前有一个小女孩，她长得既不漂亮，成绩也不好，可她有一颗奋发向上的心。在她不懈的努力下，取得了优异的成绩，终于成为同学心目中的"白天鹅"。我出于对那个孩子的好奇心，问道："李老师，那个女孩是谁呀？"李老师笑了一下对我说："就是我呀！"接下来的日子里，李老师在课堂上总是不断地用眼神鼓励我回答问题，并流露着赞许和认同。终于，我站起来的次数越来越多，答案越来越精彩，同学们给予我的掌声也越来越多。一天，李老师从我身边走过时在我耳边说了一句话："你有两个小酒窝，笑起来很可爱，以后要多点笑容，少点愁容哦！"

后来的日子里，李老师还是如往常一样，用她那"特有"的眼神鼓励着我。同学们发现，以前总是爱低头的我竟然昂起了头，专心致志地听课并在课堂上积极回答问题。我的声音也大了，语句也连贯了。自此，好多同学都主动和我交朋友，共同完成一些集体活动。三年级时，我也在进步中当上了小组长。后来的小学生活中，往日沉默寡言的我多了欢声笑语，增强了自信心，学习成绩也越来越优秀。终于，在大家的掌声鼓励中，我考上了心仪的中学。

这么多年过去了，我听过无数次的掌声，但令我念念不忘的还是第一次掌声，第一个给予我掌声的人。那是我日后获得诸多掌声的开始，更是我前进的动力。

当掌声响起，我的心久久不能平静……

■ **教师点评** ----------------------------------------

一件小事，改变了一个学生，"我"在鼓励中逐渐成长。小作者用朴实的文字，叙述了一个自我蜕变的过程。语言质朴，感人肺腑。好文章贵在真情实感，首先打动自己，才能打动别人。中心突出，视角独特，结构完整，散文化的语言也为习作增色不少。

（邓建忠）

# 古诗词伴我行

◆ 张 亮

"春种一粒粟，秋收万颗子。四海无闲田，农夫犹饿死。"

牙牙学语时，慈祥的奶奶经常握住我的小手吟诵这首著名的诗句。她读完以后，告诉我："孩子，古诗词是我们老祖宗遗留下来的宝贝，你一定要多背一些!"我点点头。从那以后,不知为什么,我每天不念叨几句诗就睡不着觉,古诗词成了我的催眠曲。

上学前班后,爸爸妈妈给我买了配有图画的古诗词书,一有工夫,他们就领着我读上几句,一边读,一边给我讲解古诗词的内容。在小朋友面前我经常会显露几句,阿姨也时常夸我几句,我高兴得不得了。不知不觉迷恋上了古诗词。

进了小学,我认识的汉字多了一些,便正儿八经背诵起了古诗词。从"鹅鹅鹅,曲项向天歌"一直背到"横看成岭侧成峰,远近高低各不同",再到"死去元知万事空,但悲不见九州同"。所以到了五年级,我就可以背一百多首古诗啦!

现在,古诗词已经成了我生活中不可缺少的重要部分,我从中汲取养分,健康地成长。

■ **教师点评** ————————————————————————————

古诗词是祖国优秀传统文化,小作者用富有灵性的思维和情感丰富的文笔,表达了自己读古诗词的感悟,感染性强。

(陈宜山)

# 生活中的启示

◆ 李晋贤

生活犹如人们的老师,又如一本百科全书。这本书里的东西,随时随地都给我们带来启发。

记得那是一个夏天的中午,母亲让我去买菜。我不情愿地走出门去,心想:这么热的天气,谁还开店呀。

果然,刚一出门,一股热浪迎面扑来,我的额头上便有了几滴汗珠。

天这么热，怎么可能有人开店呀！可这是妈妈的"圣旨"，我可不能违背呀！突然，我眼前一亮，啊！前方有一个小菜铺。我急忙飞奔过去，生怕店门在下一秒关闭。

我进入店内，看着木椅上坐着的老奶奶，她脸上的皱纹深极了，手像干枯的树枝。她慈祥地望着我说："小朋友，想要点什么呢?"我对老奶奶微微一笑，低头选了几样妈妈说的菜，对老奶奶说："奶奶，请帮我称一下这几样菜。"称完菜，我付了钱，老奶奶把找零的钱递给我。啊！我心里一怔，老奶奶给我多找了五元钱！我心里窃喜，哈哈！有了这几元钱，我就可以买心中喜欢已久的笔记本啦！忽然，有一个声音钻入了大脑："你真是坏极了，老奶奶挣钱也不容易啊！做事得讲道德。"我小小的心里被这两个声音占据着，拉扯着……不知过了多久，我还是不顾一切地跑了出去。

跑了几步，突然身后一声大喊："小朋友，等一下。"我还想继续跑，但双脚却不听使唤，慢慢地僵住了。我很害怕如果被捉住，脸不是就要丢尽了，这怎么见父母呀！还要被……我这样无止境地想了下去，仿佛过了一个世纪，这时老奶奶的声音在我的耳边响起："小朋友，你的菜忘拿了，……"我愣住了，不知如何是好。最后我鼓足了勇气，返回小店，将五元钱递到老奶奶手中，说："对不起老奶奶，这是您多找我的钱。"说完，我恐慌地望着她，心想：一定要挨骂了。没想到，老奶奶没有批评我，只是严肃地说："知错就改就是好孩子。"说完，转过身去忙了。

我望着老奶奶那瘦削的身影，心里久久不能平静，并且，她的那句话已深深地刻在了我的心里。

## ■ 教师点评 --------------------------------------

小作者善于观察和体会，把生活中做错的一件小事记叙了下来，自己从中受到教育，同时也使读者受到启发。短文记叙流畅，富有真情实感。

（周　昱）

# 好同学苗苗

◆ 路月平

上学期，我们班转来了一位叫苗苗的新同学。她个子不高，经常穿一身洗得发白的校服。听说她是农民工的孩子，家境可能不是很好。苗苗话语不多，很少主动和同学们交流，显得有些格格不入。但半个学期后，大家渐渐改变了对她的态度。

苗苗既不是学习委员，也不是课代表，但她常常主动去老师办公室帮忙抱本子。那可是个体力活，厚厚的一摞本子，看着都沉，但苗苗几乎没落过一天。有一次，苗苗在上体育课时把脚扭了，走路一瘸一拐的。可是下课后，她照旧去帮忙抱本子，似乎抱本子是她的专利。同学们先是不解，接着是议论，最后向她投去了赞许的目光。

在班上，苗苗上学来得最早，放学走得最晚。她的家庭作业基本都是在学校完成的。做完作业后，苗苗会主动帮值日生打扫教室，还很细心地把教室的每个窗户都检查一遍。有个别同学背后叫她"管家婆"。苗苗听了也不生气，还说："学校就是我第二个家。"你别说，有了苗苗这个认真细心的"管家婆"，还真给班上弥补了不少损失。一次，教室里的暖气管道漏水，是苗苗第一个发现并报告老师的。还有一次，因为天气骤变值日生急着回家，匆忙中忘了打扫校区卫生，事后得知是苗苗主动把校区卫生打扫干净，结果自己被淋成了落汤鸡。这种事举不胜举。"管家婆"三个字从贬义词变成了褒奖之意。

苗苗不仅是老师的好助手，而且她还经常帮助同学。临近期末考试，班上有名同学突然病倒了，好几天都没来上课。苗苗的同桌发现苗苗上课时做一份笔记，下课后再做一份笔记，而且每天下午放学后，也没有和院子里的同学一起回家，而是拐到那位生病的同学家住的方向。结果期末考试成绩一公布，那个生病的同学的成绩非但没有拖全班的后腿，反而进步了好多。这时，同学们才知道，临近考试前，苗苗不但在课后帮助她做笔记，而且每晚都到这位同学家里给她补课。对苗苗充满敬意的同学们，在班上评三好学生时，都心悦诚服地为苗苗投了一票。

苗苗靠她的心灵之美，热心助人，关心班集体，从一个大家都瞧不起的小女孩，变成了我们班的好榜样。

■ **编辑点评** --------------------------------------------------
文章生动塑造了一个热心助人的女孩，她用自己的行动赢得了尊敬。

# 2 月 份

## 丢 人

◆ 刘佳玲

应尽的责任尽全部就是优秀，简单的事情做最好就是卓越。

——题记

冬至，一年中白天最短的一天，在这天我经历了出生以来最惊险的事。

晚上放学回家，途中遭遇堵车，爸爸的电动车也卡在了路上。本想着他一定会把车推上人行道，我就从车上下来了。万没想到，一转头，爸爸不知怎么就突破重围，已经飞驰而去。我身上穿着厚厚的装备，努力地追赶并大声喊叫，可惜在这黑灯瞎火、车拥人挤的夜晚，戴着头盔的爸爸根本没有听到，且还不知道他已经把我丢了。

这下完了，离家还有好远的路呢，步行回家不现实。我怎么办呀？我一下子慌了神。冬天的夜黑得特别快，我独自在路上走着，心里充满恐惧。幸好路上行人很多，那天又是星期五，不用急着回家写作业，但我身上没有一分钱，即便知道回家的路也不能坐公交车，这又增加了我的不安。我的第一反应是万一有坏人来抓我怎么办？这让我想大哭一场都不敢，怕招来其他人的注意。我慢慢地往前走，努力平复内心的恐慌。不能坐公交也不能步行回家，我必须先找个避难所，比如银行。我腕上戴着一块手表电话，虽然快没电了，但这是我最后的救命稻草，爸爸正在骑车肯定不接电话，或许联系妈妈还有希望。尽管我心里已经计划好了一切，但毕竟是第一次经历这种事，我还是小声抽泣起来。

好不容易和妈妈取得了联系，还不等妈妈说话我就向她哭诉："妈妈，我爸把我丢路上了。"妈妈听后用十分惊讶的语气问："啊！你在哪里？""我在鱼池口110公交车调头的地方。""你待着别动，我马上去接你。""妈，这里有没有银行呀？我要先避避。""银行早关门了，你先找个商店，你爸真是的，车上少了一个一百斤的人都不知道。"我能从电话里听出妈妈的担心、焦急、吃惊和愤怒。

那时我真是怕极了，环顾四周，只见路南有一些便利店，大商店都在路北边，车这么多，我没胆量过去。（我爸常说，上学是一路向西，回家是一直向东）正在绝望之际，我偶然间转头看见了一红一蓝的灯在闪，像黑夜里的一盏明灯，我心里又燃起了希望的火苗。那不是警察吗？那位警察叔叔因为堵车正在指挥交通，真是因祸得福！

我小心翼翼地穿过马路，来到警察身边。警察发现了我，我马上告诉他："叔叔，我爸把我落路上了，我能在您这待会儿吗？"他一边指挥车辆，一边弯下腰说："啥？你爸把你落路上了？他不要你了吗？""不是……"我太激动了，所以有点语无伦次。"那行，你就先跟着我。"这时，一辆掉头的公交车没有一次性转过来，需要倒车，但又倒不过去，整个车横在路中央，挡住了所有车。大家都感到万般无奈，警察叔叔看了看后面焦急的车辆说："要不发动大家帮忙推一下！"这招果真有效，人们纷纷下车帮忙，警察叔叔最卖力了。在司机的配合和大家的努力下，这辆车总算解放了。这时我才有机会端详一下这位警察叔叔的容貌。黑夜里，我看不太清楚，只知道他的脸圆圆的，身材高大魁梧，或许我该叫他警察伯伯吧！待在警察叔叔身旁一会儿，我发现这个职业真的很辛苦，不仅要用对讲机时不时交流汇报路况，还要用手不停地指挥交通，更要躲避车辆，好几次我都是被他拉着躲避汽车的。警察叔叔确实像大家说的那样和蔼可亲，他时不时问我在哪个学校上学、几年级、学习咋样等一些很平常的问题，以缓解我的紧张，让我感觉到了温暖和安心。

警察叔叔要去另一个地方指挥交通，临走前不放心我，把我带到附近的狗不理酒店。一路上我们边走边聊，中间他还提醒一位阿姨把卖水果的车摆正，不要占人行道。这一幕幕我看在眼里，心里十分感动，若不是这位警察叔叔，我还能在这黑夜中等到父母的救援吗？酒店里的服务员姐姐知道我的经历后，热情地把我安排在座位上。不一会儿，妈妈就找来了，见到她我如见到了救星一般扑上去，妈妈也长吁了一口气，放下心来。服务员姐姐疑惑地问："您是？"妈妈连忙说："我是她妈妈，她被她爸爸落在外面，我来接她，真的谢谢你了！""不客气，你们快点回家吧，已经很晚了。"

到了小区门口，只见爸爸坐在马路道牙子上。原来爸爸的手机没有信号，他满院子借别人的手机给我和妈妈打了好多电话，并且一路折回去找我。他吓得腿都软了，脸色煞白，两眼发直，见他这样，我一肚子的委屈也化为乌有，爸爸还是特别在意我的呀！

这个社会还是好人多啊！这次真是有惊无险，看来我还要多锻炼自己，遇到突发情况才能够沉着应对。

■ **教师点评** ————————————————————————————

这样奇葩的事都能发生在你身上，以后再看小说，就没有什么不可相信了。好在你又经了一事，长了一智，可喜可贺。

(王涤非)

# 小黄车的思索

◆ 韩佳芮

正如诗句"忽如一夜春风来，千树万树梨花开"描述的一样，似乎一夜之间我就诞生了，整整齐齐地站在城市公交车站旁、大型超市门口、小区门口、步行街等每个小角落，真是神气十足。大家也非常好奇，你摸摸我、他看看我，甚至有人还邀请我合影留念，我心里甭提多高兴了！

好了，我现在正式作自我介绍：我叫共享单车，小名小黄车，我的特殊之处就在于身上挂上了二维码，只要用手机扫一扫，就可以骑走啦。当那一抹抹黄色从人们眼前掠过时，那就是我开始在城市旅游了。不过我也肩负起了完成"最后一公里"的光荣使命，为人民服务才是我的职责。

渐渐大家都和我熟悉了，我也乐于和大家交朋友，一见面都会相互打招呼。"你好，小黄车为您服务！""谢谢，再见。"文明语言环绕在我们周围，我真的很幸福！可是，好景不长，有些粗心大意的叔叔离开我时忘记关锁，我被无情地抛在马路牙子上，遭到路人的摔打；有些大哥哥想要展示自己力大无比，将我高高举起，迅速扔下来；有些调皮的小伙伴会拖我去泥坑玩；有些叔叔阿姨在滨河路上吵架，一不高兴却把我送到河里"洗澡"；还有些人把我的部件卸下来，然后又把我的身体藏在草丛里……我变得又脏又破又烂，再也高兴不起来了。

"难道是我错了吗？"

"难道我不应该为大家服务吗？"

"难道我一出生就没有价值吗？"

"难道人们回到从前没有我的生活才是对的吗？"

我一个人默默地流泪，我该怎么办？

■ **编辑点评** ————————————————————————

小作者以第一人称的写法，为小黄车正名，文字清新，充满遐思，写法新颖，立意深远，流畅舒适。

# 一件难忘的事

◆ 何灏辰

时光飞逝，如同白驹过隙。在我的记忆中，有些事已经模糊不清，但有一件事却让我难以忘怀，就像一颗明亮的星星，在璀璨的夜空中不时地闪烁着。

那是暑假的一天，我和妹妹到公园的游乐场玩耍。我们玩了青蛙跳、旋转木马、赛车，唯独高空飞椅，妹妹说什么也不玩。"哥哥，我害怕！"我对她说："哥哥先坐一次给你看，可好玩了。"看着我坐在上面开心的样子，妹妹心动了。

飞椅再次起飞，"我感觉头晕，我害怕……"妹妹的声音在我背后响起，但在这几米的高空中，我就是想帮她也没法帮呀！

一下飞椅，妹妹就哇哇哇地吐了，我连忙掏出纸来递给她。"你太棒了，好多比你大的孩子都不敢玩。下次让妈妈看看你多勇敢！"在我的鼓励下，我的高空恐惧者妹妹——姚予涵小朋友休息了一会儿后，居然说："哥哥，我们再坐一次吧！"我当然是巴不得呢。

这一次，她的手紧紧地抓着锁链，眼睛时不时地瞄瞄两边，小嘴不停地嘟囔着，好像在给自己打气："没事，我不怕，我不怕。"不一会儿，她又小声哼起了歌，我觉得她应该是想办法让自己放松吧。于是我便大声陪她一起唱："给你买最大的房子，最酷的汽车，走遍世界每个角落……"唱着唱着，她竟然笑了起来。此时妹妹的笑，在我心里，比阳光更温暖灿烂。

这件事虽然过去很久了，但却铭刻在我的心里，每当我遇到困难，妹妹那天的笑脸，就像一股无形的力量，鼓舞我去战胜困难、战胜自己。

■ **教师点评** --------------------------------------------

　　小作者善于观察，运用生动的语言、形象的描写，记录生活中的点点滴滴。玩飞椅的过程抓住了妹妹的语言、动作、神态进行描写。文章内容具体，重点突出，中心明确。"她的手紧紧地抓着锁链，眼睛时不时地瞄瞄两边，小嘴不停地嘟囔着，好像在给自己打气：'没事，我不怕，我不怕。'不一会儿，她又小声哼起了歌。"让我们仿佛身临其境。文章结尾不但对全文进行了总结，而且对文章中心进行了升华，与题目相照应。

（周小莉）

# 我的一家

◆ 张文淅

　　我有一个幸福的家，三室两厅的房子装修得很温馨。家里有爷爷、爸爸、妈妈、我和弟弟，我们之间相互关心照顾，一家人相处得很和睦，让每一个平凡的日子充满了快乐。

　　我爱我的爷爷，他是一个慈祥能干的长者。当爸爸妈妈上班、我上学后，家里就只剩下爷爷一个人照顾几个月大的弟弟，非常辛苦。爷爷做的饭可香了，我在家时，因为疼爱我，我喜欢什么好吃的他都会变着法子给我做。可是有时候他又很严厉，当然这肯定是由于我太捣蛋，惹怒了爷爷。平时一有空闲，爷爷就会把家中损坏的东西拿出来修修补补，奇迹般地让它们工作起来，这使我打心眼里觉得爷爷很爱这个家。

　　家里最辛苦的人要算爸爸了。他是家里的顶梁柱，在单位上班很忙碌，我经常看到他晚上12点多还在加班，要么看书学习，要么修改材料，即使周末也不例外。爸爸干什么都很认真，下班回家第一件事就是给我检查辅导作业。有时候他会给我增加作业巩固学习成果，我心里有些许不快。但我现在越来越能理解，爸爸是真心疼爱我。他对我的学业要求很严格，可空闲时他常常带我们一家人出去游玩，对我的合理愿望也总是想方设法尽量满足。

我的妈妈非常爱美，她喜欢化妆，时常购买漂亮的衣服。妈妈在家里总是默默地付出，对全家人都很好，她给爷爷买衣服，给我买我喜欢的章鱼小丸子，一有空闲就给我和弟弟做好吃的。她总是把家里收拾得干干净净，让家里温馨舒适。

弟弟是家里最小的成员，他长得非常可爱，乌黑的头发，胖嘟嘟的小脸，见到我放学回家总会蹭过来亲我的脸颊，那甜甜的笑容和嫩嫩的脸蛋，真惹人喜爱，我也很爱弟弟。弟弟很少哭闹，难怪姑妈说弟弟是她见过的最乖巧的婴儿。

最后该我出场了，大家都说我是个淘气包。我平时特别闹，爱玩游戏，爱看电视，对学习不是太热心，写作业也很粗心，书写有点差，这让爸爸很头疼。不过，我正在努力改正，今年考试成绩已经有明显进步。这不，寒假里，我每天都给自己定计划并认真落实。以后，我更要好好学习，考出好成绩，不让爸爸妈妈操心，让全家人的脸上始终都洋溢着笑容。

这就是我的一家。我爱我家，爱这温暖的房子，爱房子里的花花草草和书画家具，更爱疼爱我的家庭成员。快乐是我们一家人的座右铭，我们一家人将相亲相爱，一起快乐地学习、工作、生活，为幸福美好的生活而努力奋斗。

■ **编辑点评** ------------------------------------------------
感情很真诚，内容很真实，因此让这篇看似朴素的作文透出温馨，是一篇佳文。

# 我的课余生活

◆ 李冰月

每个人都有自己的课余生活，有的单调乏味，有的像花园里的鲜花一样缤纷多彩，我的课余生活还算丰富吧，我喜欢看书、画画、弹琴、写毛笔字……其中，我最喜欢的是——弹古筝。

我从六岁开始学习古筝，每周末上一次课，平时几乎每天都要练习至少一小时。我每天放学一回到家里，稍作休息，抓紧时间把学校布置的作业写完，然后吃完晚饭，就开始弹古筝。

古筝给了我无穷的快乐和力量，一弹起古筝，我浑身都是劲儿，很快，我就投入乐曲当中，沉浸在"叮叮咚咚"如山泉般清脆的琴音里，忘了一切的烦恼、忧愁。弹古筝占去了我大部分的休息时间，每天练琴的时候，我知道有很多小朋友在楼下玩耍嬉戏，而我不能成为他们当中的一员，但是我并没有不开心，反而感觉到一种别样的充实。通过练习古筝，我能在板凳上坐得住并沉静下来，同时也让我明白了"世上无难事，只怕有心人"这个道理。

两年以来，我利用每天的课余时间以及周末，还有寒暑假的时间，坚持练习，不言放弃，已经通过了古筝四级的考试。到现在，我已经学会了很多的指法和无数的曲子，已经能完整地弹奏好几首中国古典名曲，比如《紫竹调》《渔舟唱晚》《洞庭新歌》等。悄悄告诉你：我妈妈每天陶醉在我弹奏的《知音》和《小河淌水》里呢！

哪天如果你来我家做客，我一定会为你热情地弹奏一曲我最拿手的《小小竹排》或《娃哈哈》，《春苗》《挤牛奶》也行！

小伙伴们，说到这儿，我也迫不及待地想知道你们的课余生活有哪些内容呢，能跟我分享吗？

文章开头新颖，具有先声夺人之效，吸引读者。结尾恰到好处地点明中心，首尾连贯，一气呵成！整篇文章的语言通俗易懂，贴近生活实际，读来令人倍感亲切。

（程　慧）

# 家乡最美丽的人

◆ 任紫琦

每当说起家乡的时候，我禁不住想起我的家乡——榆中县清水村。虽然我不是在那里长大的，但是我爸爸却是土生土长的当地人。爸爸每每讲起童年的时候，眼里总是充满喜悦、艰辛、悲伤等复杂的神情。可是，在我的记忆里，家乡很美，很新奇，尤其那里的人是最美的。

村里的建筑物不是很高，都是亮丽的砖瓦房和新式小平房，最高的建筑物是乡镇卫生院，三层，有鹤立鸡群的感觉。村子的东头是平坦的庄稼地，那是勤劳的家乡人世代耕种的土地，肥沃的土地养育了家乡的父老乡亲。

听爸爸讲，清水地名的来历是很有趣的。据说，当年文成公主进藏时路过我们村，大队人马饥渴难忍，村子中间流淌着一条小河，河水甘甜清澈，大家饮用后顿觉神清气爽，故名清水。说到人，也是道美丽的风景线。村子很大，居住着五千多人，被称为"榆中县第一大村"，姓氏很复杂，人们相处很和谐。

家乡的人有一种朴实的美。节假日我常常回去，一早还没起床，睁开眼睛，就听到窗外小鸟在叽叽喳喳地开会。起了床，跑去街上，王奶奶迎面走来，手里拿着一只活鸡，那鸡在王奶奶手里乱动，王奶奶笑着对我说："你来啦，今儿个你中午来我们家，奶奶给你炖鸡汤，再给你来个你最爱吃的柴火鸡!"说罢,摸摸我的脑袋,笑盈盈地走了。我继续走,咦,南边的李伯伯来了,李伯伯说:"这不是琦娃吗!我准备去镇上赶集呢!算了,走,伯伯让你大妈烙烧饼!"我约了几个同龄的哥哥姐姐跑去李伯伯家,填饱了肚子,真开心!

家乡的人有一种好客的美。我表哥今年第一次去老家,有些怕生,可家乡的人却一点儿不拘束,一会儿拿出冬果梨,一会儿拿出热乎乎的葱油饼,表哥嘴里被塞得满满的。饭桌上,东南西北的姑姑、舅舅、姨姨都来了。爸爸还好,妈妈有些紧张——妈妈平时工作比较忙,不常来,有些人不认识,而姨姨们却好像都认得妈妈,拉着妈妈去厨房,传授各种厨艺技巧,妈妈也就不拘束了,很是开心。

家乡的人有一种乐于助人的美。上次,北头石姑姑家要打水窖,可是人不够。虽然她家在村子最东头,路途有点远,可是大伙不在乎,第二天一早就开车过去帮石姑姑家挖水窖。大家携带的工具很多,汽车被塞得满满的,人都没有地方坐。不过,这并不影响大家干活的进度和热情。到了石家,大伙就忙开了,阿姨婶婶们忙做饭,伯伯叔叔们忙干活,我们也加入其中,拿工具、抬土、抬砂石、送水擦汗。所有在场的男女老少忙前忙后,就像一家人,大人们欢声笑语,夹杂着玩笑话,互相调侃,干活不觉得累。这是在城市很难看到的场面。下午六点多,一个六米深、直径五米多的水窖就完工了。晚上,大伙一起吃了一大锅臊子面,味道好极了,可能是我长这么大吃得最香的臊子面,汤鲜、面劲道、佐料足,配上一碟咸韭菜,外加一盘清炒土豆丝、两块糟豆腐,堪比"百鸡宴"。

我爱家乡的景,更加爱家乡的人。家乡的人带着古老村落最淳朴的善良和美丽,正沿着新时代的道路阔步前行,美好的生活永远属于他们,我一直期待着。

■ **教师点评** --------------------------------------------------------

朴质的言语,平常的事件,却让人感受到家乡人的真切情感,这种情感就是家乡人的美,朴素的美,友爱的美。

(任慧颖)

# 海边的旅途——烟台之旅

◆ 祁馨宇

在炎热的夏天，我去了位于中国东部的山东省烟台市，那里是我的第二故乡。

那里空气潮湿，细细的微风中夹着一丝丝咸咸的海水的气息，令人心旷神怡。没错，烟台是一个沿海城市。

每一天，我都会去金沙滩公园玩。走在沙滩上，感觉脚下金灿灿的沙子暖融融的，头顶的太阳明媚灿烂。一阵海风吹来，仿佛有魔力，吹干了汗珠，吹散了炎热。伴随着海风的到来，脚下金黄的沙子在小腿飞舞、旋转，如一个个闪烁着奇异光芒的仙子在脚上跳舞。

风停了，脚下的仙子随之消失了。将头微微抬起，海天一线，一浪推送着一浪冲击海岸。

浪，似乎是几个调皮的孩子，在海中嬉戏。一个大摇大摆地涌上去，一会又急忙退下来；一个平静地上去，一会又急匆匆地下来；一个轰隆轰隆地上来，一会又无声无息地退下来……深水中的浪，如一位少女深蓝色的裙摆，被一阵风吹起，裙摆起起伏伏，在风中摇曳。

头顶上时不时飞过的海鸥像对人们打招呼似的，一声接一声地鸣叫着，引起人们的注意。当它们听到人们说"看，那是海鸥哎！"的时候，它们会心满意足地鸣叫一声，在天空盘旋一圈，再拍打着洁白的翅膀离开。

这样的海边，这样的海滩，牵起了我对多年以前生活的怀念。那时的我无忧无虑，没有学习的压力，不用为了考试成绩的一两分而懊悔不已……

站在海边，吹着徐徐的海风，望着碧波荡漾的大海、湛蓝如宝石的天空、头顶飞过的海鸥，听着浪被推动的声音。

大海，一如既往的蓝，一如既往的清。可是，我何时能回到几年前，回到那无比自由自在的时候呢？

人生，没有退路，从出生的那一刻起，就注定是要前进的，如海浪一般。

我在海边返璞归真，让心顺着海水，从烟台，流向远方……

### ■ 教师点评

烟台在小作者笔下实在太美了，看来暑假收获颇多。习作语句通顺，文辞优美，是一篇不错的写景文，望继续努力！

（李　娜）

# 3 月 份

## 愿你走出半生，归来仍是少年
### ——致未来的自己

◆ 马昕辉

马昕辉你好！

虽然，我们未曾谋面，但却比任何人都亲。你，是我的未来，也是我的希望，所以，在这里我要问几个问题：你是否完成了儿时的梦想，已经成为一名敬业的数学家？你是否还在坚持你的小说创作？如果这些已经实现，我真为你高兴！梦想的实现是人生最幸福的事。

还记得儿时的辛苦付出吗？那时，每天坐在桌前奋笔疾书，只为成为一名优秀小作家的你，是那样的专心致志；备战数学竞赛时，每天晚上辛苦刷题的你，是那样的废寝忘食；田径比赛前，每天早晨7时10分到校训练的你，是那样的坚持不懈……这些优点如今你还在保持吗？如果是，我真为你骄傲！努力付出才能收获成功与幸福。

是谁每天清晨精心准备早餐，然后将你准时送到学校？是谁给你提供良好的学习环境？又是谁陪你走遍祖国的山山水水，开拓视野，增长知识？是父母！你生命里最亲爱的人，最重要的人。他们给予你最大的鼓励，最无私的爱。所以，请你一定要多陪伴他们，好好照顾他们，不要留下永久的遗憾。

你是否还记得童年的小伙伴？你们一起玩耍、一起读书。还珍藏着那套已经被你翻了很多遍，早已发黄的《明朝那些事儿》吗？是它为我们打开了历史之窗。你经常联络你的老师吗？邵老师、张老师、段老师……她们曾经是你知识的源泉，她们曾将信任交付与你，对你充满希冀与期待，你想好怎样报答她们了吗？

收到这封信的你，或许成功，或许失败，或许还正在努力，但是无论怎样，请永远让你的心充满活力！愿你走出半生，归来仍是少年……

祝你：

意气风发！事业有成！

五年级的你：马昕辉

2018年3月6日

■ **教师点评** ----------------------------------------------
文章充满了激情，从字里行间能体会到小作者对未来自己的期待与鼓励。行文流畅，用词恰当，情致悠然。愿小作者努力前行，不忘初心！

（邵丽华）

## 青春，你好
◆ 陈嘉宇

## 引 子

想唱就唱要唱得响亮

就算没有人为我鼓掌

至少我还能够勇敢地自我欣赏

……

——我就是我

# 一

记得你，记得我，记得他，记得这样一句话：

"我们都没有完成最初的梦想，但我们都在变成那个心目中最好的人。"

本来，一向对心灵鸡汤不怎么感兴趣，但读到这句话时，不知为何，心中的尘埃突然就像被一把拂尘轻轻弹开了一般，泛起了丝丝涟漪。可能是一种磁场吧，只一下，便让我仿佛找到了知音，找到了那个久违的自己。

# 二

每个人都渴望成为公主，抑或王子。但是，外人眼中的公主王子又快乐吗？不！答案当然是否定的。我们扪心自问，真正的自己到底是怎样的呢？大家总是习惯性将自己包装成一件完美的作品，但它们都是一样的啊，毫无新意。若是这样，我们又何不将自己的面具摘下来做自己呢！

# 三

有位老师，他在朋友圈中发了这样一段文字：

"天上掉的不是馅饼，而是冰雹；精彩不是夸夸其谈，而是一次又一次历练之后的悄然绽放。"

依稀记得，那时还觉得老师不近人情，但三年后的我又想起这句话时，竟觉得有些道理了。

# 四

于是我琢磨了起来，是啊，这世上从没有掉馅饼的好事。你若是妄想，那么冷酷的冰雹将会打醒你！真正的出彩，真正的成功，都是自己的成果，并不是简单说一句"我成功了！"就成功了的，而是如含羞草般脚踏实地去做，最后如春笋般破土而出！

## 尾 声

我们正值青春年少，有冲动，有自责，有不羁，但这都不能阻挡我们的热情。所以不管怎样，加油吧！大声对明天，对今天呐喊："青春，你好！"

■ **编辑点评** ————————————————————————

这是一篇青春的宣言，文章以少年之眼看成长，以少年的笔触对话青春。整篇文章语言激荡，富有感染力。

# 我的书屋我的梦
◆ 李钇融


院再小也要栽柳，柳必垂。晓起推窗，悠悠然见柳枝软，如裙裾曳地，可知风行。晓雾未散，柳如烟。

屋再小也要置书，书必精。偶捕春风，三月柳绒过墙去。左手一卷《小窗幽记》，右手一杯翡翠春尖，静收邻家稚女争捉之笑。

院里几点花嫣然，必夹道而开。若逢夏夜友人谒来，定花香盈袖，正是怡然。屋里必有明月纱，可泻似水月光，可揽无味清风，可灭院外萤火，也可微挟秋风阵阵寒。

屋内不必多人，一人便自在。依窗而立，一卷《诗经》便释然，不求甚解，可低声轻吟。一本唐诗又宋词，诗言百家思。一思故里，一寸寒：几时明月有，何时故乡还？二思亲人，两寸寒：浊酒一杯家万里，燕然未勒归无计。三思心上人：生死两茫茫，不思量，自难忘。句句婉转，声声哀扬。一诗一句，一日一读；垂帘，细细咀嚼，有味是清欢。

屋外不必养鸟，偶遇山中鹂，几声啼转。有亭最好，吃酒只备小盅。

小盅浅醉，推却尘世之恼。

夏日雨潺潺，小院雾里看，一本红楼梦千年。看似淡，淡似无味，可其中情，自难挨。一个是无故寻愁觅恨，有时似傻如狂；一个是娴静姣花照水，行动弱柳扶风。曾记否：偶结海棠社，夜拟菊花题？曾记否：几时雨摧疏树，天涯何处葬花？曾记否：焚稿断痴情，魂归离恨天！看到深处，暗自抹泪，说到心酸处，荒唐愈可悲。人生在世，几分真假，情字难辨。由来同一梦，休笑世人痴！

冬日雪皑皑，坐拥一暖炉，火苗急蹿红。炉上又一壶，壶中茶沉浮。举杯敬苍生：一杯敬明朝，一杯敬过往。不计浮生三千事，但求《史记》源流长。读史大多在冬夜，白雪飘飘，万籁俱寂，只余指尖雪洒落。易水送别离上离，桃园结义永一心。那些经历了时间沉淀的事物，必将绽放永恒的美丽。诵得庄周，又在梦里化蝶；回首苏轼，萧瑟处，也无风雨也无晴。人生苦短，定要以梦为马，驰骋心野，莫负韶华。

要日记，就记梦，梦醒夜半，晓寒深处露。不可睁目，回忆良久，尽我所思，梦尽多者：不过是一柳、一院、一亭、一卷书，一书痴而已。

**■ 编辑点评** ------------------------------------------------

这是一篇诗情画意的美文。小作者写一院，一屋，一书，一天地，写景融情，思绪穿越千年。文章也让读者看到了阅读的魅力所在，它可以让人的心灵丰盈。

# 听从你心

◆ 韩泽薇

愿你在被打击时，记起你的珍贵，抵抗恶意；愿你在迷茫时，坚信你的珍贵。

爱你所爱行你所行，听从你心无问西东。

——《无问西东》

这是电影《无问西东》中的一句话。我没有看过这部电影，但是看过的同学都纷纷向我推荐，我就上网搜索了一下，突然看到这句话，感触很深。

每个人，都会有自己独特的闪光点。有些人，可能在某一方面拥有着惊人的天赋；有些人，可能干什么都很专注；有些人，可能有着超乎常人的耐力……

每个人，也都会经历一些挫折。人生不如意之事十有八九，没有人的人生永远一帆风顺。也许你会在春风得意时考试失常，也许你非常努力却成绩平平。

每个人，也都会有迷茫的时候：这么坚持下去真的可以成功吗？看不到未来的方向，有时就会怀疑自己选的这条路是不是错了。

是继续走下去？还是开启新的道路？在你迷茫的时候，只需要坚定自己的方向：无论怎样，"条条大路通罗马"，只要坚信自己是对的，就一定能走到心中的"罗马"！

比尔·盖茨，听从内心的呼唤，18岁考入哈佛大学，一年后从哈佛大学退学。1975年，与好友保罗·艾伦一起创办了微软公司。

20岁的扎克伯格虽然考入了知名的哈佛大学，但却是该校计算机和心理学系的辍学生。2004年，他听从内心的呼唤，在哈佛的大学宿舍创办了Facebook。短短数年，这一网站迅速风靡全世界，如今，它已成为世界上非常重要的社交网站之一。

马云参加了三次高考，勉强被杭州师范学院以专科生录取。1999年3月，马云听从内心的呼唤，正式辞去公职，和他的团队回杭州，以50万元人民币开始了新一轮创业，开发阿里巴巴网站。

总而言之，做你愿意做的，遵从你的内心，想想你的梦想究竟是什么。只有自己下定决心，无问西东，才能走出最让自己满意、最漂亮的那条路！

## ■ 编辑点评

文章在抒情中述事，先以"挫折"起头，再讲述中西方三位名人的经历，让读者自然读出"听从你心，方能成功"的主题。文章语言流畅，主题突出。

# 4 月 份

## "捞" 月亮

◆ 彭靖岚

时光易老，童年易去。童年是无忧的，童年是美好的。我的童年就像一个充满多姿多彩的趣事匣子，里面装满了开心、幸福、快乐，也有悲哀，还有一些"傻"事呢！

那是我5岁时的一件事。有一天我去了二姨家，二姨家的房子就像古代的阁楼一样，院子很大，院内有一个小池塘，还有两棵大槐树，其中一棵大槐树的枝干长得特别长，一直伸展到小池塘中心，真是令人震撼。那一整天，我都在小池塘边愉快地玩耍。

幸福的时光总是过得很快，转眼间就到了傍晚。吃完晚饭的我准备去找二姨，就在路过小池塘边上时，忽然发现池塘的中心有一个亮亮的、圆圆的东西，还不时闪着光。咦，这是什么呢？我心中疑虑着。正在思考中的我突然有个不好的念头，一身冷汗立刻冒了出来："什么，不会是月亮掉进水里了吧，坏了坏了！这可了得……"我急切地说道。

当时，我最担心的就是月亮万一出不来被水淹了怎么办，可身边也没什么帮忙的人，我不得不停下脚步静静地蹲在池塘边，观察着水中的月亮。从外观看它虽然在水里，但依然是那么迷人，表面光滑、剔透，特别白净，没有半点黑色的污痕，就像小时候我们常吃的白色奶油雪糕一样，美极了！我沉浸在美景中没多久，突然惊叹道："啊不！月亮这样一直泡在水里会融化的！不行不行，我得赶紧把它捞上来冻到冰箱里去！"

月亮离我那么远，我怎么才能过去呢？我左思右想，视野中突然出现了那棵大槐树，对呀！我可以把自己绑在那条离水池最近的树枝上。于是，我拿了绳子快速爬上树，慢慢靠近池中心，费了九牛二虎之力终于把自己绑好，还自信地喊了一声："哈哈，万事俱备，开始捞月亮喽！"

于是，第一次"捕捞"行动开始了。我小心翼翼地靠近它，而后迅速扑向前，欣喜地看看手里的小桶，咦？什么也没有啊！它逃脱了。我并没有放弃，第二次更加小心地向前靠近，我用比第一次慢一半的速度极其小心地将桶放入水中，对准月亮轻轻地捞起来，这时它在水中慢慢晃动，并没有消失。可等我再次看看小桶，里面还是什么都没有，难道它又"越狱"了，真是个奇怪而又顽皮的月亮。

两次的失败让我沉不住气了，小脾气一股脑就上来了，我使劲地用小桶反复扑打水中的月亮。此时的月亮就像一个隐形人，一会儿现身，一会儿消失，一会儿还晃悠悠……突然，"嘎吱嘎吱"的声音传到我的耳边，这是什么声音？我又使劲地晃了晃树枝，声音好像更大更厉害了，不好！"啊！"扑通一声我掉进了小池塘里，原来树枝断了。

"救命，救命……"二姨听到我的呼喊声迅速跑出来，立刻将我从水中拉起，看着我犹如落汤鸡的样子，二姨真是哭笑不得。我委屈地将事情的经过告诉家人，非但没有得到同情，反而引得全家哄堂大笑起来。我渐渐明白了事情的道理，叹了一口气，自言自语道："哎，世界上最愚蠢的事莫过于在小池塘里捞月亮了！"

童年总是过得飞快，它就像时光的快车，总有一天，我们都会下车的，而下一站的路口，将是飞腾无限的青春。

### ■ 编辑点评 --------------------------------------------------

小作者用生动的笔触记录了童年的"捞月亮"的"傻"事，貌似自嘲，实则怀念。结尾处的点睛之笔升华了文章，即抒情又憧憬，符合小学生留恋童年，又想马上长大的心理特点。语言流畅，充满童趣，是一篇佳作。

# 乡村的早晨

◆ 高晓霞

清晨，睁开蒙眬的睡眼，眼前的景象从未改变，依然是这样熟悉。

拉开窗帘，第一束耀眼的光线使整个房间获得了光明，从漆黑一片变得灿灿生辉。深呼吸一下，感觉光明就在我身边。踏出房门的第一步起，新鲜的空气就使人神清气爽。嗅一嗅，一切都是那样美好。抬头一望，那刺眼的阳光仿佛是给晚起的人的警告，让你在一刹那看到了大自然的颜色。太阳用它独一无二的身躯照亮了大地，让一切从寒意中感到了温暖。同时，它也为大山镶嵌了一层金边，山顶那几棵小树也因太阳而变得别具一格。蔚蓝的天空也被它染成了白色。天空是多么明亮，多么纯净，多么神秘。

农民早已在田野里劳作了。一阵微风吹来，小草头顶上的珍珠也滚落下来。此时，小草争先恐后地收集阳光，那几棵小树也仿佛张开双臂，感叹自然之美。

公鸡是最早报到的，还未等太阳蹦出山头，它已经为崭新的黎明奏乐了，家家户户的家禽也来凑热闹，放开嗓门高歌，那在天空翱翔的小鹰也用它优美的音调为大自然加音添符。几只可爱的小鸟，在枝头叽叽喳喳地讨论今天的行程，真是"好鸟相鸣，嘤嘤成韵"。他们的齐鸣为大自然演奏出一支支悦耳的乐章。音乐中有无数的旋律，但永远也比不上这首自然之歌。

乡村的早晨美，乡村的寂静更是天下独绝！乡村之音是这样明朗而具有韵味。我爱乡村的早晨，我赞美乡村的早晨，我歌颂乡村的早晨，我用心去感受乡村的早晨……

乡村，真是一个神奇的地方……

■ **教师点评** ----------------------------------------------------------------

小作者生于乡村，长于乡村，乡村生活的宁静、明朗与独有的韵味在笔下缓缓流出，朴素自然。

（罗宝荣）

# 我喜欢的小乌龟

◆ 李沛锡

我家最近来了一位新客人，就是一只既可爱又好玩的小乌龟。

我给小乌龟买了一座"小别墅"，而且还是复式的。我把它放进"房子"里，可能是来到了一个陌生的环境，它每天都躲在昏暗的地方，不敢出来。我仔细地观察，它虽然不像有些动物那么漂亮，但却非常可爱。光秃秃的脑袋上长着米粒般大小的眼睛，凸起的小嘴巴格外引人注目，头上夹杂着一些浅绿色和橙色的小方块。身上嘛，当然背着硬邦邦的龟壳了，龟壳上也是深绿色的花纹。它游起泳来非常慢，我怀疑是龟壳给它太多的重力，拖了后腿。不过，它的外壳也经常帮助它抵御敌人，若有人想要欺负它，小乌龟就把头缩进壳里，等危机过后，再把头伸出来四处张望。它的四肢既可爱又凶猛，它游泳时是靠四肢来划动的，四肢使劲往后一蹬，便向前游动起来。

小乌龟的爪子十分锋利，如果你友好地对待它，它会用小爪子和你打招呼，不会攻击你。如果你将手伸进它的"房子"里，想把它抓住，它当然也毫不示弱，像剑客一样，把你的手抓破。它吃食的样子很可爱，我把龟粮洒进它的"房子"里，它便会快速地游过来，张开它那小小的嘴巴，把龟粮一点一点吞进嘴巴里，然后使劲把食物咽进肚子里。仔细听，还能听到它啃食物的声音。在一个阳光灿烂的午后，它晃晃悠悠地爬到楼上，吃饱喝足后悠闲地晒着太阳，小乌龟的日子简直是太幸福啦！有时我还真有点羡慕它呢!

冬天快来临时,我发现小乌龟一直卧着不起来,也不出来晒太阳。我心里既疑惑又担心,晚上睡觉时,我还左思右想,小乌龟是不是生病了。第二天,我问爸爸,爸爸说:"我上网查找一下原因。"我看了爸爸查的资料后,才恍然大悟,原来,乌龟要冬眠了。在冬眠之前,它会吃大量的食物,这样就可以舒舒服服地睡大觉啦,等来年就有精神和我战斗了。

这就是我家可爱的小乌龟,一只天真、可爱、好动的小乌龟,一个陪伴我快乐成长的小伙伴!

### ■ 教师点评 ----------------------------------------

小作者观察仔细,对小乌龟的动作、形态进行了细致描述,突出了小乌龟的可爱形象。全文眉目清晰、生动紧凑,字里行间充满了对小乌龟的喜爱之情。

(何履花)

# 侧耳倾听

◆ 冯乐凡

人生应该像鲲鹏展翅,扶摇直上九万里,绝云气,负青天!

生活在这样一个喧嚣的世上,我们变得浮躁、忧虑,正在慢慢戴上面具。你或许会大声问,"人的一生最重要的是什么?"是财富?是美貌?还是爱情?在我看来,人生最重要的是学会倾听,倾听你的内心。

我听到了健康。保尔说,"人最宝贵的是生命,生命对人来说只有一次",所以,请珍惜生命,保持健康。人生虽然艰难,生命毕竟可贵,我们必须抓紧时间生活,因为一场暴病或意外可能随时终止生命。保持身心健康,把每一天都当作生命的最后一天。

我听到了尊严。桑迪亚哥喃喃道，"一个人可以被毁灭，但不能被打败"。所以，当前路无论遍布荆棘，还是波涛汹涌，守住尊严，别让挫折的怪兽将自己给吃了，让黑暗的魔鬼将自己踩在脚下。永保尊严，堂堂正正做人，永远朝向光明，永不言败！

我还听到了善良。快乐王子请亲爱的小燕子将自己身上的红宝石、蓝宝石和金片送给了需要帮助的人们，最后自己变得灰暗。但他们是快乐的，因为他们很善良，热心地帮助需要帮助的人。本来要飞向南方的小燕子选择留在寒冷的北方，帮助快乐王子，做他的信使；原本闪亮的快乐王子，帮助穷苦的人民，让他们得到温暖；上帝和天使帮助小燕子，让小鸟们可以在天堂花园里永远地歌唱善良。所以说，人的美并不在于外貌、衣服和发式，而在于他的内心。要是没有心灵的美，漂亮的外表下掩盖着丑恶的心灵，我们便会厌恶那漂亮的外表。我们要相信真理，相信真善美，相信内心的善良，相信"人间处处有真情，真情时时暖人心"，要透过现象看本质，真正做到"赠人玫瑰，手有余香"，坚持本真！

勇敢并充实地生活下去，劝君莫唱《明日歌》，让自己人生中的每一分、每一秒都充满意义，勇敢地去追求，去逐梦！侧耳倾听自己的心声！

### ■ 教师点评

冯乐凡，一个充满热情的女孩子！她那样认真，那样昂扬。她用心地感受生活，也努力地思考人生。正如一株春天的白桦，枝权向阳，生命怒放！

(袁莲君)

# 最爱的人

◆ 明子月

我最爱的人是我的姥姥。

我的姥姥今年六十多岁，圆圆的脸上有着些许皱纹，眼睛虽然没有年轻时候大了，但仍然炯炯有神。姥姥性格很开朗，总是笑眯眯的。因为姥姥年轻的时候是一名教师，所以声音洪亮，而且书写工整大气，我一直喜欢姥姥帮我写的书皮。

姥姥很爱我。我小时候特别爱咳嗽，有时候咳得很厉害，一躺下睡觉就不断地咳，睡不踏实。姥姥就抱着我睡，而她几乎整夜都不能合眼。第二天姥姥还要给我做饭、熬药。直到我好些了，能睡个安稳觉了，姥姥才能休息休息。

姥姥任劳任怨，好像勤劳的老黄牛一样。她当了三十多年的辛勤园丁，退休以后又开始操心起我们全家的饮食。每天早上姥姥都去采购新鲜的水果蔬菜、鸡鸭鱼肉，给我换着花样做好吃的，让我吃得既健康又丰富。像薯片、方便面之类的零食，姥姥都尽量不让我吃。当我学习累了的时候，姥姥总会给我端来一盘水果，让我补充能量。姥姥发现买的面包吃多了对身体不好，就隔一段时间在家给我烙饼子，里面加了牛奶、鸡蛋和糖，香甜软糯，可好吃了！

相比姥姥为我做的，我为姥姥做的真是少之又少。姥姥眼睛花了，每次缝衣服的时候我会帮姥姥穿针；当姥姥不会操作智能手机上的APP时，我会帮她；我还会帮姥姥提菜，但姥姥总会把轻的那一袋给我……

以后长大了，我要带姥姥去她喜欢的地方旅游，带她去品尝美食，给她买漂亮衣服……也许，那个时候的姥姥走不动路了，我会做她的腿，用轮椅推着她；也许，那个时候的姥姥视力衰退了，我会做她的眼睛，把看到的讲给她听；也许，那个时候的姥姥会忘记回家的路，我会一直牵着她的手。

我爱姥姥，但姥姥更爱我！

■ **教师点评** ————————————————————————————

真正的幸福属于感恩者。小作者善于撷取日常生活中的细节，将自己对亲人、对生活的感悟与思考流泻笔端，读来温馨动人。家人无微不至的爱使小作者独具慧眼，竟能敏锐觉察到姥姥的衰老，用心之处自动情。对姥姥给予的爱的感悟与理解，又体现了小作者的成长心路。从生活中来，又应用于生活，正是语文学习的要义。小作者在语文学习中会收获更多的。

（姚威平）

# 矛与盾

◆ 江政桥

俗话说得好，"家家都有一本难念的经"，我家也不例外。我妈妈是个固执的人，从不尊重我的意见，嘴边总是挂着一杆"长矛"，冷不丁的就向我"刺"来。我也从不示弱，抵抗的情绪很快会形成一面"盾"，经常与"矛"斗争到底。

矛与盾，本身是指古代的两种兵器，矛用于进攻，盾用于防御。现代汉语里的"矛盾"，是指事物之间相互对立、相互作用、相互依赖、相互影响的一种状态与过程。我和妈妈就是这样的矛与盾。

学习单簧管时，妈妈竟然不和我商量就给我报了单簧管培训班，我当时心里就崩溃了，心想妈妈太"坏"了，于是我决定用"盾"来抵御"矛"的进攻。我写完作业正在用电脑下围棋，妈妈进来生气地对我说，"干啥呢？我给你说的都忘了吗？给我吹谱子去！"我也气势汹汹地对妈妈说：

"我刚写完作业，下一会儿棋怎么了？我又不是机器人，充上电就能没日没夜地学习。学单簧管，你也没跟我商量，也没问我愿不愿意学，你怎么能'先斩后奏'呢?"妈妈见我不听话，三步并作两步上前拔了电脑电源，撕着我的耳朵，把我强行拉到了单簧管谱架前，出于内心对妈妈的恐惧，我只好勉强做起了样子，其实我一点儿都没用心，反而"偷工减料"。一学期单簧管的训练班很快结束了，我的考试成绩不合格，没能继续入选，但同时我在围棋比赛中取得佳绩，荣升了五段。妈妈虽然很生气，但也意识到了和"盾"沟通的重要性。

再比如学英语，我向来不爱听读，每每写完作业后就将听读抛到九霄云外。妈妈见到这种状况后，多次提醒我，要加强听读训练，不然会学成"哑巴英语"。可我就是"秋风过了驴耳"，照样用"盾"来抵御，总是读两句装装样子，便继续去干自己的事。听读不好肯定对学习英语不益，所以在后来的考试中，凡是听力题，我只得少一半分，而笔试几乎能拿满分。妈妈发现问题后，再没有让步，天天像"矛"一样扎在我身旁认真监督，逼我听读。在"矛"坚韧不拔与势大力沉的"威逼"下，"盾"被刺穿了，我彻底服了。之后我英语听读成绩一直不错。

水滴石穿、铁杵成针，我和妈妈经过长期的"矛与盾"斗争，相互作用，相互影响，终于达到了和谐共存、共同发展的良好局面，所以我觉得，沟通和理解是解决我们孩子成长中矛盾的最好方法。

■ **教师点评** ------------------------------------------

小作者的写作视角很新颖，从"矛与盾"的对立统一入手，写出了青春期孩子和家长之间的冲突需要通过沟通解决，同时也反映了青春期孩子既懂事又懵懂的特点，语言简洁又不失生动，大众题材写出了不一样的味道。

(郭晓彬)

# Thank you

◆ 方馨悦

大家一定知道 "Thank you" 这句话吧，可别小看这句话哟！

记得5岁时我碰见一个外国人，他看了看我，说："你好。"虽然音发得不准，但我勉强能听懂，于是我也对他打了招呼。他刚走，我看见他的钱包掉了，记得妈妈说过，要助人为乐，我不管三七二十一一个箭步冲过去，捡起钱包就往他离开的方向跑。那个外国人见我拿着他的钱包以为是我偷的，刚要骂我，我赶紧说："你的钱包掉了，是我捡起来的，还给你。"他一愣，连忙说："对不起。"也许他不会说"谢谢"吧，就对我说了声 "Thank you"。我悄悄地学会了这句话，到现在一直没有忘呢！

这句话陪伴我度过了三年级、四年级，一直到了六年级。当别人祝我生日快乐时，我会说一声 "Thank you"。有时，他们还会为我说出的这一句话鼓掌呢！

"Thank you"，我想说给老师。老师用无私的爱陪伴着我们，一次次因我们考好试露出的微笑，深深地烙在我们心上。为了我们，身患重病的你还是坚持为我们上课，老师，"Thank you！"

我想把 "Thank you" 带给父母。是他们赐予了我生命，在困难中为我点亮了灯，在生病时陪我一起与病魔斗争，为了担起家的责任，常常很晚才回家。

把 "Thank you" 给大自然。大自然——这个人类的摇篮，无私地把资源交给人类，让人类生活的幸福美满、自由自在。

所以，感谢从小事做起，现在还来得及，同学们，如果晚了，一些你想感谢的事物可能会从地球上消失。把握好机会，为自己的未来铺上最鲜艳的花路吧！

■ **教师点评** ————————————————————————————————————

文章开头引人入胜，吸引读者，打动人心，具有真情实感。

（黄雪松）

# 好想好想走会儿神

◆ 冯子轩

天地间一片雪白，大雪正无情地乱飞着，早上7点，迎着刺骨的寒风，伴着微弱的路灯，忙碌的学生们已踏上征程。冷风吹着，却吹不走学生们渴望读书、收获知识的那颗求学心。我走在去上语文班的路上，与雪花为伴一路哼着歌："好想好想，走遍云山，笑染天涯，望断星河……"我想用这歌声，消除这一片寂静，迎接崭新的一天。

下课了，我和好朋友段嘉文边走边背诵王老师刚讲过的文言文。公交车到站了，我俩相互道别，踏上公交车准备回家。汽车到达广场车站时，上来了两位老人。我连忙起身将座位让给身边的老奶奶。可是却听到老奶奶说道："老头子，快去坐下吧，忙了一早上，你的老寒腿会疼的啊！"多么熟悉的声音，多么熟悉的画面。此时我想起了几年前，我的奶奶一边在厨房忙活，一边喊道："老头子，去买点肉馅，回来给你和昊昊包你们最爱吃的饺子。"爷爷喊道："好！好！"穿上他那新衣服，出门了。中午，我和爷爷奶奶共享美味，奶奶问道："老头子好吃吗？"爷爷回答道："好！好！"奶奶又说道："昊昊，你要多吃一点，现在正长身体呢！"我回答："好的，奶奶！您也要多吃些，您辛苦了！"这时的我不仅体味到了饺子的美味，心里更品味到了这无比的甜蜜与幸福。饭后，奶奶又喊道："老头子，该吃药了！"爷爷不厌其烦地回答："好！好！"爷爷的眼角闪现出温暖和幸福的泪花！我喜欢跟爷爷聊天，讨论一些问题，喜欢听爷爷奶奶讲他们经历的人生故事。虽然时至今日，他们的故事我早已烂熟于心，可是看着爷爷奶奶讲那些万分艰辛的故事时脸上洋溢出的笑容，我还是很乐意听。

爷爷奶奶勤奋一辈子，到了应该享福的时候，爷爷却病了，这一病就近10年，10年来奶奶日夜陪伴照顾着，从未间断。他们不管生老病死，从来不离不弃，相扶相依。记忆又被一把钥匙打开，回到两年前。"老头子，醒醒呀！"奶奶的声音变得急促，这次却没有了爷爷的回应。奶奶又一次喊道："老头子！"依旧没有回应。声音停止在了病房里……爷爷是在奶奶的怀里安然离去的。爷爷虽然一生坎坷，可一直以来有奶奶的陪伴，他们相爱一辈子，白头偕老到永远。"丁零零，丁零零……"这时我被电话铃声惊醒了。接通奶奶的电话，她关切地问："昊昊走到哪了？下车了吗？下雪路滑，路上当心哦！"我连忙回答："奶奶，快到家了，您放心吧！"奶奶关心的话语又让我思绪万千，想起奶奶的背影，我感受了她的坚韧；抚摸奶奶的双手，我摸到了她的艰辛。不知不觉老人的鬓角露了白发，不声不响老人家眼角添了皱纹。听听奶奶的叮嘱，我接过了自信；凝望奶奶的目光，我看到了爱心。看看我身边的爷爷奶奶们，微笑之下藏着的皱纹不知什么时候又深了、又多了。想想我们可以做的还有很多，让一个座位，撑一把伞，换一个灿烂的明天。从今天做起，好好地呵护生命，健康快乐地生活。爷爷奶奶们虽然年纪大了，但爷爷奶奶们并不孤独，因为你们有我们，有像我们这样许许多多的好儿孙。此时此刻的我感受着浓浓的亲情。我要向长辈们学习，将中华民族的传统美德发扬光大。

好想好想走会儿神，有爷爷再次温暖一下我，驱赶这冬日的寒意！好想好想走会儿神，去体味亲情的温暖……它像一缕春风，拨动人的心弦；它像一朵雪花，已净化我的心灵；丝丝暖意，悄然流过我的心田。

### ■ 教师点评

情真意切是本文的一大亮点，细细品味，字里行间流露出作者对爷爷奶奶浓浓的情感。语言生动形象，清新流畅，融进了作者细腻丰满的情感。另外，本文结构清晰，首尾呼应，构思巧妙，真情实感很能感染读者，引起共鸣。

（王一清）

# 凡尔赛

◆ 牛谱涵

　　早晨，一层薄薄的灰纱蒙上天际，将一束束阳光挡回空中，渐渐灰沙蔓延于整个天空，将蓝天与微风关了起来，自顾自地降下了细小的水珠。薄雾之下，慢慢出现了一个庞然大物，在雨中散发光彩。

　　到了！我快步奔进了大门，双眼闪闪发光，终于看见了——屹立在雨中的凡尔赛！跟着人流向前，它的轮廓清晰起来：一座稍显灰黄的宫殿，却折射出五彩的光华，滴落在宫殿的水滴答、滴答……像一曲美妙动人的音乐，为凡尔赛这位主角伴奏。来参观的人不少，我只能随着队伍缓缓向内移动。

　　走进大厅，光线有点昏暗，窗户紧闭，巨大的屋顶像广阔的天穹，庄严中透出一种淡雅的感觉。巧夺天工的壁画，显露出打磨的痕迹，强烈的视觉冲击让我的眼睛一时不知该往哪儿看。

　　一幅巨大的油画映入我的眼帘，仔细看就可以发现，这幅油画中的众神都是希腊神话中的主角，他们一个个动作各异、表情不同：有的手握一把宝剑欲向妖魔刺去；有的脸色平和，端坐于宝座之上；有的横越天际，去迎接远行的神祇……

　　我突然有点昏沉沉的，举目再望，只见一幅幅画都"活"了，好像谱写的传奇与现实世界交替而过。我仿佛看见了，在高高的王座上坐着的面色凝重的宙斯、在众神的簇拥下手持竖琴的阿波罗、在大海中掀起巨浪的波塞冬……现实与虚幻，编织了一个美好的梦，我久久不肯离去。

　　雨，在我离开时又大了几分。我回首望望，在雨中挺立的凡尔赛刻画着众神的足迹，变得更加神秘、静默了。

■ **教师点评** --------------------------------------------------

文章开篇新颖，以细腻的笔触描写雨雾，具先声夺人之效。全文起承转合舒展自如，语言简洁生动，结尾不落俗套，令人久久回味。读万卷书，行万里路。小作者以自己真实的生活经历，为读者描绘了现实与虚幻交织而成的美好画面，展现了自己丰富的内心世界。

（吴　燕）

# 草之精神

◆ 敬东润

做不了太阳就做星辰，来点缀夜空；做不了白云就做雨滴，来湿润空气；做不了大树，就做小草，来装点大地。而我，就是那株无私奉献、为大地装点绿色的小草。

夏天到了，这可是我们生长的好季节。白天的时候，我看见有几只胖嘟嘟的小鸟在学飞呢！他们在我身上蹦来跳去，有时还会在空中"扑腾"几下，不过没有几秒钟，他们就重重地砸在我身上了，可是我却一点都不疼。远远看去，几只小家伙就像几团棉花在无边的绿毯上打滚呢！瞧！那还有几个小孩快乐地在草地上打闹，还有一个小淘气嚷道："快来啊！躺在草地上可舒服了，还能闻到泥土的芬芳。"听到这话，我真是快活到极致，就像插上翅膀，飞上天了！到了晚上，夜深人静，我总想做些什么。正好，甲虫弟弟成了我的首选目标，我把他们搂在怀里，用我温暖的体温给他们营造了一个幸福的小窝。哟！你看他们睡得正香，还"滋滋"流着口水呢！

"野火烧不尽，春风吹又生。"我们就是这般坚贞不屈、不争夺名利。

虽然我们默默无闻，很平凡，但我们始终无私奉献、舍己为人。我们被践踏也无怨无悔，因为总会有人对我们朴素的面容与美好的品质无比敬佩！

■ **教师点评** ————————————————————————————————

小作者的文章语言活泼明快，富有情趣，文笔优美。字里行间流露出的细腻思想感情让老师感到惊讶。希望再接再厉，在今后的写作中形成一道属于自己的风景！

（张巧玲）

# 黄河流动的画卷

◆ 刘远宁

前两天，爸爸说兰州马拉松又开始报名了！我真高兴啊！黄河啊——母亲，我又可以在您身边快乐地奔跑了！

兰州是唯一一座黄河穿城而过的省会城市。我们兰州人世世代代生活在黄河两岸，黄河是兰州人抹不去的记忆。

春天，黄河并不是那么名副其实，碧绿的河水倒映着蔚蓝色的天空，微风吹过，正是放风筝的好季节。夏天，黄河边成了人们最喜爱的去处。白天，骄阳似火，河岸边却是凉风阵阵，黄河犹如一个巨大的天然空调，给人们带来了凉爽；天黑了，灯火辉煌，在各种彩灯的点缀下河水也变得五彩缤纷，真让人有一种"疑是银河落九天"的感觉。金秋十月，天高云淡，大地落叶纷飞，浓浓的瓜果芳香随着黄河水飘向远方。寒风中，雪花飞舞，有的落在河边，将宽阔的河岸染成一片白色，岸边成了我们打雪仗的战场，厚厚的白雪为我们提供了充足的"弹药"；有的雪花却像顽皮的小精灵，飘到水面上眨眼的工夫就不见了。

黄河的四季就像四幅流动的画卷，只有身在其中，才能感受到她的美丽。每当这时，我多想成为一条黄河里的小鱼，可以在母亲的怀抱中畅游；我多想成为滨河路上的一棵杨柳，为美丽的黄河增添一抹绿色；我多想成为一只羊皮筏子，可以感受黄河古老的文化。我不禁想起大战匈奴的霍去病，他是否在这里安营扎寨；我不禁想起收复新疆的左宗棠，他是否用河水浇灌那美名远扬的"左公柳"……

黄河，您不仅养育了祖祖辈辈生活在您身边的兰州人，您更是我们华夏文明的摇篮！我爱我的家乡，更爱美丽的母亲河！

（杨×）

## ■ 教师点评

黄河对于"兰州娃"来说再熟悉不过了，但是能将最熟悉的东西写出来却不是一件容易的事。小作者很好地运用了课堂中学到的写作方法，将自己对于黄河、对于家乡的热爱跃然纸上。文中小作者的联想是本文最大的亮点，语文学习贵在积累，希望能继续努力！

（曹 洁）

# 5 月 份

## 无情岁月有味诗

◆ 魏 宁

人生是一场相逢，又是一场遗忘，最终我们都会成为岁月里的风景。

——题记

阿梅对着苍白的天花板发愣，病房里静得只听见吊瓶里的液体一滴一滴地进入她的身体。还有五天，阿梅就要做手术了，她有些惴惴不安，因为医生说过，手术过后，可能会引发连续性失忆，她将不会记得手术前的一切。床头躺着一个小本子，那是阿梅用来记录这最后五天发生的事的，她太害怕会忘记了。

夕阳爬上窗口，一个七八岁的小女孩和她的妈妈走进了病房，打破了这死一般的寂静，阿梅的生活也变得富有生机。

小女孩对诗词情有独钟，整天坐在病床上朗读着诗句。阿梅静静听着，时不时地也背出那么几句，久而久之，她们成了朋友。

小女孩和阿梅坐在一起，给阿梅讲着自己新学的诗句，"雪沫乳花浮午盏，蓼茸蒿笋试春盘，人间有味是清欢"，她说："阿梅姐姐，这是我最喜欢的诗句了，你仔细读这句诗，都有午茶的清香，这是一句有味道的诗。等我病好了，我一定也要当一个诗人，写出这么美的诗。"阿梅看着她那澄澈的眸子，笑着说："好啊，姐姐觉得这句诗还写出了热爱生活、乐观进取的精神，这句诗就送给姐姐，也送给你自己好不好？"阿梅说着将这句诗写在本子上，小女孩也在旁边一笔一画地写下"阿梅姐姐永远不会忘了我"。

五天的时间转瞬即逝，阿梅被推进了手术室。临进手术室前，小女孩对阿梅说："姐姐，等你做完手术了，我们还一起背诗，你要坚强啊！"阿梅笑着摸了摸小女孩的头发，点了点头，尽管她知道自己会忘记。

时间一点一滴地流过，阿梅终于回到了病房。病房寂静如初，仿佛小女孩没有来过一样，阿梅没有发现异样，手术前的记忆早已消逝，就连她记录的本子也被忘得一干二净。

阿梅总是望着旁边的病床发呆，虽然她也不知道为什么。护士照例走进来给她输液，阿梅忍不住问起护士隔壁床的病人，护士只是说了句"转走了"便不再说话。阿梅想破脑袋也没想起手术前的事，也不再纠结于那片空白的记忆。

阿梅终于要出院了，母亲收拾阿梅东西时，在墙角发现了阿梅之前记录的本子。阿梅轻轻拭去尘土，沉重地打开本子，那句"雪沫乳花浮午盏，蓼茸蒿笋试春盘，人间有味是清欢"跳入眼帘。阿梅隐隐约约在诗中的茶香里看到了小女孩，她突然想起了什么，疯了般跑去护士站，询问小女孩现在的情况。

可惜为时已晚，小女孩已永远地消逝在岁月里，阿梅十分悔恨，她细细地抚摸着小女孩清秀的字，眼泪爬满了脸颊。阿梅暗暗发誓，自己再也不会忘记小女孩，再也不会忘记那句诗以及诗中的茶香。每当她想小女孩的时候，她便背起那句诗，诗里的茶香会让她找到小女孩。

岁月无情，逝去的不复存在；诗中有味，留下的刻骨铭心。

### ■ 教师点评 -------------------------------------------------

本文作者以敏锐的观察力，撷取生活中的场景，以两位病友作为写作对象，以极为巧妙的构思，激发了读者的阅读兴趣，"不念过去，不畏将来，笑对当下"，也许是对生命最好的诠释以及有力的证明。行文饱含深情，娓娓道来，读来极富韵味，被主人公身上的执着、乐观深深感染，文势起伏，首尾呼应，深化了主题。

（李晓云）

# 秋天的果园

◆ 李沛锡

星期六早上,秋高气爽,风轻云淡,我和爸爸妈妈一起向果园出发,迫不及待地想吃到各种美味的水果。

很快我们就来到了果园,我像只小猴子一样,在园子里窜来窜去。果园里种满了各种各样的果树,硕果累累,就像商场里的商品,琳琅满目。那扑面而来的香味甜甜的,引得我直流口水。果园里有一棵高大的苹果树,结出的苹果又大又红,红红的苹果像小姑娘害羞的脸蛋。梨树上的香梨看起来非常壮实,好像在保卫果园呢!我小心翼翼地摘了一个咬了一口,满嘴都是甜甜的梨水,清爽可口,甜得我都说不出话来。红红的柿子就像一个个挂在枝头的灯笼,随风舞动。橘树上结满了黄澄澄的橘子,五六个挤在一起,好像要对我说:"小主人,欢迎你来到果园!"一串串葡萄就更加美丽了,有紫色的、红色的、淡绿的……一颗颗果实在风中飘动着,就像璀璨的珍珠,晶莹透亮。

秋天是绚丽多彩的季节,更是收获的季节,让我们与秋天一起放飞梦想,收获丰硕的果实。

■ **教师点评** ----------------------------------------

秋天的景物描写细致,抓住了特点。比喻拟人句形象逼真,最后表达了对秋天的喜爱!

(何履花)

# 从此岸到彼岸　春暖花开

◆ 杨　颖

　　天空静默，只有朵朵雪花漫天，无边无岸，尽显本色的浩渺与无垠，一展无须修饰的烂漫，一泻柔美聚积的力量。她撒向大地，飞落世界，遮掩着肉眼所见的美丽和所谓的丑陋。谁都无法拒绝她的触摸，也从未思考过她是否有灵魂。

　　她如同落入凡间的精灵，即使只有一颗冰凉的心脏，谁又曾体会她微弱的跳动？纵然她有诉不尽的心事，在你依靠的肩头，在你热情的脸颊，在你傲然的头顶，化作晶莹的泪珠落下，如同那露珠一般，你可曾有过一次廉价的感动么？

　　清晨，我望向窗外，白雾笼罩着大地，赤裸的树木还在惦记春风的衣裳吗？是不是那些零落的枯草，早就忘记了野火的燎原！这是从我的内心传来的一个声音。这眼前的景象，是我身后从不曾散去的微凉。

　　弹指一挥间，霜叶掸落一地过往，云遮怅月，回首不过是物是人非，一场梦而已！月光下寂寥的怅然若失，几番执念，梦里梦外都是匆匆，时不我待。

　　春雨清寒，念落失戈，指尖留香，轻轻飘过远方。斜风细雨里，荡漾着一滩春水，梨白杏红，醉了谁的眼眸？这一片，那一束，缀满生命的繁华。

　　季季都有离别，如同人往生的轮回。等待让时间有了距离，无论漫长或者短暂。能否有那么一天，人们所见以及所为的一切，都如同春天般美好。我始终在内心这样默默祈祷。所以我总是眷恋着春天的气息。我站在冰河的荒岸上聆听，在那彼岸的丛中，是谁在永远撩拨着年轻的琴弦。

　　我想啊，从此岸到彼岸，终将会春暖花开！那时光究竟有多远，如云成风,似风无踪,云化流水,风消万里。那究竟有多远,或许是永远啊!时光无形亦无情,白了妩媚的头,枯了古老的树。只是我们俯首沉吟,或抬头仰望,在与不在之间,一切化为风烟,留不住也唤不来。辜负一片深情,或深拥着一份真心。在光与影之间,永恒静谧而深远。不如在短暂的生命里,来一次在时光中逆流的冥想,让喜悦成歌,悲伤开花。

■ **教师点评** - - - - - - - - - - - - - - - - - - - - - - - - - - - - - - - - - - - -

习作通过小作者自己对生命的认识和感悟,慨叹从此岸到彼岸一路的艰辛、努力、拼搏,最终迎来了春暖花开。生命不止,奋斗不息,让喜悦成歌、悲伤开花是小作者的夙愿。

(赵鹏章)

# 五泉山

◆ 刘文博

说起西北的旅游胜地,就不能不提到"林木葱郁花草香,雕梁飞阁泉瀑鸣"的五泉山。

春末夏初的五泉山远远望去,漫山遍野的林木已是郁郁葱葱,争奇斗艳的百花和古朴典雅的亭阁掩映其中。

进入山门,游人如织,好不热闹。顺着人流往东走,眼前浮现出一大片碧绿色的荷花池,池中的荷叶层层叠叠,叶间粉色的、白色的荷花竞相开放。一阵清风拂过,眼前的荷叶哗哗作响,满池的荷花随风跳起了欢快的舞蹈,深碧色的池水也禁不住地泛起了层层涟漪,如此美景,令人沉醉其中,不忍离去。

别过荷花池往前走,来到了依山就势的长廊亭阁前,拾级而上,行至半山腰,是一座古香古色的庙宇。再沿着山路往上爬,始建于公元1399年的卧佛寺便出现在游人的眼前。卧佛寺因寺内大殿中的一尊长约十多米的卧佛而得名。这尊卧佛双目微闭，侧卧于佛床上。他的一根手指足有一个成年人的手臂那么粗。

出了卧佛寺，来到不远处的树林里，坐在观光椅上小憩。这时，能隐隐约约地听见在高高的山涧中有哗啦啦的泉水声。这水声是五泉山五泉之一的蒙泉发出的，它从东龙口的悬崖峭壁上凌空飞瀑而下，坠入乱石之中，溅起明珠无数，最后流入草坡间，形成一汪清泉。除蒙泉外，五泉山还有甘露泉、掬月泉、摸子泉、惠泉。关于五泉的由来，还有一个动人的传说。据说在公元前123年，西汉武帝时期的骠骑大将军霍去病率兵抗击匈奴来到这里，当时正值艳阳高照，将士们口渴难耐，霍将军看在眼里急在心中，马背上的他无意中将钢鞭往地上一插，立即涌出甘甜可口的泉水，接着连插五次，五口清泉喷涌而出……

下山的途中，行至山脚下，我的目光再次投向不远处的那一碧荷花池，那一碧由五泉水汇聚而成的荷花池。刹那间，我明白了这里的荷花为何开得如此繁盛美丽，原来是清纯甜美的五泉水滋养了它们。

### ■ 教师点评

小作者以移步换景的写作手法给我们介绍了风景如画的陇上名山——五泉山。以自己的视角去感知五泉山荷花池的美，并追本溯源地揭示了成因——那是因为"清纯甜美的五泉水滋养了它们"。行文至此，可以看出文章有了真情实感，作文也就有了灵魂。

(贠元凤)

# 我和妈妈关于手机的"战争"

◆ 曾亦暄

眼神有好多种，有兴奋的、失落的、激动的、讽刺的，可我最忘不了的，是妈妈期待的眼神。

故事要从刚上初一的一次数学考试说起，对我来说，那不是一次普通的考试，而是一场惊险的赌局，赌注是我的新手机和我的自由。那天晚上，我早早写完作业，趁爸爸妈妈在客厅里看电视，偷偷地把我的新手机拿回房间，点开游戏。音乐声骤然响起，坏了，忘关静音了！我连忙关掉手机，放在桌子上，把课本拿起来假装背课文。果不其然，妈妈进来了，生气地对我说："你是不是玩手机了？"

"没有，你听错了吧！"

"要是让我发现，哼哼，你就等着吧！"说完，妈妈离开了房间。

哎，虚惊一场！我又忍不住拿出手机，刚把游戏点开，没想到妈妈杀了个回马枪："好小子，你果然在玩手机！"

常言道，姜还是老的辣，哪能逃脱人家的火眼金睛呢？我被打了个措手不及。眼看手机就要被收走了，我不知从哪儿来的一股劲，把手机一把抢过来，嚎叫似的说："我已经长大了，不需要你们管！"

"你小子，把手机拿来，还敢跟老妈顶嘴！"妈妈恶狠狠地指着我的鼻子。

我深知这下得罪了"母老虎"，心里不禁一阵打颤。就在这千钧一发的时刻，爸爸从客厅里冲了进来，一马当先，摁住了即将要爆炸的"火药桶"。"你们这样有意思吗？干嘛非要赤膊相见呀？"

我在心里嘀咕："你在家里充其量就是个副总，你能镇得住老总吗？装什么老大？"

房间里的空气仿佛凝滞了，爸爸缓和了一下说："不如我们打个赌吧。"

"怎么赌?"

"你上周不是数学考试了吗? 成绩出来只要上90分，我们就不管你了。"

"一言为定!"

我期望时间过得慢点，眼看着发卷子的时刻就要来临，我的心怦怦直跳，头顶不时地冒出冷汗。同桌好奇地问我怎么了，我笑笑说："没事，没事。"终于念到我的名字了，心里更加忐忑不安，不知是"吉"还是"凶"。

"曾亦暄，84分。"

完了，完了，这个成绩给了我当头一棒。放学了，我寸步难行，从校门到家门，好似古人过青泥岭一样。终于走到了家门口，我伸出手来想敲门，又缩了回去，刚缩回去，又伸了出来。

突然，门开了，妈妈从里面出来，见我站在门口，一脸疑惑地看着我："干什么呢? 鬼鬼祟祟的，跟贼娃子一样。"

一到家中，我便大哭了起来。"怎么了，谁欺负你了?"

"没有，我没考好，你把手机拿走吧!"妈妈怔了一下，对我说："没关系，胜败乃兵家常事，再说你是半斤还是八两我能不知道!"

这下，我似懂非懂地点了点头，没想到"母老虎"还真有心慈手软的一面。房间里传来长久的沉默，我猛一抬头，发现妈妈脸上挂着焦急而期待的眼神，好似在说："孩子，你一定要好好学习呀!"

回到房间，我悄悄地把手机锁在了箱子里。每当我想玩手机时，脑海里就会浮现出妈妈那灼热的眼神："孩子，孩子……"

### ■ 教师点评

该文围绕孩子成长中的焦点展开叙事，既弥漫着斗争的硝烟，又在细微之处展现着柔软的亲情，从深层次反映了现代社会普遍的"手机焦虑症"。既具时代气息，又有人文情怀。语言幽默，文字生动，飞扬着创造的活力。

（李和平）

# 肥 皂

◆ 梁轩齐

在酒店的保洁间、一些公司的厕所里，还有自己家的卫生间里，都会看见几个必不可少的身影：弄脏自己、成全别人的抹布，自己受苦、方便别人的扫帚，牺牲自己、干净别人的肥皂等。

肥皂，相信大家一点也不陌生，因为它就在你我的身边，常常伴随着我们。肥皂的职责很专一，就是将脏衣脏物变干净，不管衣服有多么脏、多么臭，总能将它变得清香干净。在带给人们清爽洁净的同时，肥皂自己在逐渐变小，而它仍然毫不怜惜，无怨无悔地奉献着自己。肥皂的这种品质，不正像为了城市的干净而起早贪黑的环卫工人吗？不正像将人们心中的阴暗、忧郁和苦痛变得光明、乐观、快乐的心理咨询师吗？环卫工人们起早贪黑，拿着微薄的工资，在马路上冒着生命危险，为城市环境的干净优美而默默地奉献，为市民的舒适舒心不怕脏了自己、累了自己；心理咨询师要听各种各样的烦心事、痛苦的事，别人一吐为快，而咨询师不管承受多大的心理压力，始终以和风细雨般的语言，抚慰一颗颗受伤的心灵。在我们的身边，正是有无数像肥皂一样有着高贵品质的人们，用他们无怨无悔、无私奉献的精神，为我们创造着美好的生活。从肥皂的身上，我们学到了很多，我们每个人不能因为受苦受累、默默无闻而退缩，应该学习肥皂那种虽然平凡但不求回报、奉献他人的高贵品质。

■ **教师点评** ------------------------------------------------

小作者能够恰当比喻，借物喻人，托物言志，用流畅自然的语言抒发自己对无私奉献者的崇敬之情。

(白 园)

# 有您相伴，真好

◆ 陈 鑫

倘若让我馈赠给您二字，我想，那只有"感谢"二字！

——题记

黑夜，瞬间将世界吞噬，难言的冷清，难言的寂静。一成不变的，是窥视外界的玻璃窗后方，那盏白亮的台灯，那个奋笔疾书的身影……

那就是我！

说实话，我是真的要垮了！整整一个下午，我只身在题海中"孤军奋战"，为一个又一个骇人的难题瞠目结舌……可这又有什么办法呢？初三学生，始终逃不过这个劫呀！

不知何时，我的耳朵隐约捕捉到一阵细碎的脚步声慢慢靠近了。"砰砰！"一阵轻柔的敲门声响起。门，随之叩开。"累了吗？"只见你手捧着一杯牛奶，亲切地问我。"还行还行。"我敷衍地回答道。话音落地，你便蹑手蹑脚地步至我的书桌前，小心翼翼地在铺满密密麻麻书籍的桌上理出一片空间，轻轻地放下那杯褐色的醇香热牛奶，随即，你转身离去。

我依旧奋笔疾书，但心中却泛起了阵阵涟漪。那似乎，是温暖的味道吧。

我瞄了一眼，忽见你拿起遥控器，将精彩纷呈的电视剧调至静音状态。我的眼虽能感知到光线的强弱变化，耳边却无半点嘈杂。

待我完成那堆积如山的作业，站起身，慵懒地伸了伸懒腰后，忽地发现，你侧躺在沙发上，走近时方知，你已睡了……这时，我好像想起什么大事似的，行色匆匆地跑回房间，推开衣橱，费劲地抽出一条被毯，然后返回客厅，将被毯轻轻地盖在你身上。此刻，只见你蠕动着嘴唇，喃喃道：

"儿子，加油！"与此同时，你的嘴角，扬起了难以察觉的弧度。那笑很淡，却足以感动人心，震撼人心！

于是乎我再次返回房间，继续攻钻习题。那杯牛奶在此刻，又闯入我的视线。望着它，我的心略微一颤。我暗自思忖，终于明白了，这就是爱的味道！

感谢你，在我无助时，给予我安慰；感谢你，在我苦时、累时、倦时、无措时，给予我支持！

妈妈，有您相伴，是我一生的幸福！

### ■ 教师点评

习作捕捉到了繁重的初三生活中，妈妈对"我"学习的支持、鼓励以及对我的陪伴。妈妈的喃喃梦语、嘴角的弧度，都是母爱的具体表现，母子情深跃然纸上。能抓住细节，再现妈妈的神韵，非常传神。

(赵鹏章)

# 一个可爱的淘气包

◆ 马卓然

我快十岁了，个头不高，但做事动作敏捷，妈妈的同事都说我像个小精灵。我有一双炯炯有神的大眼睛，一张小嘴能说会道，如果爸爸妈妈吵架，本人会站出来充当"和事佬"，说得他们心服口服，不好意思再吵架。

我的性格活泼开朗，善交朋友。在淘气堡中玩两小时能交到一群"临时伙伴"，在班级中，我的朋友也不少。但我的脾气像六月的天气一样多变，有时做事很急躁，这是我的"软肋"。记得在完成英语作业"少儿趣配音"时，我没有听原声，而是急于配音，每次成绩都很低，结果越着急，读错的单词越多。妈妈对我说："你静下心来听听原声，听听得高分同学的配音，慢慢读。"听了妈妈的建议，我调整心态，认真听原声，把读错的单词多读几遍，果然取得了好成绩。这让我明白了做事要不急不躁。

我的性格里还有一个小毛病——"疯"。就因为这个"疯"，还闹出不少事呢！记得二年级时打乒乓球，我和同学抢着去捡球，一弯腰，球没捡到，头破了。唉！真是"赔了夫人又折兵"。还有一回，我和同学去抢班牌，又因为这个"抢"，害得两个同学打起架来，我还撞倒了另一个同学，我被老师批评得垂头丧气。所以妈妈经常会提醒我"不要疯，注意安全"。

我有很多爱好。我喜欢运动，如骑自行车、打乒乓球、下围棋……我也喜欢安静地阅读，在书中我学到了许多知识，我常常把它们写到作文里，或者变成问题去考同学。我还喜欢画画，画画时我不会拘泥于一张图片，我会发挥想象自己创作，画出自己的风格和想法。

这就是我，一个思维活跃、调皮可爱的阳光小男孩。

### ■ 教师点评

文章中确实跳出来一个可爱的、淘气的、聪明的小男孩。写人物尤其是写自己，是许多同学想写但是往往又写得不够精彩的主题。在本文中，小作者抓住了自己的特点，又结合妈妈、老师对自己的评价，不光夸奖自己，还找出自己的小缺点，充实了人物形象，生动再现了人物的性格特点。

(赵　敏)

# 一声叹息

◆ 张马力佳娜

俗话说，世界上最伟大的爱是母爱，没有一个母亲是不爱自己孩子的。而我听到这句话时，只有一声叹息。不是我否认母爱的伟大，可有时候这伟大的爱让人觉得压力山大。

我老妈的脸变得比川剧里的变脸还快还多。有时似和煦的春风，让人心旷神怡；有时像冷酷的冬天，让人不寒而栗；有时又似绵绵细雨，沁人心脾。哦，不是有时，是瞬间，刚才还晴空万里，瞬间风云突变，既而电闪雷鸣……我的小心脏在这瞬息万变中，饱尝跌宕起伏的刺激。

这不，我刚放学，妈妈面带微笑，开门迎我。"我的娃辛苦了！快去喝水，吃点水果。"我一屁股坐在沙发里，心安理得地又吃又喝，她呢，早已在厨房叮叮当当地做起饭来。沙发还没坐热呢，妈妈从厨房探出头来，像机关枪一样向我扫射一番："快去换鞋，记得洗手，洗干净哦，洗完了快来吃饭，不要磨蹭，吃完就去写作业，要看好时间哦！"正在我喃喃自语，想发几句牢骚时，妈妈眉毛一挑，杏眼一瞪，机关枪一样的嘴巴又对准我："怎么还不去？"我赶紧三步并作两步，飞向我的房间写作业去了。除了逃，我还能怎样？妈妈做好了饭，进了我房间，要我当天的测试卷，原来她早已在微信群看到班主任发的单元测验消息了。我抖抖索索递过试卷，突然一声惊雷："怎么考成这样?！你一天到底在干什么……"我只能任她劈头盖脸一顿数落，听着这没有标点的批评教育，除了一声叹息，我又能怎样？

我的老妈还十分爱美，一天换一套衣服。心情好了呢，小曲哼着，在穿衣镜前一会儿提提肩，一会儿扭扭身，一会儿拨弄拨弄头发，顺带也将我打扮一下，心情不好，哼哼……当然了，她还是得收拾我，可收拾的不是我的身，而是我的心。如果要出门，我半个小时就打理好了，可她呢，又一个半小时后还站在梳妆台前涂脂抹粉、描眉画眼，还把那头发，一会儿垂下，一会儿绾起，不知怎么安置才妥帖。再就把这件衣服穿上，照照镜子，感觉不好看，再试一试别的……没完没了！好在妈妈有一副好身材，穿啥像啥，也庆幸老天给她一张五官端正的脸，否则我不得不在等待中煎熬死。她是我妈，除了一声叹息，我还能怎样？不过当她妆容精致、衣着得体地站在人群中，我也暗自窃喜，这一个美丽的女人是我妈。

老妈还死要面子。都说女儿是妈妈的小棉袄，可在家里，我这个小棉袄就被她脱了下来，任她打理，这不好了那不好了，浑身缺点，一文不值。出门在外，她就眉头一弯，嘴角挑起一个上弦月，夸我古筝考过八级啦，我作文得满分啦，她生病时我怎么做饭照顾她啦……有时候真让我难为情。唉，没办法，谁叫我是她女儿呢。我纵有一万个不情愿，也得给她面子，满足一下她小小的虚荣心吧！身为女人，谁能没一点虚荣心呢？

我的老妈还是个报班"狂"。给我说什么艺多不压身，要好好学习，全面发展。不但要在学校里学习，还得在家里利用一切时间学习。此刻，我真想问问她，我是学习的机器吗？还说什么一定要笨鸟先飞，我笨吗？慑于她的威力，我也只能腹诽一下，在心里对抗对抗。要说我的课外班，那就多了去了！什么古筝班、乐理班、钢琴班。光乐器就有三个班，更别说那些劳什子数学班、作文班、英语班啦，本来她还想给我报街舞呢！你说她是不是有点贪得无厌？她以为她女儿是哪吒，有三头六臂，还有分身术吗？我真希望她再生一个女儿，那样我的一半压力就会有人替我分担了。

哎！我也就在作文里偷偷吐吐槽，其实她也很辛苦的。起早贪黑接送我上学放学，洗衣做饭搞卫生，一刻也不得闲，还要外出奔波挣钱，供我和哥哥上学。她好强，凡事要做到最好，所以爱唠叨；她望子成龙望女成凤心切，所以爱变脸。我除了学着理解她，学着变得优秀，让她不再变脸，还能怎么样呢？

**■ 教师点评** --------------------------------------------------

习作标题引人注目，小小少年烦恼何在？细读才知源自母爱。本文看似贬实则褒，于抱怨声中刻画了一位爱女心切、辛勤操劳的妈妈形象，读来真实感人，很能引起人的共鸣。结尾画龙点睛，写法不落俗套。

(魏孔玲)

# 秋天的果园

◆ 刘曦文

一个秋高气爽、天高云淡的星期天下午，爸爸妈妈带我去了果园。刚进果园，一阵水果的清香扑面而来，抬头望去，里面的水果五颜六色，像是一片丰收的海洋。

红通通的苹果像一个个小红灯笼似的挂在粗壮的枝干上，金黄金黄的梨像一个个宝葫芦似的挂满枝头，紫色的葡萄像一个个玛瑙似的晶莹剔透，又香又甜的枣像一颗颗闪闪发光的鹅卵石，他们好像都争着让人们采摘呢！而且嘴里似乎在不停地说着："你们快来摘我呀，你们快来摘我呀！"这一下把我馋得直流口水。我连忙伸手摘了一个又大又圆的红苹果，赶紧咬了一口，甜甜的、脆脆的，真好吃！农民伯伯们左手拿着篮子，右手不停地摘着水果，一个个笑得合不拢嘴。

当我走出果园时，一阵阵秋风吹过，火红的枫叶轻轻飘落下来，像一只只翩翩起舞的蝴蝶。我喜欢这硕果累累的秋天，我喜欢这五谷丰登的秋天！

■ **教师点评** ------------------------------------------------
习作描写了秋天果园的特点，比喻、拟人运用恰当，语句通顺、流畅。

(何履花)

# 孩子们的节日

◆ 万仲弘

　　从上幼儿园起，我记得最清楚的节日莫过于六一儿童节了，可是今年4月22日，我和其他20位小朋友一起了解了另外一个对少年儿童意义非凡的重要节日，一个守护生命的节日——4·25儿童预防接种日。据说这个节日已经有32年的历史了，我很意外，同时多了几分好奇。

　　这一天，我怀着一份期待和喜悦，来到甘肃省疾控中心，参加"预防接种守护生命"为主题的开放日活动。踏入疾控中心会场，主持人微笑着，用甜美的声音请出甘肃省疾控中心免疫规划所的专家们，为我们介绍预防接种、传染病和疫苗等相关知识。一幅幅制作精良、传神而又富有童趣的幻灯片在专家叔叔们的手指下欢快流淌，为我们送来了知识的给养。听到传染病板块，专家问道："你们得过传染病吗？"我的小伙伴们异口同声回答道："得过。"现场在座的爸爸妈妈们顿时笑得前仰后合，我们才知道闹笑话了……

　　听完讲座，我们兴致勃勃乘车来到第二站——国药中生兰州生物制品研究所。在这里我们跟着工作人员参观展厅，了解天花、麻风病、脊髓灰质炎等传染疾病，知道了在疫苗研发过程中有许许多多默默无闻的科技工作者潜心钻研。叔叔说："疫苗是个很厉害的东西，一个医生救上千人，但一个疫苗可以拯救全人类。"我开始对疫苗针管里那一点点小药水、一粒粒小糖豆、一颗颗胶囊肃然起敬。

　　听完讲解，我们开启第三段旅程，来到位于段家滩的甘肃省疾控中心疫苗冷库。我们穿好一次性蓝色防护服，戴好同样质地的帽子、手套及鞋套，跟随疫苗规划实验室的专家们走进了实验室。在专家的指导下，我们在显微镜下观察细菌形态，现场观看生物安全柜细胞换液操作，有说不完的喜悦，想多看看，又想立即把了解到的知识分享给实验室外等候的妈妈。这些全新的事物让我们心存敬畏。参观结束，专家叔叔教我们如何正确进行六步洗手，我们受益匪浅。

跟随专家的脚步，我们参观了疫苗冷库，知晓了疫苗冷库温度检测、疫苗信息化管理等有关知识。这不禁让我想起前几天读过的文章《爱的项链》，爱心在陌生人手中传递……小小的疫苗从研发、生产、运输、储存到注射，经历了无数人"爱"的传递。完成这一系列劳作的是这些普普通通的科技工作者、医务工作者。他们在平凡的岗位上兢兢业业，用智慧和劳动谱写大爱无疆。

时光飞逝，短短一天也许不能将预防接种知识尽收眼底，但是足以撬动每一个孩子爱科学、学科学、用科学的心。我想象着未来的某一天，我作为一名博学强识的科学家走进工作领域，用专业知识回馈社会！

### ■ 教师点评

小作者细致地叙述了一天的参观活动，在活动中不仅了解了有关预防疾病的专业知识，更重要的是体会到了科技工作者的默默付出，懂得了我们每个人平安和健康背后有千千万万人的辛苦奋斗。感受到爱并传递这份精神可能是小作者更大的收获！

文章笔触细腻，描写生动，语言流畅，是一篇不可多得的佳作。

（任丽霞）

# 迪拜之游

◆ 胡梦涵

要说这个寒假最令我兴奋的一件事儿，莫过于迪拜之旅了。

都说迪拜很"土豪"，那里有世界上最高的迪拜塔，有世界上最大的人工岛，有世界上最大的购物中心……如果不去，单凭想象，很难体会到这个"用美金堆起来的城市"的富有程度。

一下飞机，我们就都把身上穿的棉衣脱了下来。迪拜的冬天平均温度在20摄氏度以上。而在炎热的夏天，更是达到40摄氏度以上！

第一天，我们去了迪拜最大的人工岛。那里的海水全都是进口的，岛上绿树成荫，还有无人驾驶的轻轨，在这样的环境下散步真是惬意极了。下午，我们去了迪拜的黄金街。那里的商店卖的全是金银珠宝，琳琅满目。到了这里，我不禁感叹，真是囊中羞涩啊！

第二天，我们去迪拜的沙漠冲沙。一进到沙漠里面，就能感觉到这里沙子的特别之处：细腻、柔软、微微发红，似乎还闪着亮光，像是从童话故事里移到这儿来的一样。一座座此起彼伏的沙丘展现在我们面前。我们乘坐的越野车仿佛是一只小船，在波涛汹涌的大海上航行。突然，司机开始加速了，他冲上了一个极陡的沙坡，然后又突然开始下降，那种感觉，就像坐过山车一般！下了沙坡，本以为结束了，没想到司机竟然故意将车向左倾斜过去，似乎下一秒就要倒下去了，吓得我们一阵惊呼，司机却好像很得意，一踩油门，又冲向了另一座沙丘……

休息之后，我们享用了阿拉伯独特的餐饮，还观看了阿拉伯民俗表演，那载歌载舞的场景真是别有一番风味，我用文字实在难以形容出来。

接下来的几天，我还登上了世界最高的迪拜塔，逛了世界上最大的购物中心，并且游览了阿联酋的首都阿布扎比。走在大街上，如果让我穿上一双水晶鞋，或许，我就真成了一位阿拉伯公主了——童话故事看多了，我真有一种穿越的感觉。

这次的旅程令我惊叹，可是更让我惊叹的，是阿联酋从贫穷到富有的变化史。

■ **教师点评** ----------------------------------------------

这篇习作通过写寒假自己迪拜之旅的经历，展现了异国风情，表达了自己的欢快心情。习作语句通顺，内容具体，表达了真情实感。

(陈月兰)

# 隐形的翅膀

◆ 杨瑞昌

鹏有翅，故而行万里；鸢有翅，故而至九天；人若有翅，则可成伟业。

——题记

曾在街上很多次听到歌曲《隐形的翅膀》，不知什么原因就被它深深地吸引，只愿这样静静地听着，尽管身边有那么多俊男靓女在嬉戏打闹，尽管有那么多绿树红花在眉开眼笑。曲子完了，过了好一会儿才从陶醉中醒来，再细细琢磨歌词，才明白它的优美。这是一曲给失败者鼓励的歌，也是一曲给普通人梦想的歌。而它吸引我的地方正在于这梦想，在于它的结尾："隐形的翅膀，让梦恒久比天长，留一个愿望让自己想象。"

每每听到陈景润、爱因斯坦、居里夫人等伟人的事迹，我都会有一种莫名的冲动，想象着自己有朝一日也能成为像他们一样的人。我明白实现这一梦想，要经过千辛万苦，要走一条很漫长的路，并且这条路上一定会有嘲讽与不解。这会是一条寂寞的长路，但我依然把这作为我一生的理想，我坚信敢想才会敢做，才会最终成功。人类的一切伟大创造都来自想象。

有了这一理想，我感觉到了一股巨大的动力。我知道现实与梦想之间存在很大差距，这才更需我努力。

每每遇到困难，当我快要气馁、快要放弃时，我都会想：如果放弃了，哪还能达到我的目标？如果放弃了，那理想岂不成了空想？难怪有人会嘲讽你，自己都这样不争气！然后，我又浑身充满干劲，大叫一声："困难，放马过来吧！小爷我不怕你！"就这样，困难被一个个吓倒，我也离目标近了一步。

　　有时，也会因一点点本领而自高自大、目空一切，转眼却又想道：我的理想实现了吗？我离它还有十万八千里呢，还需努力。如果就这样骄傲下去，差距定会越来越大。相比于那些伟人，我又算什么呢？他们尚且谦虚待人，我又何来资本骄傲自大呢？于是，我留给自己八个字：谦虚谨慎，不骄不躁。

　　理想是动力的源泉，在困难时激励我，在骄傲时鞭策我。诸葛亮说："志当存高远。"孟子言："穷则独善其身，达则兼济天下。"范仲淹曾立大志："先天下之忧而忧，后天下之乐而乐。"周恩来也出豪言："为中华之崛起而读书。"他们的名言定会激励我为自己的理想而奋斗。

　　我喜欢望着远处的山，常常望得出神。有人问我："你在看什么？"我只想说："山高，但鹰更高。"很多人会觉得这话莫名其妙，但有谁能明白我的心？看那拔地而起的高山，像一个巨人屹立着，让人不免心生畏意。它那庞大的身躯，把远方的天空堵得严严实实。我想看看那边，哪怕就一眼，也被可恶的它拒绝。然而我终于发现鹰毫不顾及它的高度，努力向上飞着，目标是越过大山。鹰的弱小与山的高大形成鲜明对比，谁都会认为鹰是白费功夫。然而当鹰飞越山顶的时候，每个人都会被深深震撼。我感叹于鹰的顽强与鸿志，也感叹于理想的能量之巨大。鹰既然能飞向高于山的蓝天，那我也一定能飞向自己所向往的大山外的天空。

　　"隐形的翅膀，让梦恒久比天长，留一个愿望让自己想象。"悠扬的歌声再度响起，我也乘着理想的翅膀飞向属于自己的那片天空。

### ■ 教师点评

　　小作者以"隐形的翅膀"起笔，孕育着乡村孩子不平凡的梦。在遭遇挫折时不放弃，在取得成绩时不自满，以鹰自况，逐梦鹰的天空。层次明晰，事理交融。

（罗宝荣）

# 美丽的乡村

◆ 王立青

乡村的河水是清澈的，乡村的稻田是金黄的，乡村的空气是清新的，乡村的天空是湛蓝的……乡村的一切都是迷人的，是令人向往的。

清晨，薄雾徐徐拉开了窗帘，太阳公公露出了祥和的笑脸，"喔喔喔……"公鸡哥哥的打鸣声叫醒了整个村庄，炊烟袅袅，村庄里面顿时热闹起来。清澈的河水叮咚叮咚地演奏着交响乐；美丽的蝴蝶妹妹在花丛中翩翩起舞；可爱的小鸟一边梳理着羽毛，一边叽叽喳喳地唱着悦耳的歌曲；休息了一夜的农民伯伯们甩开膀子，开始了一天的劳作。

中午，晴空万里，太阳公公像个调皮的孩子，兴奋地在天空中跑来跑去。空气中没有一丝风，闷热的天气中只听见知了在"知了，知了"的叫个不停，跳舞的蝴蝶热得躲进了花丛中，调皮的小鸟热得藏进了树林，大树爷爷也热得睡着了，树叶一动不动……只有田地里辛勤劳作的农民伯伯还在弯腰锄草、施肥，一滴滴汗水洒落在泥土里，一眨眼就干了。我真想对农民伯伯说："你们辛苦了，歇歇吧!"

傍晚，天边美丽的火烧云陪伴着太阳公公恋恋不舍地离开了广袤的天空，月亮姐姐跑过来值班，照亮了美丽的星空，天空中的小星星调皮地向人们眨着眼睛，一闪一闪可爱极了！月亮和星星伴着劳作了一天的农民伯伯进入了甜蜜的梦乡。夜静极了，偶尔传来几声狗吠，使得夜晚不再孤单。

多美的乡村景色呀！我爱它，爱它的自然，爱它的朴实，爱它的宁静，更爱它的勤劳！

■ **教师点评** --------------------------------

小作者按照早中晚的顺序介绍乡村的美丽，抓住了景物的特点，运用了比喻、拟人、排比的修辞手法，语句形象，表达了对乡村美景的喜爱之情。

（何履花）

# 两只小乌龟

◆ 达鹏宇

　　去年夏天的一个周末，爸爸给我买了两只小乌龟，一只是深色的，一只是浅色的。每天写完作业，我都会去观察它们。它们身上的龟壳像迷宫一样，真有趣！经过一段时间的观察，我发现一只乌龟非常活泼，我便给它起名"小淘气"。另外一只干什么事都慢吞吞的，我给它起名"慢吞吞"。有时候，"小淘气"会快快地游到"满吞吞"旁边，把爪子搭在它的身上，好像在说："兄弟，咱们玩一会吧！"结果，"慢吞吞"爱搭不理，慢悠悠地游到一旁，把"小淘气"晾在一边，"小淘气"只好尴尬地在水里自娱自乐。

　　有时，我会把妈妈用来做饭的胡萝卜切成小块，扔进水里喂它们。"小淘气"总会非常迅速地游过去，自己吃一半，把另一半留给它的兄弟。过了好长一段时间，"慢吞吞"似乎才反应过来，慢慢悠悠地去吃。有一天，我突发奇想，想来一次"龟龟赛跑"。我把它们放在阳台上，在旁边为它们加油助威，想看一场精彩的比赛。结果却让我大失所望，"小淘气"到处乱窜，一会儿往东，一会儿往西，跑个没完没了，而"慢吞吞"呢，却一动不动，像在晒日光浴一样，一点面子都不给我。直到最后，这场比赛也没分出胜负，我只好把它们送回家。

　　有一天放学回家，我发现"慢吞吞"死了，浮在水面上。我很悲伤，就把它埋在了小区花园。又过了一段时间，"小淘气"因为孤独悲伤，也死了，我把它们两兄弟埋在了一起。那几天，我很难过，连吃妈妈做的我最喜欢的牛排都感觉没什么味道，眼前晃动的总是那两只可爱的乌龟。

哎！不知什么时候，我能再次拥有两只这么可爱的小乌龟呢？

### ■ 教师点评 ----------------------------------------

小作者对两只小乌龟的观察仔细全面，感情真实细腻，语言充满童真童趣，行文自然流畅，将两只小乌龟描写得活灵活现，是一篇较好的小学生习作。

（郑安梅）

# 心蕴温暖——传递情感
◆ 李梓玄

世间什么让你最为感动？是行为？是语言？还是他人的帮助？我认为是感情。

## 友情温度

时至今日，我仍忘不掉那件事，它仿佛云雾，缠绕在我心头。

那是一个下午，老师发下了第二次奥数考试的卷子。上次考试满分的我自信地打开卷子，映入眼帘的却是近半的错题，而平时成绩平平的同桌竟没有一道错题。他乐呵呵地靠过来看我的成绩，"哟呵！你怎么考的……"半句话在他嘴里没刹住，他开玩笑的语气好似一桶汽油，泼在我的怒火上。

放学后，我头也不回奔出教室，但没走多远，就听见同桌气喘吁吁的声音："玄，等我……卷子！"我看见他手中挥扬着我的卷子，顿时，心中的火山开始爆发。我夺过他手中的卷子，不等他辩解便快步跑开了。

回到家后，再打开试卷，除了那些红叉外，错题旁还多了几处铅笔写的解析。看着同桌清秀的字体，我顷刻间便泪流满面。

此刻，又有谁能体会这寒冷空气中的热泪呢？

## 有力的手

每每回想起那双手，我就不禁思考，他是谁？他是怎样一个人？

记得那是一天下午，我走在去上围棋课的路上，碰见一群人围在一起，好像在讨论什么。走近一看，原来是一位年过花甲的老人摔倒在地。我下意识地伸手去扶，不料一位青年伸手拦住我："小心他讹人！"我触电般地缩回手，因为最近网上在疯传一段老人假摔讹人的视频。"但万一他真的摔倒了呢？"我犹豫了。旁边的几个人议论纷纷，有的说老人真的摔倒了，也有人说老人是装的，还有人说老人几乎天天都摔一次，值得怀疑……这时，一双有力的手拉起了老人，大家都望向他——一个戴口罩的叔叔。扶起老人后他在大家的叹声和赞声中缓缓离去。

望着他离去的背影，我陷入深思。

## 动物友谊

我们小区里有两只猫，后来它们都走了，一只去了别处，另一只去了天堂。

我最后一次见到它俩是在深秋，那只白猫若有所思地看着黑猫的尸体，那尸体已有些腐烂，被车碾过的痕迹依旧清晰，上面的血早已凝固。白猫守了它好几天了，始终没有走开。

第二天，清洁工将那尸体收拾掉了，我仿佛看见白猫眼中有两滴泪水在打转……我被震惊了。

我觉得，无论是亲情、友情还是恩情，它终究会让你为之感动，为之震撼！

■ **教师点评** ------------------------------------------------------

梓玄同学的这篇习作围绕温暖选择了三个不同的材料，从选材中可见小作者颇费了一番心思，从不同角度向读者阐述人与动物、社会敏感话题中传递出的温情，让习作内容有了广度和层次感。冷静的语言中流淌出的是他的思考和对生活美的认知。首尾语言前后照应，浑然一体。

（姬爱军）

# 乡村七月

◆ 刘文博

七月，正逢盛夏时节，天气干燥、炎热，令人口渴难耐。在乡村，太阳虽然毒辣，天气虽然闷热，但那里纯朴的生活却别有一番情趣。

清晨，当天边刚刚泛起一片鱼肚白的时候，勤劳早起的公鸡便仰天长叫，唤醒了沉睡的万物，乡村一天的生活也就开始了。在农家的大炕上，孩子们用手揉揉惺忪的双眸，张开嘴巴打了个大大的哈欠，这才慢慢地起床穿衣，心里还不时地惦念着自己前日捉来的蚂蚱；大人们迅速地起身披上衣服，口里念叨着今天将要做的农活，急匆匆地吃了些早饭，就出门去自家的农田里忙碌了。

中午，烈日炎炎，骄阳似火，是乡村七月最难耐的时刻。在地里辛勤耕作的大人们早已热得汗流浃背了。这时最得意的莫过于放羊的小牧童。瞧！他挥舞着鞭子指挥着羊群，把一只只肥壮的羊儿赶到小河边的一块青草地上，让它们尽情地吃草。然后小牧童走进一旁的柳荫里，随手摘下一片柳叶放在嘴边，饶有兴致地吹了起来。那悠扬美妙的哨音，顺着他的嘴边轻轻漾出，飘向了很远很远……难怪羊儿们被牧童放养得如此白白胖胖！据有关农业专家考证，音乐能愉悦动物的身心，让它们吃得更多，长得更壮！

傍晚，忙碌了一天的人们将桌椅饭菜搬到院子里，天高地阔地吃起饭来。院子里的公鸡不再如早晨那般优雅地踱着绅士步了。门外的几只小狗半眯着眼睛卧在狗窝里昏昏欲睡。远方，一大片七彩的晚霞犹如鲜艳夺目的锦缎一般，挂在天边，带给人一种无比震撼的美。

当天际的最后一抹霞光渐渐褪去时，整个天地都暗淡了下来。这时，农家户外的昆虫、青蛙们在月色下开始热闹了起来。你听，知了在不远处的大树上拨弄着琴弦，奏出优美的乐曲，而小河边的青蛙也不甘寂寞地唱起了歌，好一场盛夏精彩的音乐会啊！它们陪伴着辛劳一天的人们渐渐地进入了甜美的梦乡。

这就是乡村七月里最平凡的一天，但我喜爱这美好的乡村七月，喜爱这里风景如画般的田园风光，喜爱这里淳朴勤劳的庄户人家，喜爱金秋丰收前的这一段难忘岁月。这是一个辛勤耕耘、孕育梦想的过程，而任何梦想的最终实现不都需要这样一个孜孜不倦、努力奋斗的过程吗？

## ■ 教师点评

乡村生活如诗一样的美，乡村七月如火一样的热情。小作者以细腻生动的文笔，向我们再现了如诗如画般的乡村生活，让我们这些久居闹市的人对美好和谐的乡村生活平添了几分向往之情。

（贠元凤）

# 6 月 份

## 童年·农场

◆ 刘思彤

"农场是什么？"对于五岁的我，这个问题堪称世界难题了。五岁那年，春暖花开、万物复苏的时候，我带着这样的问题，和爸爸妈妈来到农场。一路上，我的心欢乐得像一只小鸟，自由地飞翔在蓝天、白云间，好像春风也化作一位神秘、美丽的女孩，跟随着我们的脚步一起来到了农场。

首先，映入眼帘的是一排大笼子，好奇的我跑过去，什么都没有啊！就在我因为无趣而转身的一刹那间，只听见嗖的一声，一个黑影瞬间蹿到我的身后，"汪！汪！汪！"只见一只黑色的大狼狗跑过来，冲我大叫起来。我被吓得呆若木鸡，一屁股坐到地上，停了一下，"哇哇哇"号啕大哭起来。爸爸费了九牛二虎之力才把惊魂未定的我哄好，我默默地在心里发誓——我以后不会再背对笼子了。想着想着，我们来到了马场。

马场可比"狗场"气派多了，一片翠色欲流的草地，外面有一圈被木栅栏围起来的沙地，在草地的中间还有一辆马车，那辆马车是那么高贵、那么洁白，而那匹马也是那么美丽、那么高傲。当然，马可不止那一匹，我选了一匹名叫黑风的马，一个哥哥把我抱到了马背上，我顿时感觉像坐在了一座黑色的小山峰上。随着轻快的马蹄声响起，我的心从紧张慢慢过渡到兴奋，跑了几圈后，我兴致正浓时，那个哥哥说："马儿累了，要吃饭了，我们休息一下吧！"我点了点头，依依不舍地从马背上下来。看着大人们给马儿喂草团，我赶紧也拔了一团草，向马嘴伸了过去。啊！那马嘴里的白沫子喷了我一手，长长的牙在嘴里磨来磨去。面对我好奇的表情，它的回应是一个友好的喷嚏，我刚刚洗好的手又一次接受了白沫子的洗礼。

时间不知不觉地过去了大半天，我恋恋不舍地准备回家了，我想，如果有下次，我依然会选择继续接受白沫子的洗礼，因为我知道那一定是黑风对我最友好的表达方式，它也喜欢我！

童年就像一首歌，一首悦耳动听的歌，歌声伴随着我一天天长大！

**■ 教师点评** ------------------------------------------------

喜欢文章里的这份恬淡与自然，也欣赏看似无心插柳柳成荫的构文效果。新颖的取材，奇妙的构思，加上生动活泼的语言，字里行间透露出清新的生活气息和儿童情趣。做生活的有心人，相信会有更多像"友好的喷嚏"这样美妙的音符，点缀小作者的成长之路！

(孔燕子)

# 大自然是写作的源泉

◆ 李钇融

白居易面对一江东水，写下了"日出江花红胜火，春来江水绿如蓝"的诗句；王维面对渭城的绵绵春雨，吟出了"渭城朝雨浥轻尘，客舍青青柳色新"的咏叹；张志和面对西塞山的壮丽秀美，留意了"西塞山前白鹭飞，桃花流水鳜鱼肥"的美景……如此多的关于大自然的诗句，我们不难看出，大自然与写作密切相关。

小时候，在老家畅快地玩了三年。我还记得那时的我，拎着小书包，狂奔在乡村的旧巷子里，跑到几里地外的小池塘边，拿起书包里的塑料罐，舀起池塘里的水，就往小伙伴的身上泼。夏日的太阳炙热难耐，我们又狂奔到村头的那棵大桃树下，一个个攀上树干，坐在树上乘凉，何其的美妙！

我陶醉于乡村的风，它轻柔细嫩。闭上眼睛，风拂过我的面颊，在我的耳畔轻轻呼唤，一阵凉意袭来，中间还携着花瓣的芬芳与泥土的湿润。我迷恋于远方的山脉，绵绵地延向天边；我迷恋于柔软的青草地，可以躺在大自然的胸膛上放歌；我为一个可爱的瓢虫自豪，因为它生在了如此美妙的大自然里！

有时候，我会轻轻翻开记忆的书页，回味那大自然的美丽，于是，怦然心动，记录下每一个令人留恋的瞬间，于我而言，大自然就是写作的源泉。

**■ 编辑点评** ------------------------------------------------

从诗句入题，再回味身边的自然，以及从中感受到的快乐，又巧妙点题。

# 黑　豹

◆ 裴晗宇

秋天来了，树叶慢慢地变橙、变黄、变红，接着，纷纷飘落，空中，落叶翻飞，就像无数只美丽的彩蝶舞蹈家，在空中跳着华尔兹。

黑豹妈妈安吉拉正带着宝贝安娜捕猎。秋天，是个硕果累累的季节，野果子、野山梨叽里咕噜滚了一地，狍子、白尾羚、红岩羊等都成群成群地出来觅食，整个岛上一片金黄铜红，时不时还传来食草动物有节奏的咀嚼声。不过，有食草动物的地方就充满了危险，此时，安吉拉和安娜正分别伏卧在两块岩石后面，看着一群狍子嘎吱嘎吱地品尝着野山果，过了一会儿，安娜向安吉拉震动了一下耳郭，安吉拉立刻锁定目标——一只正在捉从草丛里蹦出来的野雉的幼狍，这是一只大约2个月的小狍，它的背上有一条贯穿整个身体的金条，从尾尖穿至头部，所以叫"金丝带"，金丝带一路追着野雉向安娜的藏身地跑了过来，300米、200米……安吉拉急忙向安娜摇尾示意，安娜一个箭步冲了上去，可是冲得太猛了，没刹住车，只听"喇"的一声，安娜冲出去十米多远，安娜立刻转身往回蹿。就在安娜冲出去的两三秒，金丝带已经"咩!"的发出求救信号，并向狍子群跑去。就在这时，从侧面的岩石中又跳出一只黑豹，是安吉拉! 金丝带吓了一跳，没看见脚下的小石头，被绊了一跤，四仰八叉，摔倒在地。安吉拉急速跑过来，一口叼住金丝带的脖子，正要使劲，突然一只母狍子从狍子群中跑了过来，她"咩咩"地叫着，眼睛里一片凄凉与无助，显然，这是金丝带的妈妈。这只母狍子来到离安吉拉还有几米远的地方，焦急地看着金丝带，而金丝带一见妈妈，本来已经绝望了的眼睛里瞬间又充满了希望，立马张开嘴回应妈妈："咩! 咩!"母狍子一听，本来有点害怕的她，突然眼神也不害怕了，身子也不抖了，"噗，噗"地打着响鼻，用蹄子原地刨着土，头压得低低的，双眼直勾勾地盯着安吉拉，一副哪怕自己死了也要把孩子救出来的架势。安吉拉心里有点发毛，虽然母狍子没有角可以顶她，身体也不过如此，四条腿儿就像是竹竿儿做的，一咬包断，但是，爱的力量是无穷的，可以使再弱小的身体都充满力量，就算她安吉拉再厉害，被母狍子一撞，嘴肯定会松，金丝带也会借此机会逃之夭夭，该怎么办呢? 安吉拉思考着，突然，她的目光与母狍子的美丽瞳孔相撞了，安吉拉发现，母狍子虽然表现得很坚强，但，眼睛的深处还是藏着恐惧与绝望。这时，安娜来到安吉拉身边不满地抱怨起来："唔，狍子就在你嘴边，干吗不咬啊! 我要饿死了!""唔，你是在担心母狍子会撞你吗? 别担心，她不敢，而且你如果咬死小狍子，这母狍子顶多也就会不满地向你打个响鼻，再悲伤地看她的孩子一眼，便会离开的! 没事!"听安娜这么一说，安吉拉的心又坚硬了起来：是呀! 没什么大不了的! 她的嘴又要开始动了。这时，金丝带绝望地叫了一声，安吉拉心想，"叫吧! 叫吧! 待会你就是我们的午餐了!"但安吉拉的嘴却像灌了铅一样，无法合拢，总有一丝伤感掠过心头：她不是冷血杀手，她也是母亲，她能看着别人在她面前杀死她女儿吗? 不能。她能看着女儿遇险自己却无能为力吗? 不能。那同样的，母狍子现在就是这种情况，生不如死。安吉拉又瞟了一眼母狍子，母狍子把头扭向天边，不忍看着小金丝带被活活咬死。安吉拉突然心软了，她松了口，金丝带一骨碌爬起来向母狍子跑去，安娜去追，被安吉拉拦住了。母狍子惊喜地叫了一声，又回头感激地向安吉拉看了一眼，便带着金丝带向狍子群跑过的方向跑去。

安娜不满地向母亲看了一眼，抱怨安吉拉在紧要关头放了金丝带，让一顿午餐白白地从她们面前跑了。安吉拉抱歉地看了一眼安娜，舔了舔安娜的毛，就又带着安娜去捕猎了。

地上留下了一串鹿蹄印与豹爪印，可是却没有血迹与白骨，这是一场和平的见面会，没有血腥的屠杀与打斗，这都是因为爱。食肉主义者以一个母亲的角度去思考问题、看待问题，使另一个母亲免遭丧子之痛，她能手下留情，这多么不易啊！

太阳像一只大橘子，慢慢消失在了地平线。夜里，静悄悄地，一轮圆月挂在天上，光线柔和，一阵风刮过，几叶黄色、红色的枫叶在空中盘旋、飘舞，就像一个个爱的精灵为母亲舞送赞美的颂歌。沙沙，沙沙……

■ **教师点评** ------------------------------------------------------
小作者用细腻笔触刻画主人公，以"爱"为核心，写出了安吉拉在最后一刻选择为爱放小狍子一条生路，以此突出爱的力量。全文可圈可点的佳句不少，给文章增添了文学情趣。精心的构思，深邃的思考，显示出小作者正在写作天地中不断成长起来。

(陈　艳)

# 我的主持人梦想

◆ 马铭宇

> 每当我站在获奖台上时，我的心就无比感慨！
>
> ——题记

每个人心中都有一盏灯，它的名字叫理想；每个人都要走一段路，它的名字叫人生。有一句名言：人活着没有理想是最可怕的。的确，没有理想哪有劲头？我就有自己美好的梦想。

这个梦想从小就诞生了，上幼儿园时每年都看央视春节联欢晚会，当看到水均益叔叔在电视上那么淡定娴熟地主持节目时，我总是久久陶醉其中，这也激发了我对主持的兴趣。由于我声音洪亮、发音标准、稿子背得熟，在幼儿园毕业典礼上我被选为主持人，我学着水均益叔叔铿锵有力的声音，竟然获得老师和家长的赞扬。

从那时起，我的梦想就是当一名主持人。所以，我要为理想而努力。妈妈说，主持人不是说当就可以当的，主持人的知识面要广，要了解各种各样来自不同渠道的知识，当然还要有选择性地看一些名著。当主持人，口才要好，要幽默，要会活跃气氛。为了实现我的主持人梦想，我报名参加了兰州金话筒主持人培训班，培训班组织了许多比赛活动来锻炼我们，比如未来星少儿主播、"夏青"杯小主持人比赛以及甘肃省校园春晚等活动。输赢不重要，重要的是能在活动中得到经验。

一分耕耘，一分收获。2015年我参加甘肃省少儿春晚，表演诗朗诵《我骄傲，我是中国人》获得最佳表演奖；2015年赴横店参加"童星梦想"比赛，表演诗朗诵《念奴娇·赤壁怀古》获得铜奖；2016年参加欢动甘肃校园春晚，参演诗朗诵《我的南方和北方》获得金奖，朗诵也通过八级考试。

当然在参加活动期间，我也看到了自己的不足，学习了别人的长处。我相信，只要心中有理想，并且为这个理想去努力，就必定会实现。

在追梦的路上，我想起了一首歌：充满鲜花的世界到底在哪里？如果它真的存在，那么我一定会去，我想在那最高的山峰矗立，不在乎它是不是悬崖峭壁，用力活着用力爱着，哪怕肝脑涂地，不求任何人满意，只要对得起自己。

■ **教师点评** ---------------------------------------------------

哈哈，可爱的孩子，真了不起，有梦想就有远方，但是你要知道，去往梦想的地方会有许多坎坷，会历经很多磨难，你要有克服困难的决心，要脚踏实地，梦想才会与你越来越近，愿你梦想成真。

（瞿　红）

# 秋　忆

◆ 康　玲

秋风萧瑟，落叶缤纷，一眼望去，天地间皆是秋色。

又是一年秋天了。

饭后，我在田间走着，漫无目的。秋后，黄昏的田间，一片寂寞。中秋，玉米还没掰，都直直地立在那里，土豆大多也没挖，深深地埋在土里沉睡着，只有那已泛黄的秧子浮在地面上。这些秧子的生命马上要走到尽头了，却还精神抖擞地插在土里。我知道，它们的种子终于要走进这繁华的天地间了，它们经历的大风大雨没白受。毕竟世间还没有永生之物，能完成自己的使命，也不枉在人世间走这一遭。

老远的，我听见我们队里的喇叭响了许久，每次喇叭一响，就有事发生，诸如放水、办事之类的。又要通知什么呢？不管了，爸妈不在，这些事都是奶奶一手操办。

我继续往前走，一股风吹了过来，有些凉，不，凉得瘆人呢！我拉了拉衣裳，裹紧了自己。不禁回头看了看，土豆秧子在秋风中一直摇摆，不停地刷着周围的地，宛如火苗即将熄灭的蜡烛，可是那土里的土豆呢？它们什么都不知道，还在索取着土豆秧子储藏的养分。"春蚕到死丝方尽，蜡炬成灰泪始干。"唉，我有些同情那些秧子了。

又是一股风。这时，夕阳的最后一缕光辉也消失在山后。天快黑了，我得回家了，欲转身时，栽了一个跟头，惊得我出了一身冷汗，准备教训一下这调皮的石头，可低头一看却什么也没有。"不管了，走吧，走吧！"有个声音催促道，心里急得发慌。我便快步向前走去，走到队里的后梁时，同队的人都向前面走去，人群熙熙攘攘的，很吵，每个人的嘴里都说着什么。奇怪，今天这是怎么了？我家也在前面，我便跟着人流一起向前走去。忽然看见张妈正在打电话，我跑过去叫住她，她看见我，大吃了一惊："你怎么在这？""我刚才到地里转了转，怎么了？给谁打电话呢？"我疑惑地问。"你妈。"她的嘴张张合合的，似乎还要说什么，却什么也没说，最终她叹了口气，握住了我的手。

张妈是我妈的朋友，和我们同队，她待我们一家很好，尤其是我，总给我好吃的。

我感觉有什么大事发生了，急忙问："张妈，怎么了？为什么要给我妈打电话？"

"没什么，没什么……"她重复着这三个字，语调中却是掩饰不住的慌张。

"张妈，你说呀！"我越发急了，摇着她的胳膊。她不说，也不看我，只是瞥了一眼我们家的方向，然后匆匆望向人群。

我似乎明白了，放开她的胳膊，向我们家跑去，发现几乎所有人都走进了我家。

可千万别！

我进了我家大门，张妈紧跟着也进来了，队里一位叔叔跟我说："你奶奶……"张妈用眼神打断了他的话，可是迟了，我知道了，我什么都知道了。

我冲进奶奶的房子，碍手的桌凳几乎都被搬到了一边，其他的摆设都和以前一样。我们队里的人七手八脚地用一张木板抬着奶奶，奶奶躺在木板上，穿着早就准备好的老衣，双目紧闭，安详得如睡着了一样。我挤到木板跟前，握住奶奶的手轻轻唤了声"奶奶"，奶奶的手却冰得刺骨。以前，我叫几声她都会答应的，可今天，她却再也不愿张开嘴回应我一句"哎"。我的眼泪断了线，却不敢哭出声来。

爸妈还没来，只有我们一个队的人在院子里转来转去，我害怕！

他们将奶奶放在了堂屋的地上，我跟着跪了下来，又唤了声"奶奶"，她依旧不答应，眼泪悄无声息地流淌着。往事历历在目，像放电影一样一遍又一遍地回荡在脑海中。"奶奶，你记得吗？你说好要在我上高中时给我做馍馍，让我带回学校的。你还说，吃了你做的馍馍就一定能考上大学。你还要在我考上大学时给我搭红呢！你忘了吗？"

张妈把我拉到一边，我们队里一位德高望重的老人手拿一张白纸走了过来。"您能先不盖吗，我就和我奶奶说几句话，"我哀求他。"不行哪，这是规矩，你听话喔。""我就说几句话，拜托了。"眼泪像决堤的洪水般倾泻而下。"节哀顺变吧，孩子。"

他不再管我，把那张纸放在了奶奶脸上，那张纸将我和奶奶阴阳两隔。对啊，奶奶离我远去了，那个在冬天拄着拐杖、送我上学的人，给我做饭、和我朝夕相处的人，为我做好一切却默默无言的人，再也不会回来了。我又失去了一个爱我的人，又辜负了一段深深的情……我再也忍不住，号啕大哭起来。什么话也说不出，只叫："奶奶，奶奶……"

不知过了多久，大姐冲进来，"扑通"跪倒，"奶奶……"那撕心裂肺的哭喊声再一次划破我的心。又一瞬间，泪水模糊双眼。

奶奶，你不能，你不能走……

大姐走过来，把我搂在怀里。大姐是我家孙女中最大的一个，也是家里唯一的大学生。

哭久了，嗓子哑了，也很累了，我在大姐的怀里睡着了，又找到了那似曾相识的温暖，是啊，我们都长大了呢。人，越成长越孤独，越来越不会表达感情，越来越难为情，所以到最后才只剩下满满的遗憾。

我做了一个梦，梦中奶奶坐在炕上哭着，我也气呼呼地坐在一边。这几乎是天天都有的事，奶奶很唠叨，脾气也大，总是说我这里做得不好，那里做得不好，正处在青春叛逆期的我当然受不了，总跟她吵。奶奶说："你妈生下你五个月就去打工，是我一把屎一把尿把你养这么大，你呢？你一次又一次地伤我的心。"每次和奶奶吵之前我总是气得不行，吵完却十分后悔，每次都想着要改，却每次都忍不住自己的暴脾气。有一次，我不知道怎么哄她，便说："我长大挣了钱还给你还不行么？现在算我借你的，借的，行吗？"奶奶忽然破涕为笑："等你挣钱养我，我都化成灰了。"看奶奶笑了，我顺水推舟，说："别不信，走着瞧！我们打个赌，我负责挣钱养你，而你只有一个任务，就是活到那一天！"奶奶脸上的笑容愈发明朗了，"好，好，好！"

迷迷糊糊感觉身体升了起来，睁眼一看，是我爸，他正抱着我往卧室走去。我看到父亲，眼泪又涌了上来："爸，你来了……"泪水噎住了接下来的话。明知不应该在伤口上撒盐，却还是控制不住自己的情绪。

"不要紧，没事的。你做得很好，长大了。"爸爸将我放在床上，反而安慰我。他眼睛红红的，这是我第二次见到爸爸哭，第一次是爷爷去世的时候，这次是奶奶。"你先睡会儿，我出去看看。"他平静地说着，走出房间，轻轻地关上了门。可我明明听见关门瞬间传来的啜泣声。"爸，你才是个长不大的孩子。"我自言自语着。爸爸总是丢三落四，让奶奶帮他料理事情，不论大小，所以奶奶总说："老子不死，儿子不大。"

原来我们都长大了。

房间里一下子静了许多，我不知道该干什么，只记得奶奶说过，一过冬天，她就能再活一年。泪水再次盈满眼眶。

现在，是秋天了吧。对，秋天了，也该落叶归根了。

泪水朦胧中，看见朝阳从山后升了上来，我的另一段征途开始了……

■ **教师点评** --------------------------------------------------

作者善用悬念与渲染，铺叙自然朴素，笔墨有超越年龄与学识的老辣，已经具有明显的文学创作成分，非常难得。

（罗宝荣）

# 难忘的时刻

◆ 李昱瑾

　　人的一生中，有许多难忘的时刻，这些时刻如同密码永远存在于你的脑中，每当你拾起这些记忆，对它进行回味时，这回味便如同钥匙，打开了这些尘封的记忆。

——题记

　　茶是千百年来深受中国人喜爱的饮品，但我多喝饮料，总觉得茶是苦涩的、寡淡的，也不明白为什么会有那么多人热爱品茶。直到那次，在杭州的一所茶社里观看完茶道表演后，我的看法被彻底改变。

　　那是一所极其著名的茶社，一眼望去，厚重、古朴、典雅，或许正是这样的装修风格让茶社给我的印象锦上添花。

　　初入茶社，只见一位身着汉服的女子款款站起，招呼我们坐在茶桌周围的椅子上，自己再轻轻地坐下。

　　等大家都坐好后，茶道表演便开始了。那位女子取出一套精致的茶具，并将所有的茶具摆放在固定的位置，有装茶的陶罐与长把勺、精致的茶壶、许多个透明的玻璃杯，一块朴素的桌布垫在底下。

　　开始正式沏茶了，女子用她那白皙修长的手指拿起长把勺，将茶叶均匀地分进每一个杯子。接着，她的手一上一下地将水倒入每一个玻璃杯中，那手犹如蜻蜓点水般灵动。茶沏好了，茶叶在滚烫的水中逐渐舒展开身体，这一刻，我突然被这些绿色的小精灵迷住了，它们渐渐地不再翻滚，而是慢慢地降至水底，此时，水已经被染成了美丽的透绿色。

我细细品茶，生怕破坏了这些小精灵们创造的美丽。这或许是我品到的最香的茶了，清爽、可口、淡雅，我慢慢地品着，体会这曼妙的时刻。茶是安静的，沏茶的女子是安静的，周遭和我的内心是安静的。

■ **教师点评** ------------------------------------------------

描写细腻生动，动词精准传神，选材立意新颖，人生曼妙的时刻便如这清茶慢慢浮沉的时候。

（戴素伟）

# 黄山奇观

◆ 刘婧萱

暑假里，爸爸妈妈领我去安徽游玩，最令我惊奇的便是那黄山的奇石和奇松。

我们怀着兴奋期待的心情出发，首先来到了汤口镇。在山下看到的是连绵不断的绿油油的高山，一座座山峰耸入云端，黄山便坐落在这里。坐上缆车，下面是万丈深渊，让人心惊肉跳，一切都显得那么渺小。下了缆车，到了始信峰，令我眼前一亮，看到的又是一番不同的景象，山不再是绿油油的，而是由光秃秃的石块组成的"指头"山，石头上长满了形态各异的奇松，大的、小的、歪的、扭的。有的像给人们鞠躬，欢迎人们来到黄山观赏它们美丽的舞蹈；有的像在跳拉丁舞，伸出右手邀请女伴与他共舞；还有的像牛一样猛冲过来。令我印象深刻的就是光明顶，在去光明顶的路上，飞来石在远处巍然屹立着，像是嫦娥姐姐飞向月亮时，将金玉镯落在了那里，飞来石用一只脚站着，表演了"金鸡独立"。光明顶是黄山第二高峰，对面的鳌鱼背横卧在眼前，下面是绝壁深壑，湖泊在山脚下反射出金灿灿的光芒，我不经感叹：啊！大自然，你将儿女变成了祖国的黄金，美好的风景便是送给人类最大的礼物。光明顶的日出独一无二，当第一缕阳光普照大地的时候，崭新的一天开始了。天都峰和莲花峰守卫着光明顶的安全。另一个在我心目中留下深刻印象的就是"迎客松"。大家可能会想迎客松有什么呀，不就是一棵松树吗？这样可就大错特错了。迎客松是黄山的象征，代表着黄山松树的形象与千年不倒的精神。它身子微微向左倾斜，左手朝我们摆一摆，就像在欢迎五湖四海的宾客来黄山游览。

"五岳归来不看山，黄山归来不看岳"，真是名不虚传。黄山，我爱你无边的美，更爱大自然赐予你神奇的魔力。"梦想成真至黄山，一朝之日流连返。山清水秀景似画，天长地久忆黄山。"

## ■ 教师点评

这篇习作主要写了黄山奇石、奇松的美景，抓住了景物的特点，运用比喻、拟人、排比的修辞手法，使得语言文字中画面感很强，突出了奇石与奇山的不同特点。最后一首诗写得恰到好处，起到了总结概括的作用，同时抒情点题，表达了对黄山奇观的热爱与向往。

（范文芳）

# 感 动

◆ 刘轩辰

太阳无私地把阳光抛洒大地，小草感动地换上新装；园丁辛勤地培育花卉，朵朵鲜花感动地露出笑颜；小溪夜以继日地奔跑，江海感动地掀起汹涌的波涛……感动在每一个真诚的付出，感动在每一个精彩的瞬间。

## 挺拔的小草

春天来了，小草悄悄探出了头，嫩嫩的、绿绿的，惹人喜爱。可就在昨天，兰州却下起了倾盆大雨，雨越下越大，不一会儿路面上已经积满了雨水，路人都狂奔着寻找能够避雨的地方。车辆在雨中疾驰，在灯光的照射下，雨点跳得更欢了。看着这豆大的雨点，我暗暗为从未经历过风雨的小草捏把汗。心想：这么大的雨，那株小草肯定已经永远离开了这个世界。

第二天，我来到院子里。让我吃惊的是那株小草竟然在暴风雨中活了下来，而且更绿、更挺拔了。我呆呆地看着它，思绪久久不能平静。这么弱小的生命，居然在狂风暴雨中未曾低头。面对挫折，它焕发出顽强的生命力，怎能不让人感动？

## 温暖的蜡烛

一位打工的年轻女孩租了一套房，尽管出租屋设施很简陋，尽管她不认识周围的任何人，但这是她新生活的开始。一天晚上，突然停电了，房子里一片漆黑。从未有过的孤独和害怕袭上心头，女孩不由得心情沉重起来。这时，门外传来轻轻的敲门声，她眉头紧锁，小心翼翼地问道："是谁？"只听细小的声音从门外传来："阿姨，是我！我是您的邻居，请您把门打开。"她打开门一看，原来是个小女孩。小女孩手中拿着一支被点燃的蜡烛，说："阿姨，我妈妈说您刚刚搬来，肯定没有蜡烛，让我给您送过来。"女孩听了，泪水如断线的珠子滑落。

在这陌生的城市，有人给了孤独的她这样的关心。这是一支普普通通的蜡烛吗？不！不是！它是人与人之间充满温暖和爱的蜡烛。

## 你是他的唯一

这件事发生在2006年。

迈克的儿子生日这天，他为儿子买了一只德国牧羊犬，并且取了一个很好听的名字叫"开扑腾"。由于儿子学业紧张，没有时间照顾它，迈克便担负起照顾开扑腾的任务。他和狗狗形影不离。早上他们一起散步，中午开扑腾在他怀里看电视，晚上迈克还哄它睡觉。

一个阳光明媚的下午，一场突如其来的疾病夺去了迈克的生命。家人处理完后事，他们发现开扑腾不见了。迈克的妻子和孩子们到处寻找它，但都没有消息。一年过后，他们来给迈克扫墓，惊奇地发现开扑腾守在墓前。他的妻子问工作人员开扑腾是如何找到墓地的？工作人员调了监控录像。原来这条狗穿过好几条街道才来到这里，它低着头闻了好几个小时，才找到主人的墓碑。不管电闪雷鸣，不管狂风暴雨，不管冰天雪地，它都一动不动地趴在墓碑前。不管工作人员怎么驱赶它，它都不走。工作人员被感动了，于是收养了它。这一待就是11年。

迈克家人再来时，开扑腾已经非常虚弱了，他们赶紧把它送到医院，兽医说："它得了严重的肾病，最多只能活一周。"看完病后的开扑腾又一瘸一拐地来到墓碑前。一周后，它趴在墓碑前再也不动了。它盼了11年，等了11年，以为主人能活过来，今天它终于要和迈克相遇了。

这个故事深深打动了我，小小的狗是你的一阵子，而你却是他的一辈子，就算你放弃它，它也会永远相依相随。

感动是什么？是源于你内心的善良和爱让这个世界充满的温暖和谐。

### ■ 教师点评 ------------------------------------------

小作者敏锐地捕捉了一个个充满温馨的画面，它是人间最动人之处，传递出坚强、真诚和善良的精神温度。这篇习作选材角度好，范围广，立意也新，这在小学阶段是非常突出的。三个故事都采用了相同的结构，叙事后抒发感想。朴素的语言、平实的叙述也是习作的最大特点。

（姬爱军）

# 雨的故事

◆ 王奕沣

沉醉在雨的世界，它洗涤了万物，洗净了人们的灵魂。

——题记

我，是雨。我的故事藏在诗句悠悠的雨夜，充盈在寂寥无人的幽巷，穿梭在漾心成曲的雨林。我从浩渺的天空上来，来到这充满生机与故事的大地，又朝着太阳奔去……

## 雨 夜

是夜，在黎明前的黑夜中，我悄无声息地来到了这个世界。巴山夜雨，西窗红烛，缠绵悠扬的乐韵，激起游子的阵阵愁思。我拎着黑色的裙摆，在大地上飞奔，时不时唱起轻快的曲子，让早年那消散在人间的炽热与真诚重回青青的草地，将所有的希望种入被城市裁剪过的天空。

我的故事纷落如歌，沉积在了生命的岩层，有呓语、有真诚、有热烈、有鼓励。我的故事被洒落在城市的角落，带给埋头苦读的学生一丝平静的安然，给路边的乞讨者最真挚的鼓励，给处于酣梦中的人一抹雨夜的温暖……

静听雨声，翻阅往昔的故事，岁月如烟似梦，一切依旧整齐有序。我在每一场"下落"时思考，不解那一棵丁香在深深庭院中，是以何种姿态期待着雨夜的烛光，是何以使她在每次阵雨落后都散发出静谧高傲的香气。我穿过这城市，想想身前身后与自己无关的那些故事。忽觉生命如一株万年青般淡泊而青葱。想着想着，我止住了脚步，雨倏然变小了，黎明与阳光也接近了。

## 雨 巷

来到江南，这里潮热的气息更使我想痛快得在人间游玩个够。我见有女，撑把油纸伞，在烟雨笼罩的小巷里缓缓走过。一时间，她沉重的木屐踏在大理石上的声音，竟与我的歌声十分合拍。她寂寞的背影点亮了我的眼睛，却又模糊了石子巷的风景。油纸伞依旧在风中轻旋，我以最轻柔的歌声和着，我依稀听见了姑娘的吴侬软语，如竹露滴音，划过岁月的甬道。

我不禁想为她流泪，为她无以名状的悲伤。她让我想起曾在少年手中捧读的那本《石头记》，那可能是很久很久以前了吧！到底是故事还是真实？那个叫林黛玉的女子，也是如是的泪雨凄凄、惹人生怜。我想，那斑驳的青石，承载了多少人的岁月，又记录了多少人的故事，浮浮沉沉，刻满历史的沧桑。那也是我挥不去的记忆，这雨巷诗行，同这女子一起被记入了我的故事。这场晨雨是同太阳一起来的，没错，我又很好地完成了我的使命。

## 雨 林

如一弯清泉，"林"总是能照亮这尘寰。我将其滴为词，种上青春的赞歌。打下一片嫩叶，捋满一树的沧桑。夏夜苍茫而炎热，我飒飒地乘着风，透过绿林，将人们的心沁成冰凉。在人们的梦中，我看见了阳光雨露，也看见了摔倒与痛哭。我想说，孩子们，在这个时候，可以依靠的只有自己。如果不能回首过去的风暴，那就走得更远吧！学会做一个独行者，在风花雪月中酿出只属于自己的执着。我愿用烈雨洗去你们心上的伤痛，用透明的雨滴涤荡你们的心灵。

闲小立，困相扶。夜来风雨有情无。我是雨，一阵涤荡人心的雨，一袭追求太阳的雨。我的故事就是这人世间的故事，也是每个人成长的故事。我记载了许多故事，自己也沉入这故事里。下次再见时，你可还愿听我讲几个故事？

有人听说，那阵雨最后追逐到了太阳。

■ **教师点评** -------------------------------------------------------------
朦胧的语言，诗意的境界，为我们娓娓道来，关于雨最美的故事。

（陈 虹）

# 毛毛虫

◆ 王若霖

我想当一只毛毛虫，每天都在快快乐乐地成长。当我每蜕一次皮的时候，就证明我离化茧成蝶又近了一步。

我想变成一只绿色的小毛毛虫，每天努力地生长，虽然过程很艰辛，也很漫长，还会被许多其他的小虫子们嘲笑，"就你也能变成美丽的蝴蝶？我看最多也就是只蛾子吧！"但我会把这些话当成耳边风，继续不断地蜕皮、变化、成长。

有时会刮风下雨，我会迎着风雨努力前行；有时没有食物，我会从这棵树爬到那棵树慢慢寻找……一天又一天过去了，我蜕了一层又一层的皮，开始吐丝，把自己包裹起来，又过了许多天，破茧而出的不再是那只又胖又丑、行动迟缓的毛毛虫，我已经变成一只美丽的蝴蝶，可以飞到任何我想去的地方。

虽然我不是一只毛毛虫，但是我也会像毛毛虫一样，努力完成自己的梦想。

■ **教师点评** -------------------------------------------------------------
结构完整，层次分明，能运用借物喻人的修辞方法，寓意深刻。小作者有一种生活的智慧，虽然年龄不大，但非常用心，能捕捉到生活中触动心灵的瞬间。

（杨国星）

# 我们家的厨师

◆ 王梓涵

　　要说我们家谁是厨师呀，那可就数我的姥爷了，只要姥爷一出马，就没有做不出来的菜。

　　姥爷的脸庞是古铜色的，铜铃般的眼睛特别有精神，他的个子不高，肩膀宽宽的。别看他已经年过古稀，可说起话来声音像洪钟一样雄浑有力，走起路来"蹬蹬蹬"的，连小伙子都追不上呢！

　　记得有一次家里来客人了，姥爷习惯性地说："孙子，来帮忙。"于是我们两个"朋友"就开始大显身手了。我和姥爷合理分工，我在网上查了十几种菜，姥爷就按照我查的开始备料。姥爷切菜的时候可是比传说中的"闪电侠"还快，那一手好刀法，真是让人眼花缭乱。一连串的切菜声，听起来非常有节奏感。姥爷炒菜的时候也大显神通，各种各样的炒法他都会。尤其是翻炒，别提有多酷了，只见姥爷把火开到最大，有力地掂着炒勺上下翻滚，背影看去，根本不像是一位老人在炒菜。

　　我们家的厨师不仅炒菜是一绝，而且还酷爱打乒乓球。记忆中，姥爷365天几乎天天都要打好几个小时的乒乓球呢！光装球拍的背包就磨烂了好几个，球鞋都穿破了好几双呢。姥爷是个急性子，每天吃完晚饭就早早跑去打球了。有时候打完球刚到家，有其他球友打电话约他，他连声说着"来了、来了……"就下楼了，从来都没有拒绝过。

　　我的姥爷是一位上得厨房、下得球场的人。我爱我的姥爷，谢谢他为我们这个大家庭付出的一切。

　　■ **教师点评** —————————————————————————

　　小作者对人物的语言、神态、动作等进行了细致的刻画，这是本文的一大特色，结尾处对人物的赞美情真意切，令人感动！

（张琴兰）

# 这就是幸福

◆ 杜 荣

幸福是什么？幸福有时是一种拥有，有时是一种等待，有时是一种感动。

记忆里，爸爸的摩托车是在我三四岁时买的。那时，爸爸在城里的饭馆里打工，妈妈在手机配件店工作。爸爸为了方便送我们回家，便花费多年的积蓄买了辆好一点的摩托车。日之夕矣，我和妈妈在妈妈上班的地方焦急地等待着爸爸。当我隐隐约约听见熟悉的摩托车声响时，就知道爸爸来了，我和妈妈坐上摩托车，我们一家人就这样快快乐乐地回家了。

这就是幸福，幸福就是一家人一起回家，甜甜蜜蜜。

记忆里，我身体单薄，时常生病，常常在深夜发作。一次，爸爸还没入睡，我便上吐下泻。为什么我的肚子偏偏在深夜闹呢？医生也说不清楚。我只记得，爸爸带我急匆匆地赶往医院，一边走一边说："荣荣，你疼不疼呀？我背你。"每次爸爸带我看病都要走三四公里远的路。到了医院，爸爸把我放到病床上，就去给我挂号，忙前忙后，脸上露出焦躁的神情。等到医生诊断说不大要紧时，爸爸脸上才露出如释重负般的微笑。

这也是幸福，幸福就是爸爸对我无微不至的关怀。

五一假期，我和爸爸去白塔山游玩，准备下山之后在火锅店里大吃一顿。从山上下来时，看见路旁有位残疾老人在乞讨，爸爸在乞讨老人旁边默默地注视了一会儿，便掏出钱给了那位乞讨的老人，于是火锅换成了牛肉面。顿时，我感觉到爸爸是一位富有爱心的长者，爸爸的行动更感染了我，激励我要做一个乐于助人的人。

这还是幸福，幸福就是赠人玫瑰，手有余香。

幸福其实很简单，幸福就是拥有，幸福就是关爱，幸福就是感动。

■ **教师点评** ------------------------------------

结构较好，从三件事得到了不同的幸福感，重新理解什么是幸福。从小时候，长大后，再到现在，看到的幸福观不同，人生观也在变化，层次清晰，由小爱到大爱。另外，小作者一事一议的方式较有特点。

（赵鹏章）

# 温暖的旅程

◆ 林正之

书，给了我温暖，与其为侣，便是温暖的旅程。

一套《哈利波特》，虚虚幻幻的魔法世界，令我流连忘返；一本《连城诀》，苦命的狄云终得善时，我慰藉地微笑；一本《解忧杂货店》，又是如此之真实淳朴，我暗笑，为人性的善。

"莫听穿林打叶声，何妨吟啸且徐行。"我的童年沉浸在江湖侠义的金庸武侠小说中，如掉入了巧克力工厂，贪婪地翻动书页；如高原上一匹孤傲的雪狼寻找到了充饥的食物。我哪里还再听老师的教导？老师教我成熟，又有何妨？我自邀游于武者侠义中。

"竹杖芒鞋轻胜马，谁怕？一蓑烟雨任平生。"一本本书翻开又合上，轻松地了解文中的知识。有书给的温暖，再大的风雨我都不再寒冷。旅程，不怕吹淋。

"料峭春风吹酒醒，微冷，山头斜照却相迎。"忽然，书读尽了。不知不觉间，金庸先生所有的小说读完了，没有了那和煦的温暖，我有些迷茫，哪里？何方？唯有书才能再次给我温暖，伴我旅行。突兀地，眼前出现了一片广大的天地。

"回首向来萧瑟处，归去，也无风雨也无晴。"我一边向着《三体》《骆驼祥子》《西游记》迈进时，一边回味金庸的武侠。又不知觉间，我开始回味《三国演义》《西游记》。那时狂热的阅读中，是否真正体味到文字背后的温暖？是否书中的温暖能帮我消融前路的大雪？是否能将旅程中的挫折，以书的温暖彻底化解？我好似觉着自己并无成长，只是疯疯傻傻，可朋友、老师拍着我的肩说："你长大了。""你怎么这么成熟？"

明月就在天空中，手指可以指出明月的所在，但看明月却不一定要透过手指，不是吗？那明月，就是温暖的旅程。而书，就是手指了，好像，我不能不依靠她啊！

书，你给了我温暖的旅程。

### ■ 教师点评 --------------------------------------------------

小作者用率真通达的笔触书写着读书的旅程，那是温暖的旅程。这旅程从长啸任平生的纵情，到柳暗花明的喜悦，再到返璞归真的豁然，不正是王国维《人间词话》中白描的那三境界吗？文章巧妙地引用苏轼《定风波》里的句子来组织架构，层层递进将读书的感悟引入化境，恰如人生之旅，发人深省。文章结尾以手指向明月，更是给人以深邃、睿智的哲思。作为一个初中一年级的学生，小作者对事物的认知和领悟能够达到如此深度的哲学思考，实在是难能可贵！

（蒋　静）

# 扬帆四季

◆ 胡杨子钰

我的学校有一个好听的名字：一只船小学。走进校门，矗立在校园东侧，由著名雕塑家何鄂设计的"扬帆·飞翔"主题雕塑格外醒目。

春季，虽然我们的校园里没有万紫千红的大花坛，没有枝繁叶茂的大树丛，但是校园里依旧充满欢歌笑语，似乎同学们也刚刚从"冬眠"中苏醒。校园边上的柳树会下起特有的柳絮雨，调皮的小种子落到同学们的小脸蛋上，惹得大家哈哈大笑。

夏天，是同学们最快活的季节，因为欢乐的六一儿童节就在夏天。从节目的排练到表演，从兴奋到紧张，我们有说不完的话题，有数不尽的快乐故事。今年六一，我们班演出的"大手拉小手"手语舞，是同学们和家长一起完成的，精彩的表演给全校师生留下了深刻的影响。

秋天，是同学们最兴奋的季节，因为有许多新的小朋友会加入我们一只船的大家庭，与我们一起感受学校独特的校园文化。每周五下午是我们特色的"六艺"课，每个同学都可以根据自己的爱好选择兴趣班，有管乐团、小记者团、扬帆报社、手工制作俱乐部等。课程之余，小伙伴们一起欢唱、一起玩耍，幸福的笑脸印在我的脑海中，校园里洋溢着笑声与欢乐！

冬季，校园披上美丽的白纱，变成了银装素裹的白色世界。树枝上的积雪把树枝打扮成了一个银条，整棵树一看，好像仙女在手舞足蹈。堆雪人、打雪仗，我们尽情地玩着，不亦乐乎，冬天成了同学们最喜欢的季节。

走过四季，我们一天天长大，我爱美丽的学校。乘上知识的小船，扬帆奋进、勇往直前。

■ **教师点评** --------------------------------------------

作文融情于景，把对学校的热爱融注在字里行间，语言优美，大量使用拟人等修辞，形象生动地把校园的四季景色描写出来，最后直抒胸臆，表达主旨，写得不错！

（张琴兰）

# 第一次独自睡觉

◆ 王卓雅

人生中有许多第一次，如第一次滑雪，第一次坐飞机，第一次包饺子……每一个第一次都绚丽多彩，就像天空中闪烁着的星星。我也有过许多第一次，但第一次独自睡觉却让我久久难以忘记。

记得小时候老爱看恐怖片，尤其是一次我和表姐去看了《九层妖塔》，那可真是惊心动魄。从那以后，我就总认为世上有妖魔鬼怪，所以不敢一个人睡觉。

可真是怕什么来什么。有一天晚上，妈妈出差了，爸爸单位又有事回来得晚，我只能自己睡觉了。可我就是不情愿，于是打开灯看起书来，希望爸爸早些回来。我不停地看着表，九点，九点一刻，九点半……后来，我实在等不住了，就关上灯，抱着洋娃娃躲在被窝里。

咦？什么声音？怎么有黑影。"啊？!"我害怕地大叫起来，这黑影怎么还在动。我浮想联翩：难道是《查理九世》里的林医生来了？还是妖魔鬼怪要来吃我？我吓出了一身冷汗。突然，窗外射进五颜六色的光彩。难道是什么飞船来抓小孩了？我越想越害怕，便躲在被窝里"哇哇"大哭起来。"哐当"一声，门开了。"难道是爸爸回来了？"我小心翼翼地探出头左顾右盼。果真是爸爸回来了。我连忙大叫："爸爸，快过来!"爸爸连忙疾步走过来，开了灯，他看见我满脸泪水，心疼地问："宝贝，怎么了？"我一五一十地把整个事情讲了一遍。爸爸听了哈哈大笑："宝贝，这世上哪有什么妖魔鬼怪，你听见的声音是风声，黑影是树的影子，而那光彩则是车灯的反光。这一切都是你自己在吓自己呀!"我听了爸爸的话，心里的大石头终于落了下来。我感觉好多了，打了个哈欠，便闭上眼睛睡着了……

■ **编辑点评** ------------------------------------------------

孩子的世界总是新鲜的，因此他们的目光总是敏感又动人。小作者将第一次独自睡觉写得活灵活现，如同我们透着屏幕观望着"小鬼当家"的可爱。

# 7 月 份

## 我爱这属于我的世界

◆ 徐海玉

> 金戈铁马，战鼓雷雷，这里，便是三国，是属于我的世界。
>
> ——题记

徜徉书海，走进三国，看刘备、关羽、张飞桃园三结义，"不求同生，但求共死"的侠肝义胆，万丈豪情；看诸葛亮如何运筹帷幄，决胜千里；看曹操如何"挟天子以令诸侯"，称霸一方；看杨修如何恃才放旷，自取灭亡；看孙权如何占据江东，历经三世而屹立不倒；看周瑜如何辅佐孙权建立王朝；看小乔大乔如何在乱世之中求得一席生存之地。

在这乱世之中，我结识了"宁教我负天下人，不教天下人负我"的曹操，见证了"乱世之奸雄"的他如何崛起、如何发展，最终割据以防范，与蜀国、吴国三分天下。

人人都说曹操阴险、狡诈、心狠手辣、杀人如麻，像个恶魔一样，但谁又知道他内心的苦楚呢？身处乱世，若自己不想做别人刀下的亡魂，那么，唯一的办法就是将那把屠刀握在自己的手心里，在这乱世之中，又有几人是真心对待彼此的呢？就算是自己最亲近的人，也要时刻防备着。在那个时代，充满了血雨腥风、计谋陷阱，若处之不慎，恐怕就掉进人家的陷阱里了。那个时代太过残酷，使得他如扇贝一般，将自己柔软的一面用外衣裹得严严实实，而毋庸置疑的——心狠手辣、麻木不仁，便是最好的外衣。

乱世之中，人人都如雨中浮萍一般，漂泊无根，时起时伏，唯有铁血的手腕，才能立足于乱世之中。试想，即便曹操满腹才华，有称霸天下的雄心壮志，但他首先要做的，不也是保全自己吗？曹操的心狠手辣又何尝不是乱世之中立足保全自己的一种手段呢？

若是生在和平年代，人人都能安居乐业，没有钩心斗角，没有尔虞我诈，谁不愿意放下心防，与友人抚琴舞剑、吟诗作对，谁不愿意过着宁静的日子呢？谁又愿意整天提心吊胆，风里来雨里去，在刀光剑影中穿梭，谁又愿意过着颠沛流离的日子？

等了一天又一天，一年又一年，他终于坐上了那个他梦寐以求的宝座。再后来，曹植与曹丕争夺王位，作为父亲的他，选择了袖手旁观，冷眼看着两兄弟反目成仇，为王位争得头破血流。世上怎么会有这样的父亲呢？儿子反目，他不但不调节，反而选择做一个旁观者。面对世人的质疑，他给出了答案：能够成为王者的人，必有铁血的手腕，有睥睨天下、不惧一切的气魄，为了达到目的不择手段，他们首先是未来的王，其次才是我的儿子。

这便是孟德，这便是魏国的王，这便是乱世的枭雄。孟德所在的世界，金戈铁马，战鼓雷雷，硝烟弥漫，这个世界叫三国。在三国的天下，我见识到了这个被天下人唾骂的"奸雄"——曹操。不得不说，曹操有满腹的才华，雷厉风行的手段，睥睨天下的气魄，他是三国中当之无愧的枭雄。

畅游三国的天下，我可以随意游走，借着他们的"堑"，来长我的"智"，来铺就我今后的道路；我可以与他们一起谈论，不用担心因说错话而被耻笑……希望我下次再来的时候，他们风采依旧，可以教给我更多东西，这便是我的世界，我爱这个世界——书中"三国"。

■ **教师点评** --------------------------------------------

小作者品藻人物，意气风发，文采飞扬，由表及里，由外及内，从现象到本质，以今观古，对曹操进行从形骨到精神的评价，颇见功力。

（罗宝荣）

# 抬头看看，会有别样风景

◆ 孟福蓉

一声赞美，是心灵的安慰；一句鼓励，是向前的动力；一个笑容，是刹那的感动。时光荏苒了一切，但抬头看看，总会有别样风景，年少的心是幼稚的、是单纯的，但也是善于记忆的。在不经意间，一个回眸，一个抬头都会是别样的风景，都会是永恒的定格。

小学的时候，爸爸妈妈陪在我的身边，每天都无忧无虑的。一天，我看到妈妈在用针和线缝一个布袋，我一时兴起，飞奔到妈妈身旁坐了下来，让妈妈教我。妈妈很有耐心地为我讲解了如何穿针、如何缝布，我便动手实践起来。

我拿起一根针与一根线，将线头用嘴浸湿，对着针眼往里塞，可就在离针眼一毫米左右的地方偏了，没有穿进去，我便一次又一次地穿，好不容易才穿了进去。我又学着妈妈将线尾打了一个小结，我觉得太小了，便又打了好几个结，最后线尾成了一团，我还很得意。接着我将两块布放在一起，将针扎了进去，一针与一针之间的距离不一样，看起来惨不忍睹，但我还是将它缝成了一个立体图形。翻过来，有的地方开口，有的地方连在一起，与妈妈缝的有天壤之别，我很沮丧，拉下了脸，将头垂了下去。

我重新将头抬起时，看到妈妈在对我笑，那份笑容中有一丝包容、一丝鼓励、一丝欣慰，并且妈妈鼓励我说，下次可以做得更好，不要灰心。我笑了，那一刻我才发现妈妈的笑容是那样好看。自那之后，我懂得了如何正确对待一件事，遇事要冷静，要不断地尝试，才会做得更好。

时至今日，我依然用当时妈妈教我的那种心态去处理一些问题，也明白了，每当你抬头看看，总会有所收获，每当你抬头看看总会有不同的感受，每当你抬头看看总会有别样风景。

抬头看看，会看到别样的风景，这风景，会是永恒的回忆。

■ **教师点评** ----------------------------------------------------------

习作描述了小作者小时候缝沙包时，在妈妈鼓励的目光中，看到了妈妈的笑容是那样的灿烂，看到了别样的风景。全文充满着亲情，充满着母爱。另外，小作者点题较好，开头、结尾均能够及时点题。

(赵鹏章)

# 浅忆——时光·请你慢点溜

◆ 陈 蓉

时间，风干了写满字迹的试卷，却没有风干那些单纯的记忆。它就像流水般悄然从指尖滑落，回首一路走过的初中，几多欢喜，几多悲伤，几多失落，几多豪情，从我心间涌过……

记得三年前，我结束了无忧无虑的小学生活，怀着孩提时的懵懂和对儿时伙伴的不舍，以及对未来的美好憧憬走进了初中。无法忘记自己在众多不熟悉的面孔前流露出来的腼腆，也无法忘记初次与同学交谈时表现出来的手足无措，更无法忘记在课堂上说出错误答案时的害羞……那么多的点点滴滴汇成了我的三年。

从初一的陌生到现在的熟悉，从初一的天真到现在的沉着，从初一的任性到现在的懂事，从初一的疯狂到现在的冷静……一切，都像山顶上那悠悠天空，在日夜交替下变换出一个个景象，令人难以忘怀。

这三年的风霜雨雪，这三年的骄阳夏日，这三年的奋斗拼搏，这三年的一切一切，都常常在我脑中浮现。或许是太深刻，或许是太难忘，让我久久在心中怀念。这三年，老师的表扬与批评，同学的赞美和安慰，学习的进步与退步，考试的成功与失败……都将会是我一生最美好的回忆，并且会一直伴我到永远。

这三年，在几个寒暑易节中，就要走到尽头了。还记得刚升入初中的我们，习惯等到打了预备铃才匆匆跑进教室；习惯在早读时趁老班不注意偷吃早点；习惯在自习课时把书垒得高高的，假装努力用功，其实却在与周公下棋；习惯在老师不在时下课铃还没响就像脱缰的野马似的冲进食堂；习惯每天计算距离周末的日子……一切的一切，都即将结束，一切的努力，都是为了这三年的终极目标——中考。

三年已过，故事临近结尾，我们的初中生活承载着太多的回忆。谁也不愿关上初中之门，不管我们以后身处何方，经历何事，累了，别逞强，歇歇；想了，别憋着，说说；痛了，别撑着，喊喊。当遇到困难时，别害怕，有我们和你在一起；当遇到挫折时，别气馁，全体兄弟姐妹们都在为你加油。当你想起我们时，记住，我们也在想你。我不愿忘记属于我们的一切，只希望在未来的某一天，不经意间回头，一声真切的呼唤，有你可以听见。

珍重，同学！母校，再见！我相信我们还会再见，我相信我会一直想念！

### ■ 教师点评 ————————————————————————

骊歌响起，分别渐近，最难舍的还是朝夕相处的同学，作者此篇描叙场景，宛如徐徐打开一幅幅画卷，触动读者内心的琴弦。既然教育的目的就是告别、分离和走向远方，那么就让我们在分别的前夕，多一些叮嘱和祝福吧！

（罗宝荣）

# 我听说，有这么一种动物

◆ 唐 榕

## 1

我听说，有这么一种动物，叫作云猫，天气温暖时，它的整个身体会变成又白又卷的样子，毛茸茸的，轻轻的像云一样浮在水蓝色的空中，你可以像放风筝一样牵着它奔跑。但在下雨时，它就会变得很小很小，蜷成一团，几乎和拳头一样大。你可要看好它啦！因为这时候它的脾气会变得异常暴躁，你要是激怒了它，小心它下场暴雨，把你淋成落汤鸡。

## 2

我听说有这么一种动物，叫作兰蛙，它长得很像西瓜，圆圆的脑袋，圆圆的身体，常闭着眼睛，它只吃兰花和茶叶，吃多以后浑身散发清香，你若见到了它，一定要等它睡着的时候往它肚里倒热水，馥郁芬芳。有一个女孩子，找不到茶壶，于是便捧起青蛙，把青蛙的嘴当作壶嘴，结果青蛙突然醒了，变成了翩翩少年郎，粉红从白的透明的皮肤里渗出来，问："是哪位公主吻了我？"

## 3

我听说有这么一种动物，叫作曲奇猪，睡一觉就在肚子上长一层肥肉，起床后跑跑，就长一层肌肉，所以它身上肥瘦均匀，就像多味曲奇。它跑得很快，爱去北方的海里洗澡，吹海风，听海螺唱歌，然后去南方吃蜂蜜、晒太阳，所以越来越胖，变成一个球。

## 4

我听说有一种狐狸，特别聪明，它喜欢读童话，每天晚上都会跑到城市中，爬进孩子的卧室，偷偷拿几本童话书，伴着月光，躲在墙角用手指指着一字一句地读。读完了，便在孩子的桌上放几颗用玻璃纸包着的糖果，再去找下一本来读。

## 5

我听说，有一种马，会随着天空而变换颜色，它们长着翅膀，最爱在天上飞，而且它们只吃甜丝丝的云朵，喝清凉的雨水。早上它们全身是象牙白，中午是天水碧，下午是石榴红，到了晚上，它们就会变成亮晶晶的星空马。

## 6

我听说，有一只驯鹿，爱上了长颈鹿的花纹和灵魂的气味，但是无奈，它太矮，又碍于不会说话，所以既见不到长颈鹿，也无法与它交流，于是驯鹿便一直暗自努力，终于长出了杉树般的大角。它找来一个戴贝雷帽的艺术家，在角的一端搭上云梯，每天摘水果给长颈鹿吃，并且每天晒太阳，拥有了长颈鹿的花纹。虽然见不到面，但我仍然爱你，爱到想要成为你。

## 7

我听说，有这么一种海蚌，生下来身上就有一篇诗，诗里有云霞一般的诗句，星星一样的标点。你若走过来，海蚌会对你说："我身上有字，你读给我听听吧！"你答应了，它便张开壳来，让你读。如果你读得好，它就送你一颗带着月光颜色的珍珠；如果你读得出神，忘了念，它就会夹你一下。

**■ 编辑点评** ------------------------------------------------

一组很奇妙的想象，一颗好奇的心，一组诗意的句子，读过仿佛咽下一颗唇齿留香的巧克力，倾听到一个少女欢快的心。

# 种苹果

◆ 翟思涵

童年是什么？童年是夜空中的繁星，是花瓣上的露水，是清晨的微风，是柳枝上的嫩芽……让我们打开记忆的闸门，一起来回味童年的趣事吧！

小时候，我家后院有半亩果园。一次，我看见奶奶往土壤里撒了一把比芝麻大一些的小颗粒，便问："奶奶，这是什么呀？为什么要把它撒到土里呢？"

奶奶用毛巾擦了擦沾满泥土的手，笑眯眯地对我说："这是苹果种子，种下去可以长成苹果树，树上就会结出又大又红的苹果。"我听了，觉得很神奇，也想种苹果树。于是，我进屋拿了一个大苹果，准备挖出里面的苹果籽。我转念一想，我只是把籽儿种下去，没有人保护它，它不会被虫子吃了吗？没有人鼓励它，它泄气不长了怎么办呢？对了，我要把整个苹果都种下去，让苹果来保护它吧！我捧着苹果，对它说："苹果呀苹果，为了让苹果种子能成功长成苹果树，你一定要不惜一切来保护它、鼓励它，直到它长成参天大树，结出又大又红的苹果，好吗？"说完，我在一棵树旁边挖了个小坑，小心翼翼地把苹果埋了进去。

从此以后，我每天给它浇水、施肥，陪它说话："小苗苗，这么长时间过去了，你怎么还不出来呢？为什么还要在土壤里睡觉呢？外面的世界可有趣了，你赶快出来看一看吧！对了，我发现你身上越来越臭了，我可是一流的小医生呢！你不介意我把你挖出来看看吧！"

说完，我拿起小铲子开始挖土，挖呀挖，挖呀挖，不仅没挖出小苗，却挖出了一个腐烂的苹果，上面还爬了许多小虫子。我定睛一看，原来是我之前埋的苹果呀！我立刻大哭起来，边哭边喊："苹果，你这个大坏蛋，我让你保护种子，你却招来这么多虫子，当初我对你抱了那么大的希望，你却辜负了我对你的信任，我要给奶奶告状……"

我把事情告诉了奶奶，奶奶笑得前仰后合。我嘟起嘴，对奶奶说："奶奶，不许笑了，快帮忙去惩治苹果！"奶奶好不容易止住了笑声，拉着我坐下来，对我说："你把整个苹果都种下去，这不是故意招虫吗？虫子特别喜欢吃苹果之类的东西，你把苹果埋在地下，它们自然就争先恐后地抢食，你怎么能赖苹果呢？"

我永远也忘不了那一次种苹果的经历，忘不了那个傻傻的我，更忘不了充满童真的童年。

### ■ 教师点评 —————————————————————————————

童年是一首诗，童年更是一个充满奇幻色彩的梦，小作者笔下的童年稚嫩而又情趣盎然。作者在众多事例中选取了最反映童真的材料，细腻的语言和动作描写传神地刻画出一个天真稚气的孩子形象，描绘了一个让人捧腹大笑的故事。首尾语言凝练，充满诗意。

(姬爱军)

# 梦幻书王国
◆ 赵梓程

我与阅读之间有一个天大的秘密，是……等等，我说了是秘密，天大的秘密，不过看在关系好一点的份上，我就告诉你吧！在阅读的时候我会进入一个神秘的地方——"阅读王国"，那儿什么都是书做的，连人都是一张纸。比谁美，不比脸，比自己"身上"的句子，谁的句子优美、生动、有趣，谁就美。

正在我欣赏美文美句美词时，突然，脚下一滑，"嗞拉"，我感觉到一阵钻心的痛，我的大腿被扯破了，流出来的不是血，而是词语和句子。我的词汇量越来越少，句子也越来越少，我正准备找医院呢，有一个"人"对我说："喂！你流了那么多的血，为什么不自己愈合呢？"我说："我正找医院呢！""哈哈哈，医院早都没啦，这里都是用心灵魔法愈合呢！"他说。我把嘴巴张的和拳头一样大，此时"血"已经快流光了，我迫不及待地说："快教给我心灵魔法的秘方吧！"他说："想四五个好词好句并大声读出来，当然文言文最好。"此时，虚弱的我想了一会，就剩一句我最喜欢的文言文了，我不假思索地说："人不通古今，马牛而襟裾。"马上，我满血复活，词汇量一下子丰富了起来，大腿也自动愈合了。我感激地说："谢谢。"我继续往前走，不远处有一簇五颜六色的"花"儿，定睛一看原来是一簇书。我饿狼扑食般地扑进了书的怀抱，贪婪吮吸着每本书的精华。我还发现了最近看的《爱上读书的妖怪》《苏菲的世界》《狼图腾》，连我最想看的《漫画派对》也在这里，哈哈哈，太爽啦！还有随处可见的名人名言，比如高尔基的名言"书籍是人类进步的阶梯"，韩愈说"书山有路勤为径，学海无涯苦作舟"，还有我喜欢的座右铭"no pain, no gain"。

在"阅读王国"有一群入侵者，他们靠吞噬阅读王国的人的"血"来生存，只有爱阅读的小朋友才能打败他们。阅读的书越多，能量就越大，就可以打败入侵者。

我突然感到一阵眩晕，听见有人在说："要——多——读——书！"我又听见复读机里的英语响起，哦！原来是一场梦，但，我一定要帮阅读王国打败入侵者。

■ **教师点评** --------------------------------------

运用多种感官，描写十分仔细，孩子气的语言很有意思。发挥奇妙想象，充满童趣的拟人与比喻，使文章顿生光彩。

（祁小燕）

# 情怀依旧

◆ 何彦瑾

　　站在历史的扉页，看时光飞逝，摘取一段光阴，细细品味，那一段古典的情怀，在心中久久不散。

——题记

　　驾着一辆马车，在古道上缓缓行驶，捧一卷经书，品一口香茗，像古代的文人墨客一样，沉迷于山水之间，边行走边吟唱"兴酣落笔摇五岳，诗成笑傲凌沧洲"。自古以来，中国的美景可谓多不胜数，婉约的江南，粗犷的大漠，遥远的塞北，每处景色都令人着迷。然而如今，我们的时间被如潮水般涌来的高科技冲散了，生活节奏变得飞快，很多事情、很多景色我们都无暇顾及，于是，我们逐渐迷失了自我，忘却了那种情怀，但是我仍然希望，那份情怀依然在。或许，在某一天，我们会发现，情怀依旧。

　　街坊邻居之间，自然是避免不了天天见面的，所以我们不应该要处理好邻里之间的关系吗？居住在大街小巷之间，在闲暇的时候去串串门，跟大娘们唠唠家常、嗑嗑瓜子，再聊聊儿时的趣事。到了晚风吹拂的时候，如果不想做饭，就去隔壁蹭口饭吃吧，大家坐在一起有说有笑，多好！哪似现在，一个个紧闭的防盗门阻挡了大家之间的联系，邻里之间见面或许连招呼都不打，久而久之，大家的感情就越来越淡了，几乎没有任何交集。遥想起古代，不由得叹息一声，温馨融洽的邻里关系终究何处去了？

　　猛然想起那句"剪不断，理还乱，是离愁，别是一般滋味在心头"。忧伤哀婉的情感尽显其中，那种欲语还休、无语凝噎的含蓄之美体现得淋漓尽致。与现代人不同，想说就说、想笑就笑、想唱就唱的奔放情怀对古人来说是不存在的，但相对来说，我更喜欢古代的那种表达方式，带着一点含蓄、一点羞涩，将自己所有的感情融入其中，在字里行间巧妙体现。

现在的世界车水马龙、人来人往，很多人都忘了曾经的那份情怀。当然，我还是希望在世界的某一个角落，也有着像我一样拥有这份情怀的人，喜欢悠哉悠哉地欣赏山水，喜欢在安静的午后拿一本书细细品阅，喜欢吟唱"天生我材必有用，千金散尽还复来"，喜欢《诗经》里的那一句"窈窕淑女，君子好逑"。喜欢着，只是因为那个对于古代的情怀。

唯愿，情怀依旧。

**■ 编辑点评** ————————————————————————

这篇文章有着淡淡的惆怅，抒写了小作者对一种诗意生活的向往，全文素雅清秀，是一篇佳作。

# 我与书的故事

◆ 王卓雅

一本自己喜爱的书就是一位知心朋友，也是一位高尚的学者。像蝴蝶飞过花丛，像泉水流经山谷，我每忆及少年时代的读书经历，就禁不住涌起愉悦之情。记忆中，少年时代的读书生活恰似一幅流光溢彩的画面，也似一篇跳跃着欢快音符的乐章。

小时候，父母总是给我读绘本故事，从那时起，我就对书产生了浓厚的兴趣。幼儿园时的我对拼音读物手不释卷。一年级，十大名著引得我如醉如痴。二年级，我看了四大名著，《西游记》让我浮想联翩，《红楼梦》让我对贾府的大事小情了如指掌，《水浒传》让我对绿林好汉敬佩不已，《三国演义》又叫我泪落如珠。三年级时，我迷上了《笑猫日记》，这让我知道了同龄人的悲欢离合。四年级，沈石溪的动物小说让我牵肠挂肚、念念不忘……

五年级时，本来我不喜欢古诗词，但妈妈给我讲了名人董卿的故事：董卿从小就很漂亮，但她父亲却说她很丑，甚至也不允许别人夸她漂亮，只给她穿一些土气的衣服。为什么呢？因为她父亲想让她好好背古诗、看书，提升自我的才华，说这样才能够掩盖她的丑……董卿很听话，学习很用心、很努力，才有了今天的成就。于是，在妈妈的鼓励下，我经常读读古诗。

我们就像大树上的树叶，而书就像那阳光，你必须努力长出来，才能沐浴阳光，如果你不管不顾，没长大就可能凋零。你是想迎风而上，还是想坠入深渊呢？

我爱读书！

■ **编辑点评** ------------------------------------------------

一个孩子的阅读史也就是成长史，这位小朋友就像一棵小树一样，努力地汲取着书籍的养分，然后发着光成长。爱读书的孩子人生都不会差，因为书籍让人积极向上，也让人内心宁静。

# 暖到心里的早餐

◆ 李冠乔

我的老家在平凉。

有一次，我与父母回老家探亲。由于房子太小，我们便住在宾馆里。

可能是由于头一天太累了吧，我们一觉醒来，天已大亮，早就过了供应早餐的时间。没有办法，我只好担任起为家人购买早餐的"重任"。

出了宾馆大门，一股冷风便扑面而来。我不禁裹紧了外套，暗暗希望这会儿还有早餐店开着门。

走过了许多条街后，我发现了一辆早餐车。这辆早餐车的主人约有五六十岁，一只眼睛看不见，样子看起来非常吓人。

我哆哆嗦嗦地叫了一声："爷爷，买四个手抓饼，四杯豆浆！"一半是由于这寒冷的天气，一半可能是出于对他的惧怕吧。

"嗯，好的。"他迅速地抓起四个面团，揉开，丢进煎锅里。只见他转着面饼拍拍这个，翻翻那个，不一会儿，四个手抓饼就做好了。他又抓起四杯豆浆，放进袋子里。

我接过袋子，手在口袋里掏着。突然，我僵住了：我装在口袋里的钱竟然不翼而飞了！我急不可耐地翻遍了全身的口袋，却找不见一分钱。瞬间，许多坏念头闪进了我的脑子里，完了，他会不会将我扣留在这里呀……

他见我焦急万分的窘迫样子，便拍了拍我的肩，问："是不是没带钱呀？"我硬着头皮回答道："怎么会呢？我明明带了钱呀，难道是丢了？"

"哦，原来是这样呀！没关系，没关系，你先回去吧，这么冷的天，可别感冒了！"听到这样的话，我感到有点不可思议。

"嗯，我明天一定会回来还钱的！""行，爷爷相信你，你快点儿回去吧！"我拎着早餐，又细细地端详了一阵他的脸：花白的两鬓，慈祥的面容，那一只看不见的眼睛看上去虽然有些可怕，但真是"人不可貌相"！

走在回宾馆的路上，冷风仍然如故。但我的心里，感觉到了前所未有的温暖……

### ■ 教师点评 ------------------------------------------

感动便是感于心，动于情，当然还要表于外。当今的孩子不缺爱，如何寻找感动的素材，是个难题。而小作者选材以小见大，在看似平淡的小事中透出了人性的善和美。小作者冷静的叙述，细腻的语言、动作描写，让虽丑但"美"的人物形象跃然纸上。同时，人物外貌的前后呼应，心理活动的细腻刻画，更让美熠熠生辉。

（姬爱军）

# 我是一只"变色龙"

◆ 王若霖

　　我长得不高不矮，虎头虎脑，乌黑茂密的头发下有张圆圆的脸，一双不大的眼睛闪着机灵的光芒，一个塌塌的小鼻子下镶嵌着一张能说会道的嘴。

　　虽然从外表看起来我只是一名普普通通的小学生，但我的真实身份却是一只"变色龙"，你知道这是为什么吗？

　　早晨，我先变身为小考拉，怎么睡也睡不醒，就算闹钟响了十多分钟，我仍然粘在床上，十头牛也拉不起我这只小考拉。

　　好不容易到了学校，我就立刻变成一只雄鹰，眼射金光，认真注视观察着每一处。我的眼力极好，任何细节都逃不过我的眼睛。不过对于已经上了三年学的我，学校的环境已经是轻车熟路，闭着眼睛都可以摸进教室去。

　　上课铃响了，喧闹的校园顿时安静下来，这个时候我又变成了一只机灵敏锐的猎狗，用自己的眼睛和耳朵捕获一个又一个知识点。

　　放学了，该是回到家大饱口福的时候了，想着能快点到家，我又变成了一只小野兔，活蹦乱跳的，能跑多快就跑多快，就像在和风赛跑。见到满桌的美食，我又变成一只好几天都没吃过饭的饿狼，两眼射出绿光，只需眨眼的工夫，食物就会被我一扫而光。

　　美好的时光总是短暂的，一拿出作业本，就到了我每天最苦恼的时刻。这时候我就变成了动画片《疯狂动物城》里的"闪电"——一只树懒，动作要多慢就有多慢，总是要等到要求的最后一刻才能把作业写完。不过我也知道这样不好，我会慢慢改掉这个坏毛病的。

　　这就是我，一个像"变色龙"一样可爱活泼的男生。

■ **教师点评** ----------------------------------------

文章构思独特，叙述生动、具体，趣味性强，不失为一篇佳作。

（尹海婷）

# 美丽的校园

◆ 赵子锐

　　我们美丽的校园位于兰州市市中心的静宁路上，它美丽别样的姿态吸引着人们的注意，它那独具一格的风格让人更加喜欢。下面，就请您跟随着我来参观我们美丽的校园吧！

　　一进校门，一个回字形的教学楼精神抖擞地站在那里。从大门进去，有一个走廊，走廊上刻有各式各样的壁画，最上面刻有我们的校训"宁静致远"四个大字，墙壁两旁还画有一些人物、花草等。我们学校有三条路，分别是"幸福之路""成长之路"和"君子之路"。"幸福之路"上写着幸福教师、幸福学生和幸福校园，"成长之路"上画了春、夏、秋、冬四个季节，"君子之路"上画了梅、兰、竹、菊四个花中君子，是希望我们在学习与成长的道路上品格高尚，如花中君子一样幸福成长。

　　来到操场，一个大大的主席台伫立在那里，主席台旁有一个高高的旗杆，五星红旗每周就是从这儿冉冉升起。操场后方有一幅大壁画，上面书写了《诫子书》，提醒我们要提高自身的修养，以俭节来培养自己的品德。

　　操场侧面更让人念念不忘，美丽的小花钻出泥土向我们问好，葡萄藤伸了个懒腰靠在墙上。墙上还有许多运动项目的图标，而另一边墙上画了五彩斑斓的画，还写着"做幸福树上最美的叶子"。操场上还有篮球架、乒乓球台等运动器械，下课时总有一些快乐的身影在活动。

　　教学楼的一至四楼是我们上课的教室，每一层都有图书角和钢琴。一楼放有电脑，大家可以了解学校概况，也可以学习查阅科普知识。学校为了培养我们的兴趣，还在五楼设有许多兴趣小组活动场所，如乐高、机器人、舞蹈、合唱等。另外，五楼还有一个楼顶操场，供高年级的同学玩耍锻炼，操场上还有一些宣传栏供同学们观看学习。

啊！这就是我们美丽的学校，细细一看别有一番美丽，无论是景还是事，我永远都不会忘记。

### ■ 教师点评 ------------------------------------------------

习作全篇紧紧围绕美丽校园有序展开，情景交融，字里行间自然而然流露出对学校的热爱和赞美。文中多处巧妙恰当地使用拟人手法，使校园情景形象生动地展现在读者眼前，身临其境般走进校园，被她的美丽所吸引，充分展示出口语表达能力的特长，真棒！

（程　珊）

# 机器蚊

◆ 王若霖

"嗡嗡嗡，嗡嗡嗡……是谁送你来到我身边……"又是可恶的蚊子！相信大家在夏天一定非常讨厌这些"吸血鬼"吧！别着急，今天我给大家介绍一位新朋友——机器蚊。

机器蚊看起来其貌不扬，和普通的蚊子几乎没两样，它也会飞，但却不会发出嗡嗡的响声。它靠太阳能来提供动力，而且会散发出温血动物特有的热量，甚至还能分泌出肌肉运动后产生的乳酸气息。通过这些"手段"，它可以轻而易举地吸引蚊子飞到它的身边。当蚊子在它四周飞行时，它会自动锁定目标，用它那尖尖的"嘴"，射出一股利剑般的电流，迅速击灭蚊子，误差在0.001毫米之内。

如果是一只机器蚊大战一百只普通蚊，你猜猜谁会赢？让我们一起来看看我的实验吧！我把它们关在一个大号玻璃瓶里，普通蚊几乎把机器蚊埋了起来，但别为机器蚊担心，普通蚊虽然多，但却对机器蚊没有丝毫伤害。突然，机器蚊对着一只蚊子放了电，因为蚊子也能导电，玻璃瓶又太拥挤，顿时瓶子里电光四射，一秒后，一百只蚊子化为灰烬，而机器蚊却完好无损。怎么样，我的机器蚊厉害吧！

你以为机器蚊就只有灭蚊一种功能吗？那可是太小瞧它了。当你失眠的时候，它可以在你耳边发出催眠的脑电波，让你快速进入梦乡；当你忘了把钥匙等小物件放在哪里时，只要在APP上输入相应指令，它能迅速帮你找到；当家中不幸遭遇了小偷时，连接相应的视频设备，它能帮你锁定犯罪嫌疑人。

说了这么多，你一定心动了吧？如果想把这只机器蚊请回家，那就赶紧来找我这个发明者吧！

### ■ 教师点评

小作者以丰富的想象力、极具新意的构思，向我们介绍了未来的灭蚊专家——机器蚊，为人们夏日的生活解决了一个难题，真是富有爱心。同时，也暗示出科技创新的重要性，希望在小作者的努力下，灭蚊专家能早日应用到现实生活中。

（尹海婷）

## "踏蒜"

◆ 刘　晰

童年，是无比美好的。童年的趣事就像记忆银河里最亮、最永恒的那颗星星，令人难以忘怀。

我有一个比我大六岁的姑姑，放假的时候，姑姑经常来我家。有一次，姑姑说她想吃凉粉，妈妈就做了，等到吃的时候，妈妈让姑姑捣点蒜，因为我们在家说的是方言，所以我听的是"踏蒜"。姑姑捣蒜的时候，我对妈妈说："妈妈，我也可以'踏蒜'的。"可妈妈却说："你还小，现在还不会干活，等你长大再说。"可我就是不服气，自言自语地说："你们不相信我，但是我一定会做好的！"那天晚上我趁妈妈和姑姑熟睡之后，快速穿好衣服，蹑手蹑脚地走进厨房，轻轻地把大蒜的衣服脱了下来，然后把蒜放到脚底下，开始"踏"起来。在"踏"一个蒜的时候，声音有点儿大，妈妈醒了，我用极快的速度爬上床，衣服也没有脱，就在床上假装睡着。妈妈在客厅看了看，就到小卧室里，给我和姑姑把被子往上拉了拉，又去睡觉了。过了一会儿，我觉得妈妈已经熟睡了，又去厨房把剩下的蒜"踏"完，才上床乐滋滋地睡觉了。

第二天早上，妈妈把我和姑姑从美梦中叫醒，问："谁把蒜'踏'得这么脏？""是我呀！我帮你们'踏'了些蒜，吃凉粉的时候就可以用了呀！"我得意扬扬地说。妈妈又高兴又无奈，姑姑就更不用说了，她笑得直不起腰，甚至在床上打起滚来。妈妈一边笑，一边问我："这么脏怎么吃呀？"我百思不得其解，说："为什么呀？姑姑不也是这么'踏'的吗？你怎么不嫌弃姑姑'踏'的蒜，而嫌弃我'踏'的蒜呢？"我说完这句话后，姑姑和妈妈捧腹大笑。我一本正经地说："你们两个还笑，妈妈你是不是以后再不喜欢我，去喜欢姑姑了。"妈妈连忙解释道："果果，我还是喜欢你的。""那你为什么嫌弃我？"妈妈说："不是我嫌弃你，是因为蒜根本就不是这么'踏'的。""那是怎么'踏'的？"妈妈解释道："我原来说的'踏'蒜是兰州话，用普通话说应该是捣蒜，是把剥好的蒜放进专门捣蒜的容器里面，然后拿擀面杖捣，而不是用脚'踏'，知道了吗？"我点了点头，说："知道了。"后来，妈妈把这件事告诉了其他的人，他们听了也都哈哈大笑，我当时还不明白他们为什么笑，现在想想，我自己都会笑话自己。

虽然我一天天长大，但是小时候的那些趣事，却像一颗颗明珠一样，永远闪耀在我的心间。

在每个人的记忆里，童年是最美好的回忆，尤其是连那些犯过的错误也那么有趣。

# 乡村美景

◆ 肖亚东

去年暑假，我和妈妈一起去了农村的亲戚家。那里虽然没有城市的繁华热闹，也没有城市的高楼大厦，但我很喜欢那里。

走在乡间的小路上，一朵朵茉莉花含苞待放，迷人的清香扑鼻而来。绿油油的大瓜架映入眼帘。青红的瓜，碧绿的藤和叶，构成了一道别有风趣的景观。远处，鸭在叫，鸡在鸣，狗在吠……

农村的屋前都会有一条小河，河旁边种着一些树木。它们就像哨兵一样守护着清清的小河。雨后的清晨，伴随着声声鸟语，我和哥哥来到这里，到处都是郁郁葱葱。我翻开一块布满青苔的石头，下面都是惊喜的发现，一簇簇露着小脑袋的小蘑菇正在热情地朝着我们挥手。很快，我们把这些天地间的小精灵变成了独特的农家风味。这个味道，让我久久不能忘怀。

乡下人家，不论什么时候，不论什么季节，都是一道独特、迷人的风景。这幅美丽的画卷，一直在我脑海里回荡，我爱农村！

■ **教师点评** --------------------------------------------------
在小作者的笔下，乡村的美景无处不在，一朵朵花，流淌的小河，乡村动听的声音，最有趣的就是那可爱的小蘑菇，使人身临其境，让读者也对独特的乡村美景心生向往！不仅写出了生动美丽的乡村画卷，而且写出了自己的观察，写出了对乡村美景的欣赏与赞美！

（李 雪）

# 8 月 份

## 沈园残梦

◆ 何彦瑾

"红酥手，黄滕酒，满园春色宫墙柳……"这一曲《钗头凤》，就此拉开了陆游与唐婉的爱恨情仇。

数千年的时光已过，唯独沈园保存了下来，成了两人爱情最终的见证。一位是红袖添香的佳人，一位是叱咤风云的诗客，却落得了"山盟虽在，锦书难托"的下场。

想当初，满园春色宫墙柳，而如今，泪痕红浥鲛绡透，三个错错错，终究是谁错了呢？一个是母亲，一个是妻子，这让夹在中间的陆游又如何选择？最终，沈园成了两个人的梦，一个残缺、不完整的梦。

沈园残梦，空留遗恨，那个巧笑倩兮的女子，在28岁那年，沉沉地睡去，而她心中那位念念不忘的男子，沈园一别后离开了家乡，心中带着他的表妹，去了一个男儿的世界。

他北上抗金，又转川蜀任职，历经半个世纪的风雨，那段刻骨铭心的爱恋，是他人生中最亮丽的一道景色。当他再次回到家乡时，已是垂暮之年，他看到了唐婉的诗词，可是早已人去楼空。"城上斜阳画角哀，沈园非复旧池台。伤心桥下春波绿，曾是惊鸿照影来。"在陆游八十五岁那年，他满怀深情写下了最后一首沈园情诗，"沈家园里花如锦，半是当年识放翁。也信美人终作土，不堪幽梦太匆匆"。

唐婉又是何等幸福，在离去四十年后仍能被爱的人真心悼念。

时光似乎一眨而过，我一直在想，倘若当年陆游的母亲喜欢唐婉，陆游和唐婉没有分开，那又该是何等光景。应该会是相濡以沫、恩爱如初，而唐婉也不会过早地离去，他们会一直到老。可那样，也就没有了那首《钗头凤》的出现，"世情薄，人情恶，雨送黄昏花易落"，唉！字字诛心，仿若一把尖锐的利剑，直中要害，这首词，凄伤的让人心痛，如果没有相遇该有多好！

可惜，这世上从来没有如果，而沈园，最终成了两人离别的见证。历经百年的沧桑，直到今天，走进沈园，依然不可避免的心头一震，沈园的情，缠绕在每一个踏足这里人的心头，久久不散。

■ **教师点评** ————————————————————————

这篇文章以秀逸柔软的笔触，将沈园的故事为我们徐徐展开，抓住沈园，扣住历史，陆游和唐婉的爱恨情仇就在读者面前重现。作者语言功底深厚，文章感染力极强，称得上是一篇佳作，值得借鉴。

(张媛苓)

# 天上的云

◆ 兰雅文

早晨，太阳刚起床，只露出了半张脸，可调皮的云却把太阳那红彤彤的脸给挡住了。

那片云慢慢地移动，慢慢地拉长，从远处看就像天空被切成两半。

过了一会儿，天空中出现一片密密麻麻的云，好像牧童在赶着一群羊，一边跑一边抽打鞭子，跑着跑着，那牧童和群羊不见了。接着又出现了一只可爱的小猫，那只小猫好像在和它的爸爸妈妈一起玩耍，小猫一边跑一边推着毛线球跑到森林里不见了。过了一会又出现了一只腾云驾雾的龙，它在云层中穿来穿去，好像所有的云都被它穿了一个破窟窿一样。慢慢地，云散了，天空恢复了往日的蓝色，可是风还在刮，散开的云还在慢慢地飘动。

一直到了下午，云又变成了千姿百态的云，一会儿变成正在晒太阳的小狗，一会变成一朵七色花，一会儿变成……

这就是大自然中会变身的魔法家——千姿百态的白云姑娘。

■ **教师点评** ------------------------------------------------

小作者笔下的白云丰富美丽，变化多端。抓住了景物变化的特点，画出了一幅令人喜爱的蓝天白云图，条理清晰，语言优美。

（杜　姗）

# 飘落惜故林，化泥谱春曲

◆ 牛金瑞

夏迎来秋，春莫问秋。初至兴隆山，山已披上一件金灿灿的薄衣。

天边刚泛出鱼肚白，拾级而上，落叶为素雅的石阶铺上了一层薄薄的毯。当我俯身蹲下，忽然发觉，虽为落叶，着色却不同于印象中单是枯黄的——有火红的，金黄的，土黄的，仍是翠绿但镶上黄边的，仿佛用鹅黄与翠绿的笔墨交织渲染而成……林间落叶，已让我沉醉。

雾在山间游动，像画家泼墨，山已成一幅幅丹青。踏上半山腰，半山红叶半山雪的奇观，让我惊呆了眼——一半秋去，一半冬来。

纵目远望，苍雪浸染了每一片叶，树木穿上了洁白的羽衣，那羽衣与山峦间的薄雾映衬，若隐若现。近观，伸手即可触到那坠在枝头似红玛瑙的果，那一簇簇红果儿像是被冰冻住了，晶莹剔透，在碧绿的叶、纯白的雪的掩映下，显得格外惹眼。至于那银色的雪，仿佛都能清晰地看到片片轻盈飘落在树梢尖上、枝叶上……

红叶，在秋末就会落完，苍雪，在深冬才会飘零，可在秋冬时已与兴隆山融为一体，像是久别重逢的挚友，深深依恋、相拥。

踏着一级级被晚霞映红的台阶，终于登上了山顶，俯瞰田野山林间，已无薄雾染成的丹青，只有夕阳的余晖映成的浓烈的油画——"树树皆秋色，山山唯落晖"。

古往今来，"秋"似乎离不开"愁"，"离愁"就已不是"秋"。众人皆叹心上秋，我却独闻秋风秀。初至山间拾秋，让我感受到了秋的真谛——虽为林间落叶，却也五彩缤纷，虽是夕阳，也用余晖点染成画。人生亦复如是，纵使身处低谷，也要活得精彩，即使是微光，也要尽力谱写辉煌的乐章，这大概就是"飘落惜故林，化泥谱春曲"吧！

■ **教师点评** ————————————————————————

这篇抒情散文，语言华美凝练、内敛含蓄，恰如其分地体现出"形散而神不散"的散文特质。小作者抓住兴隆山秋天的特点，采用移步换景的手法，根据内容的需要，依次准确地展现了这幅层次分明的水墨画，使人产生人在画中游之感。结尾由秋景联想升华到人生的高度，深刻地点明主旨，隽永而意浓。

（钟 琳）

# 我的哥哥

◆ 曾桐轩

我的哥哥很帅，一米八的大高个儿，帅气的发型，还有一口洁白的牙齿。

哥哥不仅长得帅，学习也很帅，他每次考试都是全班第一，不论大考还是小考。每当哥哥说"我考了全班第一"的时候，我都非常佩服，非常羡慕他。我很好奇，哥哥的第一，到底是如何考出来的？后来我才明白了这第一背后的故事。原来是上课认真，仔细地把每一分每一秒都利用起来。哥哥说："从老师嘴里说出的那些话可都是精华啊！"

记得有一次，我和哥哥去玩儿，恰巧路过书摊。我把眼前的东西匆匆忙忙扫了一眼，而哥哥却捧起一本书，仔仔细细看起来。好半天才走过来对我说："这本书讲了古代人传下来的门雕。"原来，哥哥的知识就是这样一点一滴积累下来的。同样的时间，我什么东西都没学到，而哥哥却获得了新知识。后来我也向哥哥学习，知道了干什么事儿都要认真对待，在生活中注意积累！

这就是我的哥哥，长得很帅，学习更帅！

■ 编辑点评 —————————————————————————————————

这篇记叙文用详略得当的材料，刻画了爱学习、会学习的哥哥形象。语言生动，感情真挚，富有感染力。

# 亭亭如盖

◆ 杨抒凡

岁月深埋在土中便成琥珀，在我的记忆里，就有这样一颗令我终生难忘的"琥珀"。童年时，我最爱去的地方便是田野边的外婆家，那方有着小桥流水人家、被我深深眷恋的故土。在一个绿树成荫的盛夏，带着对故乡的思念，我动了身，希望再闻闻麦香，陶醉于一场青蛙演奏家的音乐会，并能在一棵亭亭如盖的杏树前驻足……

那年，同样是在盛夏。田园一派丰收盛景，饱满的麦子笑弯了腰，金黄的杏子挂满了枝头。远远地，专为吃杏而返乡的我，提着小篮子，向着一棵高大茂密的杏树跑去，可一到树下就傻了眼——树有我的两倍高！我沮丧地坐到地上，气急败坏地把篮子扔到一边。这时，树边的农家小院里走出来一个拿着竹竿的女孩，微笑着帮我打杏子。她皮肤呈健康的小麦色，两条麻花辫俏皮地垂在脑后，淳朴中透着灵气。很快，她捧着一把杏子走到我面前，笑意吟吟："我叫薇，这是我家培育的新品种，你尝尝。"薇，那是花儿的名字，与你相衬，恰如其分。很快，我们分享了那捧杏，爽朗的笑声荡漾在田园的阡陌上，像杏一样甜美。

我们坐在杏树荫下乘凉。我告诉了她好多城里的事：世界上最美味的是肯德基，宫崎骏笔下的龙猫最栩栩如生，学校里还有五层的楼……她听得如醉如痴，眼里亮晶晶的，充满着羡慕和憧憬。她教我干许多农活：剪枝丫、锄杂草、打农药、松泥土，还告诉我香甜的杏子是如何嫁接出来的。经过汗水的洗礼，我终于明白了"粒粒皆辛苦"的真谛。

一天，薇激动地说："我们来种杏树吧！等它开花结果的那天，我们就会再相见。"她已经知道我将离开的消息了吧！那个下午，我们十分用心地栽种了这棵友谊之树，汗流浃背也在所不惜。铲土、播种、填坑、浇水，当一切都就绪时，我告诉薇："不许食言！"薇重重地点头。走时，薇微笑着目送我离开。那个承载着希望和友情的小树坑也被尘封进童年的岁月，晶莹剔透，熠熠生辉。

"亭亭如盖"出自归有光的《项脊轩志》："庭有枇杷树，吾妻死之年所手植也，今已亭亭如盖矣。"如今我已从幼稚孩童蜕变为豆蔻少女，杏树也已开花结果，满园飘香。薇，相信你心中也有一棵这样茂盛的杏树，就像我们真挚的友谊，无瑕、纯净、质朴，有着杏的清甜，并已亭亭如盖。

### ■ 教师点评 --------------------------------------------------

习作以杏树为叙事线索，将两个小姑娘相识的场景设定在繁叶如盖、香杏橙橙的唯美背景，展现出孩子们单纯善良、珍惜友情、热爱生活、热爱大自然、积极乐观的生活态度。

（钟　琳）

# 读懂春天

◆ 原一丁

溪水叮咚，打破了一冬天的寂寞；杨柳抽芽，渲染了一冬天的单调；春风袭袭，卷走了一冬天的阴冷。春天是温暖的，是有生机的。读懂春天，读懂一个个生命。

春雨过后，单调的树上有了点点绿色。小芽儿从树皮里钻出来，春笋也耐不住寂寞，拔地而起。人们认为是春雨滋润了春笋，使其生长，殊不知春笋已深埋在地底多年。日复一日，年复一年，它在地底下长好自己的根系，抓住土壤，为破土而出做好准备。生活中有许多事就像春笋生长的过程，比如法国女画家萨贺芬。

白天，萨贺芬是个女佣。臃肿的身材，破旧的衣裙，乱蓬蓬的头发，粗糙的双手，指甲缝里都是黑泥。她干所有的杂役，擦地、刷锅、洗衣、收拾房间，每天忍受着雇主杜佛夫人的轻蔑和嘲笑、房东太太尖声的催租和谩骂……她的生活被繁重的劳碌压得喘不过气。

但是每当夜晚来临时，在萨贺芬那间破旧的小屋里，在昏暗的油灯下，她趴在地板上细细地勾画着一幅幅美妙绝伦的画作，嘴里哼着快乐的歌谣——这是她一天中最快乐的时光，画画让她忘记了白日里的劳累和疲惫，忘记了周遭的讥讽和嘲笑。她没有画架，没有画桌，更没有画布，甚至连画画的颜料都是厚着脸皮赊来的。甚至，她经常自己调制颜料：河底的淤泥、路边的野草、教堂的烛脂、动物血、面包屑等都是她的"独家配方"。她以手指作笔，在一块块小木板上，画着只属于她自己的画。

一天，杜佛夫人家来了一位名叫伍德的客人。伍德是德国知名的艺术评论家和收藏家。伍德无意中见到被随手丢在角落的一块画着苹果的小木板：它静静地站在墙角，但丰饶的颜色赋予了它喷薄欲出的生命力。伍德眼前一亮，在他看来这幅画用色绚丽，饱满到让人眩晕甚至窒息的地步。无比惊讶的伍德急忙打听作者的名字，杜佛夫人轻蔑地说："这不过是家里一个叫萨贺芬的女佣画的，她可从来没学过什么绘画。"在众人惊讶的目光中，伍德当即买下了这幅画。他找到萨贺芬对她说，她是一个才华横溢的女画家，但要继续多加练习，他可以资助她，希望在不久的将来可以为她举办个人画展。

因为种种原因，萨贺芬在生前并没有举办过自己的个人画展。而她并没有放弃。每次被命运戏弄时，她只是默默地拿起画笔，完成自己的梦想。在她去世后，她的画作终于在巴黎展出，而她也成了法国的著名画家。萨贺芬的经历不就恰恰是春笋带给我们的道理吗？

难道学习不也是一个厚积薄发的过程吗？只有踏实下来，勤奋努力，才能学会知识，学懂知识。

■ **教师点评** ————————————————————————

小作者通过描写春天竹笋的生长，隐喻出学习是日积月累、滴水成冰的积累过程。只有处理好学与思的关系，才能在学习上有所收获，在人性上有所历练和提升！文笔清新，思路流畅，意境深远。

（钟　琳）

# 带着香味的夏天

◆ 雒梦瑶

童年夏日的午后，宁静而又慵懒，微风拂过，带来阵阵蝉鸣。外婆家的院子早已是一片姹紫嫣红，粉红色的月季娇艳欲滴，有着浓郁的香味，每一朵花儿都显得生机勃勃。外婆很爱花，她的院子里种满了美丽的月季，每到夏天，她总会为了这些娇滴滴的花朵们而忙碌着。她曾告诉我，她爱月季，因为它们会让她想起少女时的自己。而院子的角落里，有一棵很大的沙枣树，淡黄色的花朵是那么不起眼，但我觉得它有一种独特的美。后来，我记忆中外婆家的夏天，便满是那淡淡的沙枣花香……

还记得小时候的我，身体很差，总是咳嗽，外婆就会让外公采些沙枣花来，晒干后泡水给我喝。用沙枣花泡过的水总会有种清甜的香味，闻着令人很舒服，喝一口，清香溢满口腔，后味儿有点涩涩的，它似乎总能治好我的咳嗽，让我舒服很多。外婆的手很巧，她总是喜欢坐在院子里，一边为我织着新毛衣，一边笑眯眯地看着我在院里捉蝴蝶。我有时会问她："外婆，离冬天还早，现在为什么要织毛衣呀？"她戴着老花镜，挠挠头："是啊，冬天还早……那外婆给你织背心，等秋天天凉了穿，好不好啊？"我点点头。外婆的毛衣总是织得很漂亮，而且她只在夏天织毛衣。我知道，当冬天来临，雪花落下时，难免会想念夏天，而穿上它，就好像又闻到了夏天的味道。

后来，那一年的夏天，外婆六十一岁，不幸生病去世。我没能见到她最后一面，没能听到她想对我说的话……外婆去世后，我不愿说话，外公也什么都不说，只是陪着我。院子里的月季不知怎的都枯萎了，我再也嗅不到那迷人的香气了，我的心里充斥着绝望与悲伤，我不愿相信，整日抱着那现已不能穿的毛衣发呆，我觉得夏天不会再温暖了，夏天再也不会有香味了……

一年后，又是夏天，因为城市规划的原因，外婆的小院被拆了，他们分给了外公一套房子，可我知道，外公心里始终不愿意离开。小院拆了，我不愿再回去看一眼，可外公却让我一定要回去看看。满地的废墟，埋葬了我的童年与欢乐，一块块土石刺得我心脏隐隐作痛，就在我失去一切希望与幻想时，微风拂过，空气里竟是沙枣花的清香！我抬头望，泪水便夺眶而出……沙枣树依旧高大，焕发着勃勃生机，绿油油的叶片掩映着淡黄色的花朵，回忆如潮水般涌来……他们没能移走这棵高大的树，而它，就在这一片废墟中坚强而倔强地生存！我终于明白外婆想对我说的话，她一定是想说：不管今后遇到任何困难、打击，不管今后的路有多难走，要像沙枣树一样，哪怕在逆境中，也要生机勃勃！

那以后，我又找回了从前那个快乐的自己，因为我知道，外婆永远不会离开，而沙枣树，也永远不会倒下……

### ■ 教师点评 ------------------------------------------------

作者巧妙地将外婆的爱用直观可见的具体物件——毛衣表现出来，并且定格在那个飘荡着沙枣花香、绽放着月季的小院子里，很自然地将这位睿智、慈祥、淡定的老人的人生智慧展现在读者面前。这种不露痕迹的言传身教都浓缩到带着香味的夏天，隽永而清新。

（钟　琳）

# 这真是令我着迷

◆ 郝若彤

生活如同一条长河，由点点滴滴的小事汇聚而成，这些小事虽不起眼，但却影响着我们的人生，也正是因为这些不起眼的小事，生活才更加的多姿多彩，令每一个人着迷于生活之中，无法自拔……

老人们常说："不挑担子不知重，不走长路不知远。"生活中的荆棘无处不在，每个人都会经历坎坷，但对待坎坷的方式却截然不同。有的人面对困难不畏艰险，迎难而上，但也有一些人面对困难逃避面对，消极处理。虽然说这两种方式都没有错，但毋庸置疑的是，第一种人可以更加快乐地面对生活的种种，在他们的眼里，这些坎坷不过是他们成功路上的绊脚石罢了，也正是因为这些坎坷，才让生活展现出了不一样的魅力。

小时候的自己，总是偷穿妈妈的高跟鞋，以为这样就可以跟妈妈一样长大了，却不知道长大的过程中还要体会人生的苦涩；总是偷戴爸爸的眼镜，以为这样就可以成为一个学者，却不知道成功路上的种种艰辛。儿时稚嫩的我们做出的"蠢"事，现在想起来让人啼笑皆非，但这又何尝不是生活中灿烂的烟火呢？

"种瓜得瓜，种豆得豆。"现在的我们有多么努力，未来的我们就有多么成功。所以，我们更不该抱怨自己现在所经历的困难，而是应该将它们视作自己成功的果实，要知道，生活中的点点滴滴都有存在的道理，因为每一件事都能给我们带来不同的感受，让我们体会到生活的乐趣。

正值青春的我们，更应该珍惜时间，把握当下，用自己最好的姿态迎接学习生活中的挑战。我们正如暴风雨中航行的舵手，只有不断向前，才能乘风破浪，只有奋发图强，才能无悔青春。

生活就像一班列车，载着我们体验人生，这一路上不同的风景，每一处都令我着迷。

### ■ 教师点评 ----------------------------------------------

作者用真实而细腻的文笔，展现出生活中的些许小事，并且恰如其分地引用了名言俗语，有力地佐证了成长中的快乐，表现出这个年龄阶段孩子特有的心理历程和对生活的感知。

(钟 琳)

# 给自己画一幅素描
◆ 杨福宬

这个男孩，非常像漫画中的人物。一对蒲扇般的大耳朵，眼里透着友善。他很爱笑，因为他知道，阳光的孩子运气不会差。

他一直很调皮，老师罚他抄课文，虽然每次都抄得手痛，可他总是过后就忘，我行我素。老师说他好了伤疤忘了痛，你别说，这句话特别适合他。

他特别喜欢踢足球。不是因为足球有无数的花式踢法，也不是因为足球有百变的过人技术，而是因为踢足球可以在绿茵场上自由奔跑，可以创造一个个传奇和不可能，可以享受进球时忘我的疯狂，可以让数万观众为你欢呼跳跃。

他还十分喜欢诗歌，因为诗中饱含深意，诗人的喜怒哀乐尽在其中。一字如一点星，一段似一泓水，一篇叙一片情。当他吟诵诗篇时，他能看到漫天繁星，夜色融入星辉；他可以听到雷鸣的战鼓，撕心裂肺的呐喊；他能理解那一杯浊酒中的深情；他能感受到游子衣衫上博大的母爱；他能遥望国破依然在的山河，体会到诗人那破碎的心；他接受了面朝大海、春暖花开的美好祝福，还有那用黑色的眼睛寻找光明的执着……

他爱旅行，用发现美的眼睛去欣赏多姿多彩的世界，看如火的枫叶、如茵的草坪、如水的天空、如梦的星辰。他聆听来自大自然的呼唤，用心感受当地的风土人情。

其实啊，这个男孩就是我。

■ **教师点评** --------------------------------------------------

杨福宬同学的这篇习作采用白描手法勾勒出一个可爱活泼而富有热情的大男孩形象。最难得的是对自我内在的介绍，内涵丰富而又不失童真，热爱传统文学，文章语言幽默，让读者读完后会喜欢上这位阳光的大男孩！

(白　园)


# 马克的笔盒

◆ 朱奥安

马克是一个既不讲卫生又邋遢的男孩。

一天夜里，马克迷迷糊糊地听见一个声音说："可以了吗？行动吧！"马克一下子醒了过来，大叫一声："是谁？"四周一片寂静，唯一的声音来自马克爸爸妈妈匆匆赶来的脚步声。马克费尽了九牛二虎之力才说服爸爸妈妈重新回去睡觉。接着马克假装关了灯，开始睡觉。不一会，又有一个声音开始说话了："你看你，那么大声音，都把他吵醒了，幸亏他们没有发现我们，不然我们怎么逃跑?"马克这时才发现声音是从自己的铅笔盒中发出的。马克终于忍不住了，一个箭步冲上前去打开笔盒，被眼前的一幕惊呆了。只见自己的文具全都长出了眼睛、鼻子、耳朵和嘴巴，而且都围坐在一起，像是在讨论着什么，当它们看到马克的时候也惊呆了。双方沉默了一会，马克先说话了："你们为什么要逃跑呢?""为什么，难道你不知道?"铅笔说。"你把我们放在你猪窝一样的课桌上，还把我在脚下踩来踩去!"橡皮说。说完他们就头也不回地排着长队向大门外走去了。马克都快急哭了，赶忙说道："我改，我一定改!请你们别走!"文具们看他这么有诚意，于是说："好吧，我们再给你一次机会!"

从此以后，马克变成了一个爱干净、讲卫生的好孩子，他的笔盒再也没有响过。

### ■ 教师点评

本文语言虽然并不华丽，但却极为准确生动，情感丰富而真实，构思巧妙，编排得当，通过铅笔盒的现身说法让马克有了深刻的体会，读来津津有味。

（胡　婕）

# 早餐争夺战

◆ 焦淑雯

提及爸爸妈妈对我的爱，我会毫不犹豫地说："爸爸妈妈对我的爱是无私的、无价的!"

今天早晨妈妈买了三种早点：一个热狗，一袋吐司，一个法式面包。新鲜的热狗香味扑鼻，大家都想吃。为了公平，我建议大家来做石头、剪刀、布的游戏，谁赢了谁就第一个挑。

一场早餐争夺战打响了，妈妈第一个赢了，我满以为她会挑香喷喷的热狗，可她却拿起吐司面包默默地吃了起来。我瞠目结舌地看着妈妈，心里默默地说："真奇怪！"

我和爸爸进行了第二次游戏，结果爸爸赢了。"哎，热狗终于被爸爸拿去了！"我暗自思忖着。没想到爸爸却拿起那个最难吃的法式面包啃了起来，我又想：这是怎么回事？

我拿起热狗咬了一口，一边吃一边想刚才爸爸妈妈的举动是为了什么呢？

想了很久，我终于明白了，父母的爱藏在生活的小事中，只是需要发现，啊！爸爸妈妈真伟大。

■ **教师点评** ----------------------------------------

文章从平常的小事入手，通过一场早餐争夺战，生动表现了父母无私又伟大的爱。选取角度独特，情感丰富，描写生动，非常不错。

(尹海婷)

# 快乐春节这么过

◆ 夏子桓

春节的脚步越来越近了，年的气氛也越来越浓了。马上就要和爸爸妈妈回老家过年了，我的心情格外兴奋，好多好多想法、计划从我的脑海里不断地蹦出来。

## 传统习俗篇——拜年

拜年是春节的传统习俗。除了爷爷奶奶，老家还有许多亲戚，他们是那么朴实、那么热情。每年春节，爸爸都会领我去给长辈们拜年。在舅爷爷、姑奶奶家还会见到活泼可爱的小表弟、小表妹，我很喜欢和他们在一起开心地嬉戏。大人们坐在一起说说笑笑，孩子们满屋子欢跑，又温馨、又热闹。今年的春节，当然少不了这一传统活动，我好期待啊！

## 时尚运动篇——打羽毛球

现在的人们越来越崇尚运动，我这个零零后当然也不甘落伍啦！运动那是必不可少的。姑姑是老家小有名气的羽毛球冠军（业余），她最喜欢领我去打羽毛球。春节期间，我一定要跟姑姑每天坚持打羽毛球，把身体锻炼得棒棒的，当然最期望的还是提高我的球技，争取从"中队长"晋升为"大队长"。

## 压轴篇——看社火 观焰火

老家的社火表演一年比一年出色，规模盛大的社火表演把节日的气氛推向了高潮。我尤其喜欢看"舞狮子""大头舞"。白天我尽情地欣赏着形式各异、令人眼花缭乱的社火表演，到了晚上，又迎来全城人民最期待的压轴戏——烟花盛宴。那五彩缤纷、千姿百态的烟花在空中不断地绽放着，有的像火焰，有的像花瓣，还有的像美丽无比的银河。今年又会是怎样的盛况呢？我都有些迫不及待啦！

怎么样，看了我的春节计划，你是不是动心了？那就和我一起去我的老家过一个美好的春节吧！

■ **编辑点评** ----------------------------------------

春节是小朋友们最盼望的日子，小作者生动地描写了自己过年的方式，有传统的拜年与社火，还有时尚的运动过年方式，读完如同又过了一次春节。

# 最温柔的善良

◆ 王梓诺

　　善良是三月的春雨，滋润每个人的心房；善良是温暖的避风港，是每个受伤灵魂的归宿；善良是无边的大海，包容万千过错。生活中处处都有善良，而令我记忆犹新的是那冬日温暖的善良。

　　那是一个寒冷的冬日，我一早出门上学。看到漆黑的夜，月亮犹如怕冷似的，躲进了云朵中，小区里的棵棵树木，几乎都是光秃秃的，有的还挂着几片残叶。北风凛冽，残叶发出哗啦哗啦的声音，阵阵寒风从我的脚尖蔓延到头顶，无论我如何跺脚、搓手，都无济于事，我忍不住吸了吸鼻子，加快了步子。

　　突然间，看见门口有一个黑影，仔细看时，发现是小区的保安。他高身材，宽肩膀，腰板笔直笔直，结实得像一座石碑，头戴红色小帽，脸冻得通红。啊！这么冷的天，他怎么站在这里？保安站得笔直，目光坚定地直视前方，手里还拿着一个小本子和笔。他并没有发抖，挺直的身子活像玩具里的卫兵。我向他笑了笑，便出了门，想打车却没看到一辆车的踪影。就在我焦急万分之时，眼前突然出现了一个人，原来是刚刚的保安，他向我询问了情况，思量了片刻，认真地说道："现在正在值班，不能擅自离岗，但我可以让我的同事送你一程。"说罢他就匆忙进去，跟另一个保安说了些什么，不一会儿只见一辆小面包车开了出来，让我上了车。

　　一路上，我心中涌出无限的温暖与敬佩和难以抑制的安全感，突然觉得不那么冷了。啊！我此刻感受到了无比的幸福，庆幸自己的家在这个小区，有那么负责的保安，在漫漫冬日里，守护着他人的安全与幸福，尽管收入微薄、默默无闻，但身上肩负的却是上万人的安危。这何尝不是一种善良？

你是多么善良，无论春秋冬夏、风吹雨打，你仍不离不弃，是你那金子般善良的心，温暖了我们的身体。我爱这温暖的善良，我爱这金子般的心。

■ **教师点评** ————————————————————————————

小作者通过生活中的一件小事，彰显了社会中"小人物"的善良，体现了"我为人人，人人为我"的社会风貌。

(钟　琳)

# 每个人的爱都是一束阳光
## ——读《哈利波特》有感
◆ 赵子萌

神奇的飞天扫帚，刺激的冒险行进……相信读过《哈利波特》的人对此都不会陌生。是的，《哈利波特》以冒险的故事，简单的笔调，跌宕起伏的情节吸引了很多读者。简洁易懂的故事中蕴含着深刻的道理和内心向善的哲思，还有阳光一样的爱。

看过《哈利波特》的人都会有一个疑问，哈利波特为什么能战胜伏地魔呢？我想，那是因为爱吧！哈利波特幼年时，他的母亲莉莉·伊万斯为了保护他与伏地魔斗争，一个弱女子哪是黑魔头的对手，最终含着留恋倒在邪恶的魔杖下！

在通往学校的火车上，哈利有缘结识了两个他人生中最好的朋友：一个是赫敏，一个是罗恩。从相识到相熟，无论在校内还是校外，不管大家怎样评论或对待哈利波特，他们总会毫不犹豫地站出来，替哈利波特说话，甚至打抱不平。面对艰难困苦，也会一道披荆斩棘。用金妮的话来说，在学校里，没有人不羡慕他们！就连一直很高傲的马尔福都不得不承认这一事实。还有纳威、卢娜、迪安等，他们都是友情的维护者，他们的爱像阳光一样炽烈，在黑暗中保护着哈利波特，照亮着他前进的方向。每时每刻，从不停歇。爱的力量是无穷的，爱也是温暖的。

在炽热的太阳中，有几束阳光那么温馨：纳威、斯内普、邓布利多，还有麦格教授。书中的纳威有点傻，好像金庸笔下的郭靖一样，但是他并非描述的那样。他的父亲、母亲都是很优秀的傲罗，在追捕伏地魔时遭到了钻心咒，被折磨致疯。于是，奶奶就把希望寄托在了纳威身上。纳威并没有过多的天赋，再加上奶奶无尽的责备，使他更加自卑和内疚。但在最后大结局时，他却杀死了大蛇纳吉尼，是什么赋予他勇敢的力量呢？我想应该是哈利波特对他的包容和关怀吧！其实，现实生活中像纳威这样的人不少，他们大多外冷内热，如何打开他们的心房，走进他们的内心世界，和他们交流呢？就像哈利波特对待纳威一样，用心温暖他，默默关心他，赐予他必胜的信念，他就会奋不顾身、勇往直前。纳威这束本来微弱的阳光，并不起眼，但在关键时刻，却光芒刺眼，挽救了哈利波特。不要小瞧每束光，它们终会照耀别人。

斯内普，大家都不陌生。看不起哈利波特的人只有他，这个自以为是的家伙。斯内普暗恋着哈利波特的母亲莉莉·伊万斯，邓布利多就是利用这点，让他去做卧底。但这并不代表斯内普对哈利波特没有厌恶之情，因为哈利波特除了眼睛像母亲外，其他都深深印上了詹姆的影子。同样，哈利波特对斯内普也是恨之入骨。但是，在他看完斯内普的记忆之后，才发现这一切都是邓布利多安排好的。原来斯内普并不是他想象中的那样厌恶他，而是在默默地保护着他。此刻，哈利波特才知道有一束光一直温暖着他，并照亮着他脚下的路，让他一路前进。这束光就是被他误解多年的斯内普。

邓布利多在哈利波特的成长中，起了很大的引导作用。在整个计划中，他策划了很多伏地魔都想不到的事，伏地魔也因此惧怕邓布利多。邓布利多也不时教哈利波特如何面对困难、战胜困难，给他讲了很多道理。他曾告诉哈利波特：你拥有着伏地魔从未感受过、拥有过的东西，那就是爱！这句话也一直让我记忆犹新。正是在爱的支撑下，有勇有谋的邓布利多为了保护哈利波特也倒下了！这束光无时无刻不照耀着哈利波特，为他的前途扫清阴霾。

麦格，是一位严谨认真的教授，也是格兰芬多学院的院长。表面上她很严肃，实际上她是一个很有爱心的人。她疼爱哈利波特，悉心地照料着这个孩子。比如，哈利波特在一年级时，没有经过老师允许骑上飞行扫帚行进。麦格教授发现后，并没有关他禁闭，而是培养他成为霍格沃茨建校史上最小的找球手。哈利波特对麦格教授不只充满了敬仰之情，更多的是一种依恋之情。当邓布利多去世后，哈利波特一有事首先想到的就是去找麦格教授。在食死徒统治霍格沃茨后，哈利波特穿着隐形衣偷偷潜入学校，他发现食死徒正在羞辱麦格教授，便不顾自身安危，毫不犹豫地对他们实施了魔咒，让麦格教授的自尊不受损害。乌云毕竟遮不住太阳，每当哈利波特进入阴暗的日子，麦格教授总会像阳光一样为他消除阴暗，给他新生的力量。

阳光是造物主赐予我们最美好的东西，只要抬头仰望天空，它就悬挂在我们头顶上；只要平静、从容地去感受，它就是内心深处萌发出来的嫩芽；只要愿意用心去体验，它就在我们的心中。哈利波特在爱的阳光下不断成长，逐渐强大，打败了伏地魔，自己也得到了磨炼，最终走向成功。在学习和生活中，我们也沐浴着爱的阳光，茁壮成长，从一棵幼苗最终成为大树。一路上有阳光，我们的前进之路才会温暖，才更有力量。

### ■ 编辑点评

凡心所向，素履所往，生如逆旅，一苇以航。是的，只要有阳光，希望就会一直在。有阳光的日子，总是温暖的！作者通过读书，能悟出爱是阳光，可见读得很用心。读书百遍，其义自现。每篇文章都会让读者有所发现和受益，让文字走进心灵，让阅读成为最美的遇见。

# 陪你去看烈焰繁花

◆ 吕亚琦

"哇——"

不用说，这又是我妹和我电视争夺战失败后的哭声："坏姐姐抢我电视，呜，我讨厌坏姐姐，呜——"五年前的一天，我迎来了这世上可以陪我走过完整一生的人——小我十岁的妹妹。早在她还未出生时，我就听朋友说过："小孩子是这世界上最可怕的生物，他们会朝你吐口水，揪你的头发，撕你的作业，抢你的东西，还会打你……"这可着实把我吓得不轻，更吓人的是，我妹出生后很长一段时间都在身体力行地证实这段话。所以我曾一度非常讨厌这个麻烦的妹妹，但经历了很多事后，我才知道我妹不是麻烦，她是这世界写给我的情书。

一个无聊的下午，我用中性笔在手上画伤口，大功告成，"伤口"黑红相间，很是逼真。我颇为得意地审视着自己的"大作"，一时竟舍不得洗掉，索性就留了下来，说不定可以吓吓别人。很快我就将这件事抛在脑后去看电视了，不一会儿，我妹来了，我警惕地抬起手做防备动作——誓死捍卫遥控板！我妹却把目光放到我的手上，带着一点心疼问我："你的手怎么破了？"说着竟凑上来舔我的"伤口"。我连忙抽回手训她："脏不脏？小心被细菌先生吃掉！""不会，我可以把细菌先生吃掉，这样你的手就好了。"她的小脸上浮现出得意的神情，我愣在原地，一时竟不知该说什么。

还有一次，我带她去附近的一个公园玩，傍晚出发，到时天已经黑了，暗黑的夜幕笼罩下来，如同给小路两旁的树染上了一层黑漆，显得格外阴森，微弱的月光将树的影子映在地上，更添一丝恐怖。我明显感到身边的妹妹瑟缩了一下，心道："现在知道害怕了，平常就知道不顾危险地乱跑，今天就给你个教训。"我开始我的恐吓计划了："这么黑，我好害怕呀，会不会有鬼来抓小朋友？"话音未落我就听到了她的抽泣声。不能玩太过了，吓坏她我可就惨了，我正要说"以后还敢不敢乱跑了，听话就没有鬼来抓你"这句话时，我妹带着哭腔却坚决地说道："姐姐别怕，我保护你。"我的心一下子就变柔软了，什么恐吓计划都忘了："嗯，我妹最厉害了！"

这是要陪我走过一生的妹妹，是世界给我的情书啊！

余生还长，我要陪你去看烈焰繁花，一起走过未来。

**■ 教师点评** -------------------------------------------

作者以一个孩子的角度，对这个"小麻烦"妹妹从一开始的"斗智斗勇"到最后被她的天真可爱所感动，表现出血浓于水的人类天性。文字自然流畅，语言也十分活泼，极富生活气息，写出了真情实感。

（钟　琳）

# 快乐的家政课

◆ 马卓然

我是一个贪吃的家伙，只要是美味菜肴都爱吃，从不挑食，尤其爱吃饺子。今天，学校组织我们班开展了一堂家政课——包饺子，我激动不已，下午早早地来到学校，摩拳擦掌，准备大干一场。

我们戴好厨师帽，系好围裙，来到学校食堂，和老师、家长一起准备食材。真是人多力量大，很快万事俱备，只等开包。

终于开始包饺子了，我拿起一个饺子皮，忐忑不安地往里放馅，忐忑的是，如果馅放得太多，饺子的"肚皮"撑破了怎么办？如果馅放得太少，饺子会变成一个"瘦老头"，又怎么办？我便向一位在场的阿姨请教。阿姨极有耐心地为我做示范：只见她拿起一个饺子皮，娴熟地拿起筷子夹起一些肉馅来，一捏，一个圆圆鼓鼓的饺子包好了。我说："我也来一个。"可是饺子在我手里就像一个顽皮的小朋友，完全不像在阿姨手里那么听话，还好，经过我耐心操作，一个个肉乎乎的"小耳朵"诞生了。每一位同学都全神贯注、专心致志地包着饺子，彼此之间顾不上说话……我们不但包了传统形状的饺子，还包了一些创意饺子，有五角星的，有元宝的，还有蝴蝶的……我们看着自己包的饺子，心里甭提多高兴了。

阿姨把我们包的饺子下到了锅里，烹煮之后，一盘盘色香味俱全的饺子出锅了。同学们都在找自己的"杰作"，我吃了一个"大炮"，还吃了一个"烧饼"……今天的饺子是我吃过最好吃的饺子，那香味真是回味无穷。

品尝着我们自己包的饺子，一种成就感油然而生，这种成就感都来自我和同学们的团结合作、默契配合，这是让我终生难忘的一堂课。

**■ 教师点评**

一次快乐的体验，一堂有趣的课程，在小作者笔下表现得生动精彩。文章条理清晰，层次分明，记叙事件过程详略得当。在整堂家政课过程中，马卓然同学从动作、语言、神态等方面详细刻画在场人物，尤其是在描写自己包饺子的过程中，将饺子比作不听话的娃娃，幽默风趣。这是孩子们自己的语言，自己独特的心里体会，也让我们从他们的文字中看到了孩子们的天真与快乐。

（赵 敏）

# 尊重，永远的友谊

◆ 赵若菲

你带着委屈的表情离开了，我还没来得及解释，我们似乎就要从此断了联系。虽然天天见面，却互相"看不见"，真的是"友谊的小船说翻就翻了"。

## 误 会

只因为一句"她不服管"，让我们的友谊就此淡了。在同一个班级，平常我们无话不谈，有无数共同语言，而那次误会以后，却把彼此当成了空气。"真的，打小报告的不是我。"其实这话在我心里对你说了无数次，因为不想失去你这个好朋友。也许因为误会，你不愿意和解，没关系，但是我们不能变的这样陌生。

## 冷 战

从星期五下午开始，我们一句话也没说。就算遇到了，也不打招呼，连眼神都互相避开。在班级里，多少次想和你解释一下，但是话到嘴边又咽了回去，就这样一直冷战着。第一天，我觉得冷战中的自己对什么事都没有心情去做。看着我们一起写的画片，回忆着互相的玩笑，发现没有你在旁边叽叽喳喳，好没意思。第二天、第三天、第四天……我们在教室里依然冷战着。原以为我们两天就能和好，没想到你是真的生气了，比起现在的郁闷，误解真算不了什么，我是输了。冷战继续着，我们仍然在学校做着最熟悉的陌生人。

## 融 化

老师说过，真正的朋友不在于你们是不是形影不离，而是你们能否互相理解，是否了解对方的世界。细细想想，我们真的是好朋友，我们了解彼此的一切。我发现我已经后悔了，真的希望不要再这样误会下去了。

我主动和你说话，友谊重新开始是靠一条短信。我写了心里话，你回复了，字里行间还带着怒气，我解释了，最后象征性地问了句："我们还是朋友吗?"很久以后，你回了一句："当然!"我悬着的心放下了，好开心，好朋友回来了!

"我们明天早上一起上学吧!""好!"两句话以后，我们又变回原来的那对死党了。

朋友就应该是这样吧，在误解、冷战之后，静下心来，用互相尊重和理解融化误解的冰块，就能换来永远的友谊。

■ **教师点评** ————————————————————————————

感情描写细腻，事件详略得当。建议三个小标题每部分字数大致相当，更能体现文章的形式美。

（全　洁）

# 如果，我能再做一回小学生

◆ 韩泽薇

时光匆匆，转眼间，六年的小学学习生涯已经渐渐步入尾声。这六年，我与同学们一同经历了许多事情，有的令人欢欣鼓舞，有的令人自豪不已，有的却令人后悔莫及……

如果，我能再做一回小学生，我定要更努力地学习，也要加强体育锻炼。这六年，我好几次都与一百分擦肩而过，如果当初再仔细一点，再认真一点，没准我就能取得满分。而体育则一直是我的弱项，才跑两圈，就已经累得气喘吁吁了。

如果，我能再做一回小学生，我定要好好珍惜与同学们相处的美好时光。正是因为那些时光来去匆匆，才更要抓住它、珍惜它。毕业后，很多同学会到不同的学校上中学，就是在同一个学校，也会被分配到不同的班级，联系必然会变少，留下的更多的是默默的祝福和留在心中的美好回忆。

如果，我能再做一回小学生，还在这个班，还是原来的同学，我一定要让排练课本剧的同学们认真排练，听刘同学的话，她因为指导同学们排练，说了很多话，加上本来身体就不好，得了哮喘，已经一个半学期没怎么上学了。

我不会忘记我们在一起嘻嘻哈哈的欢乐，我不会忘记我们在鼓号队一起英姿飒爽地走过学校操场，我不会忘记我们拼搏在绿茵场上的矫健身影，我更不会忘记我们的各科代课老师，是他们引导着我们茁壮成长。

"甘瓜苦蒂，天下物无全美。"这是《墨子》中的一句话。我想，不仅是物无全美，事无全美也是对的。小学的这六年，虽说是苦多甜少，但"苦多"磨炼了我们自身的意志、精神；"甜少"，但也足够我们慢慢回忆。

如果，我能再做一回小学生……

■ **教师点评** ————————————————————————

本文作者从几个侧面回顾了小学阶段的点点滴滴，语言虽然并不华丽，却极为准确生动，情感丰富真实，读来津津有味。全文节奏明快，行文自然清新，特别是最后引用《墨子》中的一句话，起到了画龙点睛的作用。

（黄雪松）

# 假如我会变

◆ 刘文博

假如我会变，我要变成齐天大圣孙悟空。变成孙悟空后，我要天天尽情地玩耍。

有一天清晨，霞光普照，太阳喷薄欲出。我已经来到一处农民的果园里，在一棵高大的桃树上偷吃那美味多汁的鲜桃了。那种感觉，比起多年前在天宫王母娘娘的蟠桃宴上大吃仙桃更有一番惬意与自在，因为没人与我争抢，自然吃的是悠然自得！正在这时，一阵巨响，远处一座火山忽然冒出了浓浓的烟雾，看来是要爆发了！"这火山爆发的真讨厌，真不是时候！"我不满地嘴里嘀咕着。贪吃归贪吃，可俺老孙天生就是爱多管闲事，天上、人间的事都想管。我望望手中吃了一半的桃儿，狠心将它一扔，急忙乘着筋斗云来到了离火山口差不多两千里处的峡谷中，扛起一块巨石，然后回到火山口正上方，投下巨石暂时封堵住了火山口。俺老孙当年在太上老君的八卦炉中炼成了火眼金睛的本事，凡间之火俺才不怕呢！但是火山若不是被我及时封堵，人间必将饱受灾难，这点让我心有余悸。"火山突然喷发，想必天庭会知其因吧！"我自语道，而后立即驾起一片筋斗云飞向天宫。

到了天庭，我急切地问玉皇大帝："玉帝，好久不见，俺老孙可想死你了……人间的火山突然爆发了，这是怎么回事，你知道其中的原因吗？"

"没办法，我前一个月下诏让一位神将去看管那座火山。那位神将身体强壮、年轻，不爱看管火山这种寂寞、乏味的事。刚才千里眼、顺风耳来报，他们发现那名去人间的火山守将偷偷把两片混合了爆炸粉的柠檬片施了法术，投进了火山口。"玉帝清了清嗓子继续说，"现在，就算用我们这里最坚硬的器物去封堵，也坚持不了多久……"玉帝话还没有说完，"轰隆隆"突然一声巨响，我急忙驾起筋斗云下人间查看。不好，之前的那座火山又要喷发了！我想了会儿，忽然看见离火山不远处就是大海，我急中生智，急忙从耳朵里掏出金箍棒，在大海到火山中间砸出一条宽二十几丈、长三百多里的"岩浆渠"，让岩浆顺着"岩浆渠"流入了大海。

再后来，观音菩萨及时赶到，她用从如来佛祖那里借来的宝物将火山口安全地封上，又用净水法器将流入海水中有毒的岩浆予以净化。

就这样，人间的危险终于解除了，而我的肚子也早已饿得咕咕叫了。正当我驾云去往农家桃园的路上，突然看到一位年轻力壮的天神正在鬼鬼祟祟地朝火山方向走去，我心想：这准是玉帝前边提到的那位干坏事的神将。想到此，我大喝一声，收云落地，立即将他逮住。天神见到我，立即吓得面如土色，急忙跪下来磕头，这时二郎神恰巧赶到，我使了个眼色，二郎神会意地冲我笑了笑，拽起他就驾云向玉帝交差领赏去了……

假如我会变，我真的想变成孙悟空，用我的热情、我的善良和正义来守护人间的安宁。

■ **教师点评** -------------------------------------------------

小作者的想象力很丰富，文中再现了悟空正直善良、本领高强、好胜幽默的特点。全文语言流畅，内容新颖生动，看来多读好书、勤加练笔，写作文时就会得心应手，加油！

（贠元凤）

# 我真想成为一只雄鹰

◆ 杨福戌

鹰，是天之骄子，广袤湛蓝的天空，只属于雄鹰。它明亮的眼眸，闪着熠熠动人的星辉；它苍黑的身躯，蕴藏着惊云裂石的力量；它尖厉的嘶叫，宣示着它才是众鸟之王！

我不想再待在大地，我真想成为一只雄鹰飞向蓝天，跟随风的脚步，追寻梦想，冲破云的阻挡，拥抱太阳的光辉。去吧！自由自在地飞翔，我有那坚硬的翅膀。

我只想去寻找，寻找那属于我的蓝天。鹰的飞行是所向无敌的！鹰，带着它特有的粗犷和坚强，展翅飞翔，如光一般从云层中穿过。鹰，忽然一转身子，渐渐加快速度，又奋力去追寻太阳。太阳炽热的光炙烤着它，它不停地变换着身姿，周身洒满了金色的光斑。

阳光更加耀眼，可为什么我的眼睛也感受到了呢？那是因为我就是鹰！

我不停地变换身姿，时而缩身，时而侧斜，时而高扬，时而低垂。风呼啸着，阳光刺痛了我，但我是鹰，绝不会低头，绝不会退缩，于是我厉声长鸣，那声音响彻云霄。

我舒展着双翅，凝神遥望脚下雄伟的山峦、浓绿的森林和辽阔无垠的草原，又一飞而上，像一道黑色的闪电，掠过日曲卡雪山峰顶。我巧妙地一闪，闪过了云朵，翅膀微微扇动，尾羽轻盈地左右摆动。我的血脉急速地流动着，我不由得放声歌唱。

鹰是青春的力量，鹰是创造和理想。在自由自在的天空，我就是一只雄鹰！

■ **教师点评** —————————————————————————————

　　小作者用诗一般的语言，抒发了自己的美好理想，憧憬自己就是一只雄鹰，展翅翱翔于天际，聆听风声呼啸于耳畔。读小作者的文章，真正让读者感到荡气回肠！

（白　园）

# 9 月 份

## 爱与永恒

◆ 齐开颜

爷爷在我很小的时候便离开了我。当见不到爷爷很想他时，我就总是问妈妈："爷爷去哪儿了？"妈妈不忍伤我心，也不知该如何给我解释"去世"和"死亡"，便回答说："爷爷化作了天上的星星在看着你、保佑你呢！天上的一颗星就是地上的一个人。"因此，从小我就很喜欢晴朗的夜晚，因为能够看到星星，每当看到星星，就觉得哪怕在很遥远的地方，爷爷也一直在注视着我、保佑着我，心中便觉得无比安定。

妈妈曾告诉我，在我三岁的时候，大家给姥爷过七十岁大寿，我听到大家都在给姥爷说祝福语，便猛然来了一句：祝姥爷永远不死！我不知道自己为什么会说出那样的话，或许，那时的我已经意识到"死"就意味着再也见不到了。

再后来，我看了许多关于勇士为国捐躯或者舍己救人的电影或事例，脑中便产生了许多疑问：他们应该都没有变成星星吧？死亡究竟意味着什么？

随着我慢慢长大，亲人们也在慢慢变老。前段时间，姥姥的两个发小、多年的闺蜜相继离世，姥姥伤心不已，我只能默默陪伴在姥姥身边而不知该如何安慰她。看着身边的亲人白发一天比一天多，背一天比一天驼，步伐一天比一天缓慢，我真的有些害怕，害怕有一天他们也会离开我。大人们总说：人终有一死。可是他们死后万一就沉睡在无尽的黑暗里了呢？他们根本就不会变成星星，对不对？

直到那一天，我在影院里观看《寻梦环游记》，看到影片主人公穿越到了人死后的世界，那里的人们生活得非常快乐。在那个世界，只要有人还记得你，你就可以在每年中元节来凡间看他们，拿走他们为你准备的食物和衣服，哪怕他们看不到你。而唯一会使人真正死亡的方法，就是凡间的人忘记你。是的，"真正的死亡是世界上再没有一个人记得你"。当电影里的主人公为了不使他的老祖宗彻底消失，对世上唯一记得他的女儿弹起唤醒她记忆的熟悉乐曲时，我不禁潸然泪下。

虽然我知道，这仅仅是人们的幻想，但这么多年来淤积在我心头的乌云忽然间就消散了。我明白了，我的亲人们终有一天会离开我们，但无论他们去往哪里，有一点不会改变，那就是爱！我们之间的爱永远不会改变！就如影片中所说，"家人是比梦想更重要的事情"，死亡不是真的失去，遗忘才是永恒的消失。有爱，生命便会永恒，只要心中有真挚永恒的爱，他们的生命会在对世界、对我们的爱中延续，如黑夜中熠熠的星光温暖着我们的心灵，照耀我们前行的路。

■ **教师点评** -----------------------------------------------

本文通过对自己孩童时失去亲人时的懵懂，长大后对死亡的思索，以及影视作品带来的启迪的描述，真实地阐释了自己对生命与死亡、爱与永恒的内涵逐渐认识的心路历程。

（胡　明）

# 有你相伴

◆ 晁竹君

"书卷多情似故人，晨昏忧乐每相亲。"书，我忠实的朋友，人生路上，有你相伴，真好。

一路有你相伴，我在知识的海洋里遨游，与作家笔下的人物相伴成长。

与安妮·雪莉一起舞动梦想的翅膀，坐在"巴里的池塘"边尽情幻想；与好心眼巨人去捉梦，尝一尝"大鼻子瓜"的味道；像哈利·波特一样挥动手中的魔杖，体验奇妙的魔法世界，做一回正义的魔法师。书，让我交到了许多朋友，他们热情、勇敢、睿智、幽默，像一个个无言的老师，引导着我健康、快乐地成长。我在书的世界里尽情遨游，做着美好的梦。

一路有你相伴，我可以和智者挽手步入智慧的殿堂。

罗尔德·达尔带给我无穷的灵感和丰富的想象力，蒙格玛丽优美的文笔给我以美的享受。是沈石溪让我看到了动物奇妙的世界，感悟生命的优美、可爱和众生平等的伟大；是孔夫子教给我仁义之礼，带领我体会中华文化的博大精深。和智者同行，我也充满了智慧和力量。可以修吾身，齐吾家，治吾国。

一路有你相伴，我在文学艺术的怀抱中放纵自己的才情，净化自己的心灵，放声高唱。

与李白在青山绿水间且歌且行，高吟"仰天大笑出门去，我辈岂是蓬蒿人"；与苏轼对酒当歌，"明月几时有？把酒问青天"；与林逋在山园赏梅，咏叹"疏影横斜水清浅，暗香浮动月黄昏"；与张继小坐寒山寺，"月落乌啼霜满天，江枫渔火对愁眠"。书香氤氲中，我的生活变得充实、快乐。

一路有你相伴，我流连于文学艺术的辉煌殿堂，修吾之心性，名吾之志向。

是你让我明白了中国的戏剧与外国的歌剧一样动听，是你让我了解到中华上下五千年璀璨的文化历史，是你让我看到了每个成功人物背后付出的比常人多得多的努力，还是你，让我与庄子探求生存之道，与孙子讨论御敌之策。

北宋理学家周敦颐教导我要像莲花一样洁身自爱，"出淤泥而不染"；孟子告诉我"天时不如地利，地利不如人和"，情商很重要；而刘禹锡的《陋室铭》让我感到了他安贫乐道、洁身自好的高雅志趣和不与世事沉浮的独立人格。

在绵绵的诗意中，在明明暗暗的天色里，嗅一缕淡淡的咖啡香，轻捧一本爱书，慵懒地倚在窗台上，指尖轻轻划过书页，细细品味字字珠玑。

### ■ 教师点评 ----------------------------------------

作者积累丰厚显涵养，当代名人、古之圣贤，召之即来，古典名句如涌笔端，若非平时勤于读书、用心积累，怎能如此挥洒自如？作者语言功底扎实深厚，文句意蕴丰富，有较强的思想张力。

（王　丽）

# 看见自己的心

◆ 薛　璇

世界上总有这么一些人，觉着自己是最好的。俗话说："别人头上虫子跑看得清楚，自己头上马跑看不见。"

以前的我，也是这样的。

11岁那年，我参加了一个期待已久的钢琴大赛。三个月的时间，我刻苦练习，一遍又一遍，可是我并不觉得累，那时我觉得自己完全可以胜出。因为自从学习钢琴以来，身边的夸奖和赞扬数不胜数，我整天沉浸在美誉中，有些飘飘然。

妈妈一次次提醒，回应她的一直是我洋洋得意的语气和不屑一顾的眼神。我将自己的心情付于琴声中，自以为是。

三个月很快就过去了，我抖擞精神，站上了大赛的舞台。

鞠躬，坐定，演奏，结束。所有一切，在我感觉都堪称完美。我怀着十足的信心，在后台说说笑笑，毫不在意其他人，更不去聆听他人的演奏。

尾曲结束，评选奖项时，我微笑着做好了上台领奖的准备。一个个陌生的名字如风般飞过耳畔，始终，没有出现我那熟悉的字音。

我的笑容慢慢消失了，呆呆地定在那儿，空洞、木然。身边不断有人走过去领奖，或捧着奖回来，而我，一直像木偶一样立在那儿，不知所措。

……

妈妈看着一直不说话的我，叹口气。她走进房间轻声安慰我，她可能觉得我是因落选而伤心吧。事实上，她错了！当时的我，愤怒、气恼、不服，我不甘心，更不相信。"你不要说了！她们凭什么得奖，连你也说我！"我忽地站起来，冲着妈妈歇斯底里地喊。

这下，我真的惹怒了妈妈。她生气极了："你怎么能这样想！你就不该得奖，先好好认清自己吧，你是什么样的！"

我固执地走到镜子前，抬眼看到镜子里的人时，我又一次怔住了。怒气让我眉头紧锁，原本可爱的脸都变得可怕了。这是我?！

站在镜子前，我看到小时候那个静若处子、动若脱兔的我，看到三年级虚心学习、夸赞别人的我，又看到了三个月前那个得意扬扬的我……

原来，我骄傲了！

我把自己丢了！现在，我要拾起来。"或许我弹的并不是很好，但是只要我认识自己、改变自己，就一定可以变得真正优秀！"

我冲出房间，奔向客厅，也奔向了自己的未来。

### ■ 教师点评

小作者文章视角新颖，写作富有灵感，也不乏激情。开篇用耳熟能详的俗语颇具调侃意味地概括，然后笔锋一转，引出下文自己的故事。字里行间透露着真情实感，"做回自己，冲向光明"式的结尾让人意犹未尽、浮想联翩。

（王　丽）

# 游抚仙湖

◆ 师翰文

至抚仙湖，望重湖叠巘，观水波潋滟，赏朝晖夕霞，则有心旷神怡，听羌管悠悠，闻渔唱互答，奇趣盎然。

仙湖畔，柳枝轻拂，树影斑驳，芳草茵茵，十里荷花竞艳，三秋桂子飘香，景致怡人。极目远眺，征帆初升，沙鸥集锦，鸢飞鱼跃，似久居樊笼，忽得逍遥。泛舟湖上，心胸释然，荣辱皆忘，登仙亦何为，愿为鸬鹚，逍遥物外。桧楫徐行，踟跌舟内，闻鸥鸣数声，展目望去，或离水咫尺，或颉颃天际；复见湖中粼光夺目，凝神细看，乃见鱼影掠过，穿梭往来，遽一跃而起，粼光泛泛。

至孤岛，四面环水，景色旖旎。拾级而上，但见这翠林中亭台楼阁错落有致，梵宇僧楼星罗棋布，闻得人声徐徐，鸟啼悠悠，只觉悠悠然似七贤复生，飘飘乎如神仙降世，好不自在。

复又登得岸来，是时夜天如水，皓月千里，红叶撒乱，草色阑珊，但闻秋虫唧唧，宛转悠扬，菱歌徐徐，迥非凡响。其时流萤乱飞，月色朦胧，群星璀璨，遥相呼应，好一番良辰美景。忽闻裙声窸窣，但见一群及笄女子搀扶一皤然老妇缓步而来，那老妇虽杖策而行，但见这好景后竟瞠目视之，想是觉此景本应天上有，人间难得几回逢吧！

良宵美景，及时行乐，岂可负之！游抚仙湖。

■ **教师点评** - - - - - - - - - - - - - - - - - - - - - - - - - - - - - - - - - - - - - - - - -

文中有很多词句都是从宋词之中化取出来的，本不是用来写抚仙湖的，此处却也恰当。此文用偏古文的方法写作，对于一个刚升入初二的学生来说难能可贵。文章通篇较短，但字词凝练，情景交融，彰显了小作者扎实的文字功底。

（王　丽）

# 凝固在时光里的爱

◆ 边　子

许多年不曾像此刻这样，和外婆躺在一张大床上——她闭着眼，我望着窗外的天；她诉说着历历往事，我漫谈着人生理想。

小时候，我常回老家。每每叩开外婆家门，迎来她老人家的第一句话总是"文文！"未见其人，先闻其声。转过几处旮旯，才能看到蹒跚走来的外婆，这时，我也总会以最亲昵的语气唤一声："外婆，我回来了。"

那时，我经常躺在妈妈和外婆中间，听她们谈话，像是听故事，像在童话里，新奇、亲切、轻柔、温暖，我很喜欢那种安然、纯粹的感觉。妈妈打理家务时，便只剩我同外婆两个人，她会把妈妈以及自己年轻时的旧事讲给我听；会用我听不大懂的关中方言向我嘘寒问暖；会耐心叮嘱我照顾好自己，叫我以后上了学要好好读书……

我喜欢吃外婆亲手烙的干馍块儿，它介于主食和零食之间，香、酥、脆，"嘎嘣嘣、嘎嘣嘣"，嚼起来声音很响亮。那是我无事可做时最享受的一种消遣方式。也因此，每当我们要离开老家之前，外婆总要花上大半天工夫，满头大汗地烙上一大袋干馍块儿带给我们。

外婆操了大半辈子的心，无论是儿女还是邻里乡亲，她都不肯放下心来。隔壁家的孩子咳嗽，吃药不见好，她一定要送一个治疗偏方过去。门房的看门大爷要上一趟街，她主动当了一晌午"掌门人"。外婆还经常搬个小板凳，坐在阳台上，一针一针地纳鞋垫。我呢，也学她，搬一个小板凳，坐在她的身旁，看着她一针一线地忙活。我常会顺手拿起一只已经纳好的鞋垫，端详上面的花纹、图案，揣摩细密的针法。这个时候，我就觉得，仿佛每一针都倾尽外婆对生活和亲人的热爱。外婆会边做着针线活边低声喃喃："这两双是给××的，那三双是给××的，手头这一双是给××的……"明媚的阳光照在外婆瘦弱的躯体上，那"朝如青丝暮成雪"的满头白发，那不辞辛劳的背影，将时光定格，瞬间凝固。

岁月的车轮，碾过一个个昨天，在外婆的双手、鬓角、前额上留下沧桑的印辙。眼疾愈发严重的外婆再也不能做像纳鞋垫那样的活儿了。家人、亲人的鞋不合适了，可以再买双新的，不再有人需要她费心劳神地纳鞋垫了。

我一天天长大，回老家的次数却越来越少，和外婆在一起的日子屈指可数。十几年来，那童话一样的日子，也不过是厚厚日历本上的几页。

渐渐地，我好像疏远了干馍块儿的味道。每逢回到老家，外婆还是会亲手给我烙着吃，而我却变得兴致索然。我甚至觉得提这样一袋根本没什么营养的干馍块儿回家很是累赘，便劝说外婆不要再做。于是，她的又一门手艺被冷落。

今年假期，我们邀请外婆来家里住。以前也经常会邀请，但由于她放不下老家大小的琐事而不肯来。这一次来，我却突然发现——外婆老了，老了很多。她个头变矮，头发全白，皱纹更密了。

在这个晚上，我放下了手头的作业，什么也不做，只是静静地躺在外婆身边，将头依偎在外婆的臂弯里。霎时间，往昔的记忆全部涌上我的心头。我又想起了外婆的干馍块儿——那份足以令我藏在心底的美食，搁在心尖的味道。我的眼眶不觉湿红，我细声嗫嚅道："外婆，我想吃……想吃您烙的干馍块儿。"外婆听到后，身子猛地一颤，瞬间睁大了眼睛，眼神中透出一丝光亮和欣喜："噢，我文文想吃干馍块儿啦？""嗯，好！明早上起来就给你烙！多长时间不做，还真不知道……"

时光不老，爱未冷却。

## ■ 教师点评

本文选材于生活，娓娓道出外婆与"我"之间的真情厚爱，笔灵心慧，情感真挚。作者善于从日常生活中撷取那些感受最深的细节和场面，表现人物的风貌，寄托内心的感情。其中对外婆的回忆尤其感人，回忆旧事烙干馍块儿、热心助人、纳鞋垫……外婆的慈爱无不尽显纸上，情感真淳自然，沛然如肺腑中流出，毫无斧凿之痕。

文章结构严谨，脉络贯通。看似散漫无章的生活琐事却构成了一个完整有机的整体，以与外婆夜聊始，又以此为终，前后照应，现在与过去交织，回忆与现实穿插，脉络清晰，一气呵成，确是一篇上乘的佳作。

（刘雅莉）

# 瓷 韵

◆ 李景馨

小阁藏春，闲窗锁昼，画堂无限深幽。篆香烧尽，日影下帘钩。手捧瓷更好，又何必，临水登楼。无人到，寂寥浑似，何逊在扬州？

从来，知韵胜，能堪雨藉，又耐风糅。更谁家横笛，吹动浓愁？莫恨香消雪减，须信道，扫迹情留。难言处，良窗淡光，疏影尚风流。

——题记

天性使然，小孩子似乎对瓷本就存有偏见。那如同水做的胎骨，如同月光下的冷石一般的东西。唯一有趣的，只不过是用手指轻轻弹一下它的瓶身，把眼轻轻阖起，听凭那又薄又脆的声音，回味悠长。

没有一种时刻，能使人沉静和岑寂如此。如果有，那仿佛也只能是面对着一尊瓷。不管什么时候，提起瓷，都能想到那意味深长的弹瓶身的声音，想到同祖父一同观赏那么一尊瓷时的幽邃深远的时光，想到瓷器凝重质朴的魅力。不管什么时候，提起瓷，我都愿这么回味下去，沉浸在瓷的世界里。

在回忆中，不管提起什么，都或直接，或间接地与母亲有关。瓷，亦是如此。记得我的第一个杯子，便是一件充满韵味的青花瓷。就连似水样的胎骨，不也要用烈焰炼出来吗？只是，火被至深地敛起，敛在了一杯杯温开水中，敛在了那个安于一隅，阑珊，静看时光的人——母亲心中。

据说瓷在北方，是极要好的朋友的代名词。友情中，绽放着青春的飞扬。"酒逢知己千杯少"，不论怎样，我宁愿理解成诗句中的酒杯，即为瓷所制。

每年清明时节，家乡的传统，使用瓷器来祭祖。此时，如此近身的瓷，又仿佛与你从来隔着永恒。这是生与死的距离。瓷，是有脉动的，有气息的，你会不由自主随它悠远，思绪随之飘摇，时光，变得与阳光一样悠长。那一刻，比刹那更短，比永恒更长。

雨过天青云破开，鬼谷下山入梦来。远尘淡墨调烟雨，一见倾心携画台。萃取出凝重质朴的魅力。想不到，曾经质朴的瓷也成了如今中国的代名词。当宋代开始衰落时，皇帝一定没想到，伴他身边的瓷，成了今世之瑰宝。

瓷，无隙，肝胆皆冰雪，冰魄淡光，易碎，但即使是碎瓷，隔了光年，仍是瓷，都变不成瓷以外的事物。阅尽流年世事，却仍至深地希望有朝一日，做能报答祖国的栋梁之材，学瓷，始终是瓷……

瓷，原是如此，不论哀欢，魄却还能美丽地飘游。

### ■ 教师点评

难能可贵的是小作者颇显扎实的文学功底，遣词造句既赋予雅致的美感又不失干练准确，文章借物抒怀，由此及彼，凡与"瓷"之相关的回忆、见闻都能信手拈来，自然而深刻，值得细细玩味。

（胡 明）

# 小小梳子满满父爱

◆ 张天印

临近开学，爸爸从外地带来了一把精致的小梳子，并郑重其事地送给了我。接过爸爸给的梳子，我心里充满了疑惑，作为一个大男生，头发不用刻意梳理啊，难道另有深意？

## 梳 头

拿着梳子翻来覆去地看了几遍，又梳了几下，之前在整整一个假期里疯狂刷题而头昏脑涨的我顿时神清气爽。咦，这梳子还真是大有玄机啊！这时我突然想到，头部有许多穴位，多梳头对身体有好处，原来爸爸送给我梳子是为了让我缓解疲劳啊！这可真是"小小梳子满父爱，梳头醒脑润心间"啊！

## 梳 心

梳子的作用是用来梳理头发的，而这把梳子的用意不就是梳理心灵、梳理智慧、梳理精神吗？

梳着梳着，我自然就想到了即将到来的初三新生活：一个假期的学习与休息后，心情会有些不平静，为了能够让自己更好地融入初三紧张的学习与生活，爸爸希望我能静下心来好好地把心梳一梳。

"梳心之梳爱意满，努力前行斗志满。"父爱给予了我砥砺前行的斗志，让我的心彻底静了下来，让我有更好的精力和状态，我定会在梳子的梳理下奋斗初三。

# 梳　志

我要用梳子将自己的坏习惯、坏毛病梳掉，留下初心、留下认真、留下好的心态；我要用这把梳子梳理自己在假期以及以前学习中的不足，改掉不好的习惯；我要不断积蓄正能量，铆足干劲，为自己的梦想去奋斗。

新学期、新气象、新希望！希望我可以在爸爸对我的期待与鼓励下，战胜自己！

经过一番梳理，我的心情畅快多了，已经做好了迎接初三新学期的准备。在这个关键的学期，我深知"机不可失、时不再来"，初三，我定会闯出一片新天地。"努力努力再努力，努力到无能为力！"在这里，我把这句话作为我的座右铭。"加油加油再加油，父子之间爱长久！"在这里，我将这句话作为我们父子之间的连接，并且感谢父亲让我梳理我的"志"，使我铭记初心，努力前行！

## 梳父爱

每当这把小小的梳子划过发间，满满的父爱就涌入心田。自古以来，人们都说"父爱如山"，而我要说父爱是深沉而又含蓄的。父爱，是我前行的动力，有了父爱，我将会在茫茫书海中奋力向前，我才会在深夜幽灯下砥砺前行，才会在努力的路途中风雨无阻。有时候，父爱是琐碎的，表现在无数的唠叨中，既让人感动也让人心烦；而有时候，父爱却是含蓄的，虽然言语不多，但常常让人无法忽视。

小小梳子满满父爱。在父爱的呵护下，我不仅梳了头，梳了心，还梳了志，更梳出了浓浓的父爱。

**■ 教师点评** -------------------------------------------------

作文如做人，你的文章与你的为人一样质朴、憨厚。这篇文章通过小作者面对爸爸送给他的一把小小的梳子，运用细腻的笔触写出了大大的爱。"梳头""梳心""梳志""梳父爱"，由浅入深，循序渐进，层层深入，每一个字都浸透了他对父亲的理解和感激，也同时写出了自己人生之路的曲折和漫长，必然以厚积薄发的姿态去面对，去挑战！"爬山则情满于山，观海则意溢于海"，望你能盛装出行，满载而归！

（赵 燕）

# 足球真让我着迷

◆ 李春阳

自古以来，人人都有自己为之着迷的东西：爱莲的周敦颐，好游山泽的刘子冀，沉迷书法的王羲之……我也不例外。跨越千年，与我有着同款爱好的正是高俅，只不过那时叫"蹴鞠"，而现在人们称之为"足球"。

看看那一双双因踢球而"破绽百出"的大小球鞋，数数那一只只被踢破而报废的各式足球，你就知道我有多爱足球了。

真的，我太爱足球了！影集里的照片，除去外出旅游留影，大多便是在绿茵场上拍的，即使在街角随拍，足球也是标配；周末等课外时间，和要好的玩伴相约室外活动，都默契地相互不用说地点，因为每次都是在师大足球场不见不散；每年的除夕之夜，总有一个最新潮的足球迎接我黎明即起……我成长记忆的每一个网格里都塞着一个滚圆的它！

我已记不清自己是何时喜欢上足球的。但可以肯定的是，从我第一次接触足球那一刻起，它就注定要与我相伴一生。要说足球有什么好踢的，只不过在地上滚来滚去罢了，我小时候也是这么想的。父母为培养我对足球的兴趣，也做过不少努力，但都以失败告终。再长大一点时，我渐渐对这个浑圆的皮球产生了莫大的兴趣，开始深入地了解它、研究它，而不是满足于平时踢球的野路子。正如常言所道："兴趣是最好的老师。"我的球技渐长，很快就可以完胜老爸了，这也极大地增强了我的信心。

我不仅爱踢球，还爱看球。

当然，由于学业紧张，我平时一般不看球赛，但世界杯等重要赛事是绝不容错过的。半夜起来看球是常有的事，喝一瓶冰镇饮料，瘫在沙发上看比赛真是再惬意不过了！隔着一层屏幕，看着修剪整齐的球场，仿佛自己可以一脚踩进去似的。即使我知道兴趣不等于职业，但我依然希望有一天自己可以站在那种球场上，哪怕只有一分钟也好——我相信这是每一个爱足球的人共同的愿望吧！

足球乃世界第一大运动，可在我们学校，爱打篮球的同学却占多数。有人问我："你为什么不打篮球呢？女生都爱看打篮球，而且打篮球还能让身体长高哩！"我选择足球，一方面可能是出于对自己身材的考虑，更主要的可能还是那一份天生的、与生俱来的热爱吧！你可能永远无法体会那种在绿茵场上奔跑的惬意，那种射空的失落和进球的喜悦。也许，这就是足球的魅力所在。

我爱足球，真是达到了着迷的地步！我相信自己对足球的这份热爱与执着，会让足球伴随我一生。

■ **教师点评** ------------------------------------------------

这是一篇细节支撑、以情为文的习作。细节让文章富有生活质感，真情彰显写作本真状态。

(卢　燕)

# 美丽的花坛

◆ 袁佳怡

学校北面升旗台两侧，各有一个长方形的花坛，里面种满了花草树木，它给我们学校增添了活泼、生动的颜色。

春天，万物复苏。可是，远远望去，我们的花坛依旧是光秃秃的一片，但是走近一看，就能发现原来小草已经发芽了，新冒出的嫩草尖给校园增添了一抹淡淡的新绿。榆树长出了指甲盖大小的榆钱。榆钱圆圆的、白白的，非常可爱。随着天气变暖，榆钱纷纷飘落，就像撒了一地铜钱。经常有同学来花坛边观察植物，并且把植物生长的过程加以记录，最后根据结果制成板报，和同学们一起分享。

夏天，百花争艳，花坛里五彩缤纷。一些不知名的小花相继开放。红的、黄的、白的，许多颜色交织在一起，构成校园里一处独特的风景。站在花坛边，就会发现有小蜜蜂在"嗡嗡"飞舞，采摘着花蜜。而空中则有几只小蝴蝶在翩翩起舞。墙上的爬山虎叶片呈嫩绿色，叶尖一顺儿朝下，在墙上铺得那么均匀，没有重叠起来的，也不留一点空隙，一阵微风拂过，一墙的叶子就漾起波纹，十分好看。夏日的燥热仿佛一下子减去了许多，阳光都变成绿色的，像小精灵一样在叶面上跳跃着，闪烁着光点。榆树的榆钱没有了，长出了郁郁葱葱的绿叶，树冠挡住了夏日的炎热，为我们带来丝丝凉爽。下课后，我们聚在榆树下玩闹着。鸟儿也加入了我们欢乐的"大合唱"。

秋天到了，花坛里花草都慢慢地凋谢了，只有爬山虎还在秋风里唱响美丽，平日里郁郁葱葱的绿叶也在不断地变换颜色。叶子有橙红的、浅红的、深红的，色彩斑斓。秋风吹过，一片片叶子如同一把把红色的小扇子随风摇摆。太阳下，它们像一团团燃烧的火焰，热情奔放。榆树的叶子随着天气一天天变冷，纷纷脱离树枝落了下来。一阵秋风吹过，树上的叶子像一只只蝴蝶在空中飞舞。我们踩在厚厚的落叶上，发出"沙沙"的声音。同学们纷纷在厚厚的落叶中，选出自己最中意的一片，制成书签来留住夏天的脚步。

冬天，花坛里只有冬青还依旧不畏严寒，像一个个骄傲的战士一般守护着我们的校园。那唯一的绿色，为我们的校园增添了无限的生机。一场大雪过后，冬青上积了一层厚厚的白雪，仿佛穿上了蓬松的棉袄，每一棵冬青好像一下子都变胖了许多，显得十分可爱。放学后，我们冲向操场，从花坛里捧起洁白的雪，揉成雪球，作为武器开始"战斗"，操场上久久回荡着我们快乐的笑声。

**■ 教师点评** ------------------------------------------------------------

你有一双善于观察的眼睛，将花坛中景物的点滴变化描写得生动、美丽。是一篇值得传阅的佳作。

(魏烈云)

# 游走于千年之间
## ——记"漫展"一游

◆ 魏溪桐

梦回千年，大唐荣耀，盛世长歌；是大宋清婉，词牌轻晃；是元代铁骑，肃杀清冽；还是明清繁荣，浓烈悲哀？今时今日，我们也只有托梦千年之前，神游古今。

——题记

步入楼阁，便觉气氛神秘，眼看旁边之人皆是华服加身，风格各异，自己却素衣白裳。一阵呆立过后，细细端详，其中端倪便水落石出。

第一位女子，带我去了唐朝，那个无比辉煌的开元盛世。她头顶凤冠，珠光宝气，身着朱红色襦裙，上绣凤仪天下、百鸟觐见、乳白祥云、环绕九天，外罩穿花夹蝶短衫，腰垂珠红腰带，脚踩翘圆头鞋。红妆遮面，头挽凌云髻，与大红花钿相呼应。不免让人想起那年"云想衣裳花想容"的贵妃，她与玄宗相伴，定执手步于中庭，赏遍人间芳菲。她受尽万千羡慕，可旁人又怎知她的苦？终究没能白首不相离。

另一位女子一身素衣，不染纤尘，长发披散，如墨般倾泻而下。一把油纸伞轻倚肩上，仿佛天上的神仙。眉目清秀，有一种脱俗之美。再看身后那位姑娘，一袭青衣，面露喜色，倒是生性活泼。出神间，想到青蛇和白蛇，那年雨天，断桥初见，白蛇同是一袭白衣、一把油纸伞，就像今日我瞧见的那位女子，美得如繁星。她和许仙之爱，皑如山上雪，皎若云间月，虽历经磨难，仍修得圆满一生。

回头一瞥，是一只蝴蝶吗？只见这位少女长发及腰，全身皆青紫色，背后挂一双蝴蝶翅膀，眉眼含泪，透出凄惨之意。她……难道是当年化蝶的祝家千金吗？当年，她为求学女扮男装，遇到同窗梁山伯，便暗生情意。可惜梁山伯不知英台是女郎，后来，命运多舛，梁山伯体弱早逝，而祝英台在坟墓前感天动地，最终两人双双化蝶，相伴天涯。那么这位姑娘，定是在等她的梁山伯吧！

环顾四周，形形色色，每一个角色都写满了故事，每一件配饰都有独特的韵味。这里的人都有一份情怀，为我们演绎千年之前的故事。在这里，各朝各代、神话传说中的人物都活过来了。四周仿佛一面面墙，墙上刻着无数故事，感人至深，而这儿的人们都是那插画中走出的绝代风华。

我愿像白落梅那样，移栽先秦的兰草、晋时的霜菊、南北朝的莲荷、唐代的牡丹、宋朝的梅花，取明代的小壶，盛接清朝的春雨，煮民国的普洱，就这样一生一世一双人，半梦半醒半浮生！

### ■ 教师点评 -------------------------------------------------

　　小作者用她的生花妙笔带我们穿越千年，走进唐风宋韵、神话传说，而一回首却是一个个惟妙惟肖的漫展人物，在她们的华服美颜、一颦一笑中感受中华文化的魅力。也正是小作者华美的文辞、诗意的氛围让我们穿梭于历史的回廊中，让那些掩埋了许久却始终流淌于血液中的东西，被悄悄唤醒。

（戴素伟）

# 月 亮

◆ 姚和欣

月光透过云层，朦朦胧胧地洒了下来，依旧是一如既往的洁白。

圆月穿行在云层之中，以千百万年来始终平静的目光注视着地面。洁白的脸带着光斑，正如我无数次注视它一样，那么熟悉，却又因所处天空的不同，反倒有些陌生起来。

这片天空下被月光笼罩的土地，这片父母称之为"故乡"的土地，我本该对它无比熟悉，却如一个旅人般对一切感到陌生。就连同一轮月亮也因不同明星的衬托而变得陌生。

少了黄土的气味而多了一股竹香，村庄的灯火不如城市的璀璨，因此反倒可以看到真正的夜空。手中的桂花茶无论如何也喝不出羊肉汤的味道。我对于耳边陌生的乡音只能无奈而礼貌地点头微笑。

好在尽管夜空是陌生的，但嵌着的是同一轮明月。这一轮明月的存在引起了我内心始终隐藏的那一丝源于血脉的对这片土地的熟悉。这也许在父亲无数次地提起故乡时就有了，也许是因为梦境与现实奇迹般的相似，又或者只是单纯地因为它是故乡罢了。

手中的桂花茶尽管从未尝过，可却因父亲的讲述而熟悉；成片的竹林尽管从未见过，却因心中的想象而熟悉；绕口的乡音尽管从未听过，却因亲切的语气而熟悉；满天的繁星尽管从未欣赏过，却因一轮圆月而熟悉；这片土地尽管我从未踏足过，却因是故乡的土地而熟悉。

明月穿出云层，月光更加洁白，它承载着千百年来人们寄托给它的乡愁，而如今，这其中也多了我的那一份。

**■ 教师点评** - - - - - - - - - - - - - - - - - - - - - - - - - - - - -

　　文章的语言优美且深刻，情感抒发没有空洞虚无之感，全部落在了脚踏实地的乡愁上，字里行间流露的是对遥远家乡的向往期待，读来让人感同身受。

（陈海玉）

# 寄情追寻的灵魂安放
## ——《百年孤独》的赏读感悟
◆ 刘贝宁

　　二十世纪初，时代风云变幻融合出一种新的文学意识形态，在加西亚·马尔克斯的笔下集中迸发，《百年孤独》问世。

　　加西亚·马尔克斯以独特的视角，通过对历史的洞悉和现实的感悟，以其细腻的笔触、厚重的担当，捕捉到了这场爆发中的时代主题——灌注历史的孤独追随，挣脱桎梏、追寻灵魂、找到安放。

　　奥里雷亚诺上校是理想主义的追寻者。

　　这位原本心地单纯的年轻人，本是理想的践行者，一旦感性戳破虚伪，他毅然投身从戎。他对正义的爱是炽热的，而战争的残酷抹杀了他的温情，催生了他的骄横。当虚伪阻隔亲情，现实背离期许时，最终的真实，已然掺杂了冷漠、权力和欲望……许多人便选择了向虚拟现实的魅力屈服，寄情于自我幻想，寻求苟且聊以自慰。有如文中所言："你那么憎恨那些人，跟他们斗了那么久，却最终变得同他们一样。"

　　阿玛兰妲则是存在主义的追寻者。

　　存在总是就生存来领会自己，总是就其是自己或不是自己的可能性来领会自己。

　　如果说奥里雷亚诺上校在可能性之中丧失了追求正义的动力，那么阿玛兰妲的所作所为则是选取了一种可能性，即选取了在爱情中追寻孤独的宿命。她的爱情与愧怍已然结合在了一起，所形成的复杂感情毁灭了她，因为愈加渴望爱情，便愈加为曾经而感到罪恶，进而愈加能动地去抗拒这种爱情，这种复杂的心理，或许正是乱世之中芸芸众生孤独心灵的写照。

只不过，相对于不齿于她的行径抑或是悲哀于她的命运，我们更应当敬佩她的灵魂。她身上的最可贵之处，就在于她的追寻之坚定性，悔过之彻底性，与自我之牺牲性。她能够鼓起勇气追寻爱情，又愿意牺牲爱情以追寻内心的安定，甚至于不惜风雨一路，只影独走。

布恩迪亚是开拓进取的追寻者。

家族的元老何塞·阿尔卡蒂奥·布恩迪亚似乎总是充满着对未知的渴求，他对吉卜赛人带来的新文明总是有一种孩童般莫名的热情，他所拥有的是一个开拓进取的灵魂。

他固守着吉卜赛人带来的历史虚无主义，全心全意投入文明融合的潮流。为了追寻内心的安定，他跋山涉水远走他乡；为了追寻马孔多的繁荣，他披荆斩棘开山辟土；为了追寻真理与科学，他苦思冥想以身犯险……

然而，他的开拓进取并没有带给马孔多以腾飞，理想与现实不啻天渊。在对近代化苦苦追寻一无所获之后，他终于陷入对时空失序的谵妄之中，再未曾觉醒。

他终于妥协于现实的残酷，现实却丝毫不为他所动——马孔多仍是一番粉饰太平。

在这样一种大背景下，布恩迪亚家族的七代追寻者们，都是在不知不觉中、毫不节制地挥霍着自己的年华与情感，他们没有权利去选择自己的命运。

可是，我们难道只能漫无目的吗？或许不然。

我们每个人都是历史见证者与文明传承者的统一，诗意地安居，认真地生活，不忘初心，继往开来，是我们每一个人的庄严使命。

从这个意义上来说，马尔克斯并不孤独，他已然与那个时代的民众，共同承担起了属于自己的使命——让我们认识到了一个孤独而深邃、开放而包容的灵魂，展现对人性扭曲最严厉的控诉，送出对人性觉醒最美好的祝福。

■ **教师点评** ----------------------------------------------

通过对时代人文的剖析，作者或辩证思索，或商榷观点，字里行间夹叙夹议，特别用并列、联动的方式，点睛现实存在、人物个性之内涵，为我们打开了一个洞见精神的切口，演绎了思想逻辑之美、时代折叠之感、历史传承之责，通篇强化了"挣脱桎梏、追寻灵魂、找到安放"的意识表达。

(彭亚娟)

# 院里来了新邻居

◆ 王艺霖

春天到了，我家的小院里搬来了新邻居——两位小喜鹊。它们除了肚皮上和翅膀上有许多白羽外，其他都是深浅不一的黑色，眼睛圆溜溜的，很亮，像两颗耀眼的宝石。它们从树上折下树枝，搭成一个窝，看上去是要在这个小院里"安营扎寨"。

我们小院地处市中心，是一个类似于四合院的院落，周围有四栋主楼，中间只有一块很小的空地和四棵努力生长的杨树，空地上几乎看不到小草小花，只有这四棵树为我们这单调无味的环境增添了点点翠绿。以前，很少有鸟儿光顾我们这里，可现在突然有两只喜鹊要在这里安家，让大家都感到惊奇不已。

看，院子里老年人又聚在一起，现在他们讨论的最热门话题就是喜鹊一家。"来了两只喜鹊，我们院里要有喜事啊！""现在兰州空气好了，把喜鹊都招来了，真是好事。""昨天我在树下撒了一把米，不知它们吃了没有？""它们在这儿能孵出小喜鹊么？"他们好像一个个大侦探，正在调查关于喜鹊夫妇的"案子"，好似不查清楚不肯罢休的样子。

一楼的李伯伯家里养了一只猫，为了防止猫爬上树把鸟蛋和鸟一块吃掉，李伯伯搭上梯子专门把有巢的杨树上低矮的枝条砍掉，猫儿在树下转悠了半天，悻悻地离去。转眼间初夏来临，往年，看院子的陈爷爷早已给树上打了刺鼻的农药，那些可恶的青虫便早早命归西天，今年，陈爷爷不喷农药了。他说："如果喷了药，喜鹊吃了那些喷了药的虫子就会有生命危险，再说了，有喜鹊来吃虫子，还打农药干什么？"原来大家都喜爱喜鹊啊！

更有意思的是离喜鹊最近的五楼那家，以往天天歌舞升平，音乐声全院都能"欣赏"到，喜鹊来了以后，他们家安静多了。我发现他们全家经常趴在阳台上欣赏喜鹊一家的生活，还不时指指点点，真是恨不得长上翅膀帮他们去修巢筑窝。

我真希望喜鹊一家永远生活在我们的小院里！因为自从院里来了这新邻居，邻里之间变得更加文明和谐了。

■ **教师点评** ————————————————————

作者用孩子的视角谱写了一曲文明和谐之歌，行文思路非常清晰，使读者一目了然。文笔优美清新，语调活泼灵动。

(宁晓滢)

# 下雨天，真好
◆ 李宇菲

雨，蕴含着千万种思绪，我总是对雨有一种特别的情愫，不管是倾盆大雨还是牛毛细雨，我都格外喜欢。每次下雨，就会勾起我儿时的回忆。印象里，雨淅淅沥沥地下着，我们咯咯地笑着。

盛夏季节，大雨滂沱，雨停后路上总有一处处小水洼，八岁未到的我约上三五小友，穿上雨鞋，想着雨停后去踩水。玩心大发的我怎能等到雨歇？雨刚刚缓的时候就"啪嗒啪嗒"穿着大雨鞋跑出去，在小伙伴楼下大喊："嗨，快下来玩！"没等几分钟，院中就充满了我们的笑声。"啪嗒啪嗒"，水花溅在我们小小的身上，有些调皮的小水珠还会偷偷亲吻我们小小的脸。水洼里时常会有些小泥点，他们似乎特别喜欢我们的裤子，一个劲儿往我们裤腿上蹦。有时我们会狠狠地往下一踩，这样水花就会溅到伙伴身上，大家也不生气，只是呵呵大笑着给予"有力的反击"。

"啪嗒啪嗒"的踩水声伴着我们的笑声一起融到蒙蒙细雨中了。虽然穿着雨鞋，溅起的水花还是会落到脚上，袜子自然也是浸湿了的。水踩够了，也累了，坐在单元门口的门廊上，把鞋里的水倒干净，袜子脱下拧了又拧。回家后，用毛巾抹一下头上还在不停流着的雨水，妈妈甚至还没有来得及唤我去喝水，我便飞一般地"啪嗒啪嗒"又跑下楼去。

摘几片叶子，抓几只到处闲逛的蜗牛，叶子作舟，蜗牛为客，轻舟载客浮于水洼之中。也不管地面是不是湿的、是不是脏的，跪卧在水洼旁，一边"呼呼"吹着小舟，一边呵呵傻笑。

每每一玩就到了傍晚，只能恋恋不舍地同小伙伴们分别，并不忘约好下一次见面的时间。

直至今日，每逢下雨，伴着清新香甜的雨进入梦乡，便会梦见小伙伴，梦见那一张张可爱的笑脸，雨声、笑声始终萦绕在我的耳畔，即使已过了多年。下雨天真好。梦醒了，雨还未停。

### ■ 教师点评

文章主题突出，语言活泼，用词细腻、准确。通过对下雨时与小伙伴们一起踩水、捉蜗牛这些日常游戏的描绘，为我们展示出一幅生动形象的画面，表现了与儿时伙伴纯洁无邪的友情。文章运用第一人称的叙述方式，与读者拉近了距离，容易产生共鸣，文中大量使用拟声词等，使文章更加充满童趣，令人读后不禁也回忆起自己的童年小事。

（王 丽）

# 我的 "好" 朋友

◆ 吴梓硕

我从小就与书结下了不解之缘。两岁时，就开始看书上的图片，三五岁时，虽然不识字，但能从妈妈讲的一言一语和图片中懂得故事中的道理。上了小学，终于识字了，这为我扫除了大量独自读书的障碍，因此，我爱上了读书。每天回到家，写完作业，我总会拿起那一本本标着拼音的书，专心致志地看起来。

随着年龄的增加，我读了许许多多各种各样的书籍。童话，是美好的，它让我浮想联翩；散文，是抒情的，它让我泪落如珠；历史书，是严肃的，它让我知识渊博；笑话故事，是幽默的，它让我每天快乐。

阅读《三国演义》，我懂得了遇到困难不要灰心，要冷静思考，靠智取获得胜利，也认识了有勇有谋的军师诸葛亮、勇敢的桃园三兄弟。阅读《狼蝙蝠》，让我懂得了不要伤害大自然的小精灵，也认识了爱护恐龙的司丽丽、热爱工作的司平和申其教授。

书，像蝴蝶飞过花丛，像泉水流过山谷，每次回想起书，我都回味无穷。书，就像一位知识渊博的老师，也像带给我快乐的伙伴，更像我在孤独、受委屈时安慰我、关心我的朋友。

杯子中的水总会凉，擦干净的桌子总会落上灰尘，随着时间的推移，一切事物都在改变，但唯一不变的就是我的朋友——书。

**■ 教师点评** ------------------------------------------------

读书让你收获颇丰，也使得你的这篇作文如行云流水般给人美感，让人回味！继续读书吧，你会更棒！

（陈 炳）

# 10 月 份

## 我读懂了花落的声音

◆ 杨姗姗

蓦地，一瓣残花飘落到我的肩上，夹杂着夏末秋初悠悠的气息，滑过我的手背，滚落到脚下。我竟被这一点点的苍凉牵动了心弦，放慢了回家的脚步。寻这一抹芳香的源头，只见不远处有一棵不高的花树，它正竭尽全力地开放着最后的花朵，同时那些曾经美丽的粉色小花，也抵不住萧风的呼唤"零落成泥碾作尘"……我慢慢地走向那树，冥冥中似乎觉得那无名的花树正传递着一些关于生命的讯息。生命是什么呢？是幸福圆满的归宿，还是明知不会有结果还无谓的努力？我迷惘。

冷不丁，又一片花瓣悄悄打落在我的左颊，继而又卧倒在我的脚边。我直觉地发现这残瓣上清晰地刻着一个"秋"字。曾经热烈奔放，曾经生趣盎然，在这花期已尽的时刻只能化作生命的碎片。我不禁沉沉哀叹：为何花有凋零时啊？我心中莫名地划过一阵激动与难过，好像正在抬手与放手之间肆意地丢弃着什么，而丢弃的是令我又心痛又畅快的东西。

正在这时，我猛然发现那无名的花树上密密地结着一层青绿色的小果子。我不知那叫什么，有什么作用，可第一眼，我就喜爱上了那青巧油亮的小东西。哦，那繁花的盛开与零落正是为了孕育这小小的果实啊！刹那间，我的心明亮开来。真正的精髓只有在经历了喧哗和寂寞之后，才悠悠显现出来。当然，这种喧哗是需要你用勤奋、韧性和执着来完善和度过的，而这种寂寞更需要你耐心积极地充实。花树用片片花瓣的飘落，换得了满树累累果实，而我们的生活呢？那些美好的赞誉，执着的求索，以及无数次噙泪的跌倒与爬起，都应如繁花般成为个人崇高的理想，而不是伤痛地怜惜成功的代价。因为花儿飘落的声音是美丽的、快乐的！它们为生命的延续留下了更重要的精髓，更多的小生命。

花开固然美丽，花落更具意义，我要把生命的花瓣一片一片洒在通往成功的路上。我不会后悔，不会为努力之后与结局之间的必然嗟叹停滞。因为我明白了花儿飘落的伟大，我也曾为生命的延续留下了最美好的东西！

## ■ 教师点评 ────────────────────────────

生命如斯，如花似珍，小作者用诗意的笔触、细腻的情思，描写了途经花树的所见、所感，尤为值得赞赏的是对花树、花瓣、果实生动细致的刻画，以及自然流露的情绪，朴实、真挚。

（胡　明）


# 放慢你的脚步

◆ 南雨轩


我非常喜欢谢尔·希尔弗斯坦的一本书——《失落的一角》，书中文字不多，画面也很简单，却让人感触很深。故事十分浅显易懂，讲了一个小圆球缺失了一角，所以滚得很慢，因此它能体验四季的变化，闻花香，和小虫说话，和甲虫赛跑，和蝴蝶聊天，它就这样一直滚着。有一天，它找到了缺失的一角，但它并不高兴，因为——它滚得太快了，快得不能和小虫说话，闻不到花香，不能和甲虫赛跑，甚至蝴蝶都不能落在它身上。于是，它轻轻地将那一角放下，继续慢慢地滚着……

这本书让人受益匪浅，小圆球找到那一角，看似好事，但是它却错过了生命中真正的美，它的脚步太快了，快得错过了许多美好的东西。回想一下自己，又何尝不是这样呢？现在城市生活的节奏快得令人窒息。大人上班，小孩上学，就连周末都有课外班，无论什么人都马不停蹄地做着各种事情，大家都希望能有更好的、更完美的生活。可是大家有没有想过，我们都没有体验过这个世界的美，有再好的生活又有什么用呢？就像书中的小圆球，它有了那一角，变得完美了，但却错过了一切美好的东西，这样的生活又有什么意义呢？大家可以回想一下，自己已经多久没看过中山桥上的霓虹灯了？已经多久没欣赏过滨河马路上的夜景了？已经多久没细细品味兰州牛肉面了？已经多久没有在夜晚休闲地赏月了？恐怕很久很久了吧！有人说，"生活节奏快可以让人有别样的快乐"，但是我也希望，有时我们能放慢脚步，去细细品味生活、享受生活。

对于这一点我也是深有体会的。

一个星期五的傍晚，我急匆匆地赶到西关十字公交站，可一辆公交车就在我眼皮下开走了，我有些后悔，刚才为什么不快点呢？这样又得再等好长时间。就在我懊悔之际，一抬头，便看见兰大二院住院部楼上的灯光，在夜空的映衬下，显得格外美丽。我已经很久没有看过这样的美景了，在十五分钟前我还想着今天晚上的作文怎么写。我好像已经习惯了这种快节奏，好像已经习惯了美丽，并在繁忙的生活中渐渐淡忘了它，大脑里对美丽的认知好像越来越少……正当我陶醉地望着这美丽的夜景时，公交车来了，上车前，我最后看了一眼难得的美景，希望以后我还能看到这样的美景。

繁忙、快节奏的生活会让我们过得更加充实，但有时候也请你放慢脚步去等一等美丽，去品味一下生活的旋律。

■ **教师点评** ----------------------------------------

小作者是一个有思想的孩子，细细品味书中的内涵，联系生活写出自己的感悟。感情真挚，主题鲜明。读者读完后不禁要思考：每个人都在追求完美的路上走得匆忙，可是忽略了真正的美好是什么。生命的意义其实就是要放慢脚步，品味当下的生活，有经历就有收获，有收获就有快乐。

（白　园）

# 清明上河图

◆ 高宇辰

正值晚秋时节，杭州的第一场雨姗姗来迟。我这人好雨，便耐不住性子，辰时刚过，清粥小菜一扫而空，就迫不及待地向西湖边走去，想看那天高云淡，享那秋高气爽。沿湖翠柳略带萧瑟，但仍旧向四方铺开，众星拱月地环抱着水天一色的西湖，美得令人心悸。晨间雾雨蒙蒙，隐隐与天上那白衣似的浮云相映。雨落湖中沥沥，湖畔草儿绵绵，风儿轻轻，好似在睡眼惺忪的人们耳边细语。我站在青砖苔石上，沐浴在和风细雨中，满心欢喜赞叹一句"何似在人间？"

大感意外的是，不止我一人在赏，远处湖畔细雨朦胧中有一人支伞而立，盯着湖中锦鲤枯荷默默不语。我蹑足潜踪地潜过去，想瞧瞧这与我萍水相逢者是哪般模样。近了，再看她，亭亭玉立的姑娘，白皙如凝脂的玉手攥着细针，有条不紊、丝丝入扣地绣着一幅山水画。我不敢去打搅，便只能往前凑了凑，想一探究竟她的作品。未曾想到，她眺望整个西湖，绣着的却是清明上河图！我着实一惊，不过转念一想，数百年前风风雨雨，现在哪处可寻？她这也许是借着雨景西湖，将自己置身于当年北宋市井里巷的喧嚣中去，醉翁之意不在酒吧！这么想着也就释然了。然而这本美如画的一帘秋雨却忽得黯淡无光，全被这姑娘手中的清明上河图压了下去。我目不转睛，恍惚间头枕黄粱，南柯一梦……

踩在汴京古都厚重的青石板上，四周门庭若市，两旁店肆林立。正直晌午，烈日当空，看那绚烂的阳光洒在楼宇上的水青飞檐，洒在高高飘扬的酒家旗帜。耳边传来不远处街头商贩的叫卖吆喝，隐隐也能听见几声马嘶长鸣。行走着，看熙熙攘攘的行人，川流不息的车马，一张张或世故圆滑，或饱经沧桑，或神采奕然的脸庞，芸芸众生千百态，无一不显出这座千年古城的繁华与喧嚣。再往里走，清风拂面，拨开门帘，楼里轻纱重重，最里是一曼妙少女翩翩起舞，与之相伴的是歌姬弹奏着淡雅的古琴，琴声袅袅，檀香飘飘，周围身着锦服的老爷们端着金樽，饮着小酒，听着清扬的弦音，好生悠闲。出楼，街道尽头便是市，无数店家吆喝着，无比喧哗却也无比动听，店旁古树下有老人皱着眉头思索棋局，有哭喊着博父母同情去买糖葫芦的冲天辫孩童，有牵着骏马意气风发的少年郎。市后面是河，金榜题名的才子立于画舫上与朋友衔觞赋诗，从外港开进的商船载满了稀奇的外域货品。晒得黝黑的水手，赤膊光膀，大喊着让前面的小船让开。一切都是那么真实，那么充满生机，历史仿佛定格此刻，连不舍昼夜的时间，也好似破例暂停，让这诗意盎然的万里山河长卷，近在咫尺，触手可及。诗人的笔走龙蛇，酒客的豪爽大笑，妇人的丰腴身姿，士兵的戎装瘦马，都被画在了这里，万物酣醉其中，瞬间即是永恒。

恍惚片刻，当我从几秒钟的世界里再次回到西湖旁时，模糊而清晰。我沉浸其中只是一瞬，却也仿佛是一生。抬头望去，钢筋水泥，车水马龙，古人诚不欺我，那曾几何时的街道，早已沧海桑田。时过境迁，不知是谁的墨笔勾勒出这一方世界。也许，时间才是世界上最厉害的画家吧！我看了看湖边那个依旧的背影，本想开口，而又片刻迟疑，转身离去。因为，她肯定也在那多少能人巧匠的三千里书画中，思考着什么吧……

**■ 教师点评**

本文由漫步杭州欣赏眼前之景，无意发现湖畔女子的绣品《清明上河图》，自然地把思绪带回到北宋繁华热闹的汴京城，文笔细腻，清新流畅，行文洒脱，淡远清逸。

（王 颖）

# 我与书为伴

◆ 朱奥安

秋雨连绵，秋风瑟瑟，这是屋外的景象，屋内的我已沏好一杯热气腾腾的奶茶，走进书房随手抽出一本还未阅读过的书，读了起来，茶香和书香融为一体。就这样，我在屋内，听窗外的雨声，闻浓浓的茶香，享屋中的温暖，饮香甜的奶茶，品引人入胜的故事。

我已经与书相伴好多年了，在空闲的时候我时时刻刻与他为伴，就算没有时间，我也会忙里偷闲地陪伴他。我与他环游了地球，探索了宇宙，还来到了魔法学院和哈利波特一起练习魔法……我知道了黑洞不黑、世界上最大的火山在哪里、为什么会有高山、乌龟为什么寿命那么长、为什么袋鼠有一个大口袋……是他带领我在知识的海洋中遨游。

我和书就像一对十分要好的朋友一样，我离不开他，他也离不开我。当我遇到困难的时候，他总会像老师一样指导我、启发我；当我感到伤心的时候，他总会安慰我，让我嘴角挂满微笑入睡；当我非常生气的时候，他会讲一些动听的故事使我安静下来；当我十分骄傲的时候，他会告诉我骄兵必败的道理；当我……

"书中自有黄金屋，书中自有颜如玉。"读一本好书，如交一位挚友，我要是能与这位好友相伴终生，我此生无憾。

■ **教师点评** ----------------------------------------
将书比作自己的好友——他！引用、排比、比喻熟练使用，读后唇齿留香。

（胡　婕）

# 李白的月亮

◆ 李美璇

    像陶渊明爱菊，陆放翁钟梅一样，浪漫诗人李白与月亮有着无法割舍的情缘。古往今来，欲借月抒情的文人墨客比比皆是，唯有李白冷月葬诗魂，成了他理想的化身。李白诗集中，描写月亮的诗不下三百首，他笔下的月亮，不仅有飘逸的物境，更加包含了诗人人格意志的"我境"，而且月亮世界里的李白以其独特的浪漫之境渗透了物我之境。

    李白天生便属于月亮，他在月亮中不断寻觅、不断探索，在他眼中的月亮总是那样细腻。他的"白露垂珠滴秋月"把月亮滴在心尖，当你听着白露滴滴答答地坠落，就像一颗玲珑剔透的月亮，浪漫的令人生情。李白心中的月亮总是带着人情味的，就像一位善解人意的姑娘，抚慰着人们的心灵；又似一位引路人，令人"轻舟泛月寻溪转"而不会迷途，即使你身处困境，也能"夜息明镜青天上，独照长门宫里人"，让月亮伴你黑夜长行而不觉孤单。

    李白爱月，他把一腔热情都倾注在有月的世界中。月亮在李白的点染下变得千姿百态，气象万千。论时有古月、秋月，论地有秦时月、潇湘月。他把月亮比作飞天镜、白玉盘，将它视为素月、孤月、皓月；他可以泛月、醉月、寄月、揽月，甚至可以去赊月，月亮带给他无尽的超凡洒脱。有时，他是一个"天子呼来不上船"的狂人；有时，他是一个"会须一饮三百杯"的酒徒；有时，又是"杀人如剪草"的侠客。在月亮的世界里，李白是自由的，是浪漫的，是脱俗的。他爱月亮的圣洁，爱月亮的沉于世而又脱于世，那是他一直渴求的圆润。

    李白爱月，他把自己笔下的月亮装扮得圣洁而又美丽。他的"峨眉山月半轮秋"让秋天淌满月华，他的"山明月露白，夜静松风歇"则给人一片美妙的月华山色。他是如此钟情于月，他用诗文向世人展现他如月般的冰清玉洁。他在现实"入世"和"出世"的矛盾中，与月亮进行心灵最深处的交流。李白的月亮就是他人格的灵魂，他诗歌的眼睛。他的灵魂美，月亮自然就美；他的诗歌洁，月亮便是最洁。

"举杯邀明月，对影成三人。"李白在月下独酌，明知孤独，却不甘寂寞，明知潦倒，却依然旷达。于是他以无情的明月和有形的身影作证，既歌且舞，醒而后醉，聚又复散，写活了明月，写活了倒影。

李白有着远大的政治抱负，却终不得志，因而一生不能释怀。空中那一轮皎洁的明月，便在不知不觉中成了他最大的慰藉。他宁愿在醉酒时下湖捞月，也不愿在世俗中苟且偷生。

"明明如月，何时可掇？"世人不知，吾却释尔，吾晓得，太白永居明月，俯身尘世，乐哉，乐哉……

### ■ 教师点评 ------------------------------------------------

大诗人李白对月亮有一种特别的情结，小作者对李白有一种别样的解读。诗人把人生喜怒哀乐等诸般心绪，都诉之于月、托之于月，小作者才思敏捷，借诗言月，以月解人，一气呵成，让读者多角度地认识了剑侠李白的浪漫诗情。

（朱丽娟）

# 乡村画卷

◆ 宋牧遥

提起乡村，我的脑海里便浮现出陶渊明描绘的"采菊东篱下，悠然见南山"的画面。乡村虽没有宽阔的马路，没有雄伟的建筑物，也没有繁华热闹的商店，但它有嫩绿的草地，有蓝蓝的天空、白白的云彩，还有那美妙的"自然之声",和谐又动听,惬意又欢欣。

请你一起来和我欣赏吧!

"春眠不觉晓,处处闻啼鸟。"清晨,乡村被一层薄如轻烟的晨雾笼罩着,人们还没有完全清醒,但鸡鸣狗吠声已此起彼伏地在乡村上空响起来,鸡声嘹亮,狗声响亮,叽叽喳喳的鸟叫声清脆悦耳,静谧的山村顿时充满了生动的气息,新的一天来到了!远处传来淡淡的桂花香,那味道若有若无,随着晨雾的消散,桂花香渐渐浓郁了起来,甜甜的香味弥漫着整个乡村,让人陶醉其中,像喝醉了酒似的。

中午,薄雾已经散了,正是太阳高照的时候,阳光透过茂密的树叶斑斑驳驳地洒落下来,像洒了一地细碎的金子。弯弯曲曲的小溪唱着"叮叮咚咚"的乐曲,快乐地奔向远方。小溪的水真清啊!清得能看见溪底的沙石。小鱼在水下的石子中钻来钻去,轻轻碰一下水面,鱼儿就惊慌失措地到处乱窜,四散逃离。劳作了一上午的农民叔叔、阿姨们有的在田间地头休息,有的在树下拉拉家常。孩子们或者追逐嬉戏,或者下水摸鱼,银铃般的笑声不时传来。远处的山丘巍然矗立,像一座巨大的绿色屏风屹立在天地之间,又像一个绿巨人忠实地守卫着乡村的宁静。"绿树村边合,青山郭外斜"大概描述的就是这样的画面。

天边的红霞渐渐褪去,夜幕慢慢降临,好似一块黑色的丝绒覆盖了天际。星星一闪一闪地眨着眼睛,像一颗颗灿烂耀眼的宝石。池塘边聚集着许多青蛙,正在演奏一场盛大的音乐会,偶尔一蹦,扑通一声跃入水中,水花四溅,惹得孩子们哈哈大笑!夜更深了,草丛里藏着的纺织姑娘,唱着悦耳的催眠曲,让孩子们慢慢合拢眼睛,做一个甜甜的好梦。整个乡村也越来越恬静……

我爱乡村的如画美景,也爱乡村的田园质朴,更爱乡村的"宁静致远"。让心呼吸,然后更好地前行!

**■ 教师点评** ------------------------------------------------

文章语言清新优美,勾画了乡村从清晨到夜晚的一幅幅画面。清晨薄雾,淡淡桂香,令人陶醉;正午高阳,叮咚泉水,农民休憩田间;天边红霞，灿烂星空，夜幕降临。每一幅画面都如此多姿多彩，每一句语言都流露着作者对乡村的向往之情。读来沁人心脾。

（马秋砚）

# 翰墨情深

◆ 黄天长

小时候，墨是美的。

初次接触笔墨纸砚，是在一年级的时候，父亲牵着我的手，带着我走进了那间溢着浓浓墨香的房间。那天阳光很好，明媚却不刺眼。砚中静静地眠着一团墨，漆黑得没有一丝别的色彩，阳光照在上面，反射出另一个太阳，仿佛只要一支笔，便可唤醒这无瑕的墨，留下最美的痕迹。我不禁暗暗下定决心，要用这墨写出最美的篇章！

长大后，墨是苦的。

"我再也不要练字了，有什么好写的嘛？"我不甘心地哭泣着，一边怒吼，一边奋力将笔朝地上扔去，溅起星星点点的墨，留在洁白的墙壁上，也留在了我的心中。习字三年，原本妙趣横生的事情变得枯燥乏味起来。一遍又一遍地重复练习，有时候甚至一节课只练一个字，而看不出一点长进，让我又气又恼。墨啊！终究是苦涩的，让我的心也苦涩起来……

后来啊，墨是甘的。

我强迫自己静下心来，一遍又一遍做着同样的事情。墨也随我一起划出一道道相同的痕迹。在这个过程中，人和墨都在一遍一遍互相打磨着彼此。不论是人，还是墨，都在这美妙的一笔一画中积淀着。终于，人和墨都升华了！我又重新找回了习字之趣味，习字也从此变得妙趣横生起来。这是一种完美的感受，它象征着苦尽甘来……

而现在，墨是香的。

随着年龄的增长，我对手中这门古老的艺术的理解，也渐渐上升到一种新的高度。横若千里阵云，竖若万岁枯藤，点若高峰坠石，一笔一画，都蕴藏着说不清道不尽的神妙。我和墨之间，又多了一份默契。我和墨，终于深深了解了彼此。每日都有浓浓墨香相伴，真好！

浓浓翰墨，不光写出了属于他自己的一笔一画，更记录了一个人从懵懂的孩童一步步成长，一步步走向成熟的故事。不，是和那个人一起记录！浓浓的墨，时时在我心头盘绕。噫！翰墨情深哉？

**■ 教师点评** ------------------------------------------------

作者以时间为序，以余光中式的笔法记叙了"小时候""长大后""后来啊""而现在"的墨香之味，突出了成长之路。文字构思新，用词准，情意真，读来"字字墨色染，情情绕心间"。

（赵 燕）


# 诗意的寄居

◆ 勾璐娜


猝不及防的一瞬间，诗词悄然溜进了我的世界，自此，眼前不再是枯燥乏味的黑白两色，取而代之的是绚丽多彩、花香袅袅、四海升平。

当诗意邂逅岁月，便生出四季轮转。春日雨后的江南是"落红小雨苍苔径，飞絮东风细柳营"；夏日颍州西湖畔是"轻舟短棹西湖好，绿水逶迤，芳草长堤，隐隐笙歌处处随"；秋日的湘江是"看万山红遍，层林尽染；漫江碧透，百舸争流"；冬日北方的雪景是"白雪却嫌春色晚，故穿庭树作飞花"……

人生自有诗意。读书学习时无法掌握书中要领，领略书中精华，想到"纸上得来终觉浅，绝知此事要躬行"便知晓学习的方法；无所事事，不知何去何从之时，想到"花开堪折直须折，莫待无花空折枝"便知道抓住机遇，珍惜眼前事；阅读觉得乏味无趣之时，想到"粗缯大布裹生涯，腹有诗书气自华"便也咽下这难啃的骨头……这就是诗词所独有的。

寄居生活的诗意，更是道尽了人世间的种种情愫。"王师北定中原日，家祭无忘告乃翁。"这是陆游临终前留给儿子的绝笔诗《示儿》，陆游戎马一生，渴望上阵杀敌，等了一辈子却没有等到收复中原的消息，只能将此事托付给儿子。诗中无处不弥漫着陆游浓厚的家国情怀，临终前放心不下的不是亲人，不是作品，而是国家社稷。"闺中少妇不知愁，春日凝妆上翠楼。忽见陌头杨柳色，悔教夫婿觅封侯。"这是王昌龄《闺怨》中的思妇，杨柳自古就是惜别的意象，"柳者，留也"，柳之依依，缠绵悱恻，无处话凄凉。因此，便不难理解一个不谙世事的少妇在如此短暂的时间内，由"不知愁""凝妆""上翠楼"再到"悔教夫婿觅封侯"的情绪骤变。"十年生死两茫茫，不思量，自难忘。"这是苏轼为悼念亡妻王弗所作，他的结发妻子王弗陪伴他十余载，那段时光，是苏轼事业的上升期，他们一同度过了无比快乐的时光。王弗逝世后，苏轼仕途屡遭不顺，一夜梦中，他遇见了"小轩窗，正梳妆"的王弗，可他却已面容憔悴。是啊，再会亡妻，却只能梦中相见，这又是怎样的痴情啊！当时无人不惊叹豪放如苏轼，又怎会写出情深至此的诗句呢？

或许这就是诗词所独有的，不露声色，便使人沉醉其中，亦无法自拔。此生此世，唯愿一卷诗集，一杯清茶，有诗寄居，仅此而已。

■ **教师点评** -------------------------------------------------

快节奏的生活让人们慢慢失去了品茗读诗的优雅，小作者关照生活，生发思考，用"诗意的寄居"作为文章的主题，罗列了诗词的种种好，用语典雅，情感真挚。

（张　敏）

# 秋萧瑟，枫林晚

## ——致爱秋的一封信

◆ 杨 琰

亲爱的秋：

你好！

正所谓"落霞与孤鹜齐飞，秋水共长天一色"。我喜欢你以高大广阔的形象出现，给人以幽深寂寥的深刻印象。

可怜的秋，许是因你用瑟瑟凉风吹走了人们所深爱的夏，才让古今多愁善感之文人墨客留下"常恐秋节至，焜黄华叶衰""秋萧索，梧桐落尽西风恶"等凄凉之句，悲哉壮哉，肃哉伤哉！

"自古逢秋悲寂寥"，而我却独爱这金风玉露之清秋。

我钟情于你的幽静清雅。你如一位挚友，驱散岁月喧嚣，为我争得片刻宁静，让我独享其中。人们常把这"宁静"用孤寂点缀，用泪珠填充，却不知这顷刻间的静谧是秋日最甜美的赠礼。我最喜欢在黄昏时刻，独自一人坐在教室里，看习习秋风变丝丝微风慢捻窗帘。望向窗外，一览无余的是你的杰作，与其说是美景，不如看作是一幅幅静画定格在这窗户上，画上落红无声，染霞无声，连风吹红叶也没有了簌簌声。我深爱着的秋日，你用这转瞬即逝的清静，让我欣赏诗意般的远方。

我迷恋于你的美丽，若将夏日比作尽态极妍的玫瑰，那秋日便或是孤芳自赏的菊花，最具清寒高洁之品格，或是沁人心脾的迷迭香，最具佳人娇羞之美感，抑或是耀眼夺目的金茶花，最具晶莹油润之花色。古人多伤秋，认为秋使生命之花凋零，而我却认为秋赋予生命另一种形态，另一种绚丽。看那树叶，春夏时嫩绿，我们赞美的是它的生机盎然；秋日时鹅黄、绯红，我们惊叹的是她的与众不同。秋日，你带给我最美好的印象多在我幼时的记忆里。小时候，姥姥总爱在深秋时节带我游玩麦积山。翻翻老照片，呵！总瞧见姥姥把外套系在我的腰上，而我则留恋于那大把大把的秋景，玩得不亦乐乎。姥姥总说，秋风不总是吹败生命的，他更多的是提醒这世间的生灵快快休眠，免遭残风暴雪的侵害，那是我第一次对你产生好感。而第二次对你产生好感，是在青海湖油菜田间，山峦之上，湖水之中，看那秋景真如打翻的颜料盒，五光十色，每一处又浸透着温暖的阳光。一山鎏金，一湖碧波，是对青海美景的精辟概括。我深爱的秋日，你渗入我可看到的每处美景之中，沉醉我的心。

秋日，我们的关系便如那诗所说的一般："来我的怀里，或者让我住进你的心里，黯然、相爱、寂静、观赏。"

祝好！

你的密友：杨琰

### ■ 教师点评 ------------------------------------------------------

一篇爱不释手的文字，秋的神韵全部化在了字里行间。"秋风不总是吹败生命的"，这又是何等的人生阅历才能悟出的真谛。小作者信手拈来的诗词为文章增色不少，平静地描写，缓缓地道来，读来顿生惬意。

(张　敏)

# 父爱无声

◆ 王兑兑

"随风潜入夜，润物细无声。"的确，母爱存在于生活中的点点滴滴，只要细细体味均能发现其星星踪迹，而父爱在我们的印象中严格而深沉，寂静又厚实，需要我们用心体悟。

父亲温和宽厚，沉默寡言，由于常年奔波在外，我和父亲的交流少之又少。随着年龄的增长，我们之间的距离越来越远，但父亲对我的爱却有增无减。

父亲几乎都是晚上归家，我经常在书房做功课，他进门做的第一件事，必定是蹑手蹑脚地走进我的房间，用他宽厚的手掌抚摸我的头发，一言不发。尽管如此，我还是会耍性子，埋怨他影响我做功课，催促他赶紧出去，他只有默默地转身离开。不一会儿，他再次端着水果进来，不想被母亲斥责，说他打扰了我的学习。看着父亲落寞的背影，我却洋洋自得。但父亲依然会固执地再一次走进来，他会帮我清理垃圾，趁机爱怜地看看我。

碰了几次冷壁后父亲变聪明了，一次，他躲在门后，伸出胖胖圆圆的脑袋，憨憨的笑写在脸上，眼里溢满了幸福与知足，一回头看到这样的父亲，我的心中顿生温暖，爱在心底蔓延。

父亲多半都会在周末赶回来。我去上补习班，要到马路对面坐公交车，父亲定会早早起来，快速地穿好衣服等我一起出门。而我却是满心的不情愿，因为父亲常年缺乏锻炼而身体肥胖，所以步子迟缓笨拙，我嫌他耽误我路上的时间，但父亲每次都以最快的速度下楼，一路小跑，尽力跟上我的步伐，我于心不忍，有意放慢脚步。走到马路中间，父亲紧紧拉着我的手，突然间父亲手心的温热击中我的内心，我愣愣地出神，直到父亲轻声唤我，我才匆忙上车。坐在冰冷的车座上，心中却是春日暖阳，眼里早已噙满泪水。

我望向车窗外细细回味，霎时顿悟。这无声的父爱太深沉，以至于浮于表面的我从未理解；这无声的父爱太细微，以至于粗心大意的我从未察觉；这无声的父爱太含蓄，以至于幼稚青涩的我从未懂得。父爱是化入骨髓的，感动也是融在心中的。

### ■ 教师点评

父亲的形象在小作者笔下呼之欲出，父亲对女儿的珍爱，所有这一切都淋漓尽致地展现在文字里。更难能可贵的是女儿随着时间慢慢成长起来，渐渐懂事起来，明白了父亲的良苦用心。文笔细腻，文风质朴。

（张　敏）

# 11 月 份

## 给我一场秋雨就够了

◆ 张天印

　　秋日的雨，清凉连绵，没有春雨的柔嫩，没有夏雨的狂烈，也没有冬雨的冰冷。一场绵绵秋雨带我聆听大自然对生命的絮语，带我畅游千年文化的长河，带我体悟古圣先哲的家国情怀，带我思绪翻飞，使我初心不忘……

　　看！秋雨染林红似火。有人说，秋天是万木尽衰的季节，而我要说秋天是万类霜天竞自由的季节，许多树木在秋天将完成自己一年的使命，而秋雨正是为它们完成生命旅程壮行的烈酒，沁人心脾而又浓烈无比。在秋雨的洗礼下，自然界以最浓烈、最灿烂的色彩完成了生命的轮回。

　　听！秋雨声声总关情！"夜阑卧听风吹雨，铁马冰河入梦来。"一场秋雨，不仅能够荡涤万物，更重要的是这好听的秋雨声犹如敲在灵魂的深处，总让人平添经国济世的情怀。有人说过，"风声雨声读书声，声声入耳；家事国事天下事，事事关心"，我们中学生虽然做不到事事关心，但可以随时随地听到外界的声音，关注国家大事。

　　忆！秋雨不仅带给了我视听盛宴，更把我拉回历史的长廊，拉回文学的世界。如果给苏轼一场秋雨，他就能从接连被贬的生活中吟出"一蓑烟雨，笑对人生"；如果给李清照一场秋雨，她就会依然洁身自好，不怕社会的黑暗，可以在苟且愁闷的生活中畅想"诗与远方"；如果给杜甫一场秋雨，他就可以在床头屋漏无干处的茅草屋中，爱国之心永远不改，忧国忧民忧天下，长叹"安得广厦千万间"，写出《茅屋为秋风所破歌》这样荡气回肠的千古诗句。

俱往矣，迁客骚人虽然身居苦难，依然心系天下。无数人在秋雨中落魄，但又一次次地在秋雨中爬起、站起，筑起了中华民族的气节和文化的精魂。看今日，雨浸红叶，雨染心间，我觉得，一场秋雨足以洗净杂念，留住初心，使我拥有继续前行的动力！

白露将至，凭窗听雨，此夜无眠！给我一场秋雨就够了，让我在秋雨中看硕果累累，让我在秋雨中赏万山红遍，让我在秋雨中感落叶归根，去思考生命的轮回！让我在秋雨中体味古圣先哲的家国情怀，让我在秋雨中去汲取华夏文明的古今硕果，让我在秋雨中领略中华民族的高洁气节，去锤炼自己，迎接挑战！

■ **教师点评** ——————————————————————

看，看作者巧构思；听，听秋雨叩心声；忆，忆骚人沉浮人生。作者借一场秋雨，以"看""听""忆"的格式展开记叙议论，字字击雨，句句言情。由秋雨浸物到秋雨睹人，由赏秋雨到品人生，由浅入深，层层深入，情思溢于纸上，真想和你一起领略这一场秋雨，回望初心。

（赵　燕）

# 秋之韵
◆ 李睿今

车穿过城市，开上高速，又越过茫茫戈壁，一座祥和、安宁的小村庄便映入眼帘，这是今年暑假我到嘉峪关的第一站。虽说刚入秋，但仍能感觉到丝丝凉意。微风拂过，麦草和泥土的芳香在空气中弥漫、发酵，沁人心脾。远离了城市的喧嚣，来到这世外桃源，顿时畅快了不少。周围是成片的天地，宁静而孤僻，鸟儿时而鸣唱，时而啁啾，倏忽又从我眼前掠过。

顺着小路往前走，来到一片大湖。远处的山峦好像被墨色渲染的中国画一样轻轻流入云际，快要躲到山后的太阳的倒影和因为它的光芒而被染红的湖面相映成趣，美不胜收，叫人难以忘怀。湖面平静而舒缓，清透地可以看见湖底的石子，偶尔轻风拂过，荡起阵阵涟漪，给这景色更增添了一丝韵味。一艘小木船在余晖的映衬下仿佛镶上了金边，静静地伫立在湖面，像是一位慈祥的母亲在等待出门远行的儿子，又像一位少女在翘首期盼自己的心上人，仿佛一幅油画，美得让人窒息。这意境，既让人惊叹，又叫人舒服；既使人忍不住久立四望，又想低吟一首绮丽的小诗。

站在岸边，听着欢快的小虫在草丛中歌唱，感受着自由之风轻拂脸颊，顿时觉得时间仿佛凝滞一般，世界也由此变得无限美好。每一棵小小的草都和我心意相通，每一只小小的飞虫都在为我起舞，每一束金黄的阳光都伸开手臂向我示好！我忽然发现在我的身边原来有这么多朋友，在我的周围原来有这么多爱我的人，即便是那些常常使我厌倦的事物此时此刻也都那么亲近。它们，让我感觉温暖！

突然想到作家亨利在《瓦尔登湖》中的一段话："我在湖畔的住所，不仅可以使我静心思索，而且能让我心无杂念地去阅读，比在大学里更适合读书。虽然我无法借阅流动图书馆里的书籍，但是我对那在宇宙间流通的自然之书，有了前所未有的领悟。"是啊，大自然不也是这宇宙间一本难能可贵的图书吗？树木的年轮，土地的岩层，干枯的河床，无一不是自然之书永恒久远的文字。

天空的颜色不知何时由金黄色和艳丽的红色变成了水墨般的深蓝色和紫色，湖面上太阳的影子也不知何时没了影儿，四周的虫鸣声更响了。我想，我也该走了。

■ **教师点评** ---------------------------------------------

小作者精于观察，善于描摹，用慧心巧手绘制了一幅意境优美的图景，有感而发，抒沉醉之情，发乐读之感，值得称赞。

（胡　明）

# 我为书疯狂

◆ 欧阳孟卓

提起读书，我相信大家都并不陌生，好多好多的名人也喜欢阅读，高尔基曾经说过：书籍是人类进步的阶梯。莎士比亚曾经说过：书籍是全世界的营养品。毛泽东曾经说过：好好学习，天天向上。你应该好好学学这句话，如果你好好读书，就不会不知道，饭可以一日不吃，觉可以一日不睡，书不可一日不读……好多名人写下了关于读书的重要性的名言警句，对于我这个对读书如饥似渴的少年，它可谓重要极了。

我常常为书而疯狂。记得有一次，我放学回家，一放下书包，就随手从书架上取下一本书，看着看着，我就被书中那生动而又有趣的文字和图画深深地吸引进去了。书中有趣又生动的情节引得我开怀大笑，故事中主人公的喜怒哀乐引得我浮想联翩，故事的情节使我牵肠挂肚……不知不觉中，时间已经过去了很久，我却毫无知觉，突然：咔嗒，门响了。呀！原来是爸爸回来了，但是，我的作业却一字未写呀！时间来不及了，于是我匆匆地放下书，拿起作业本，奔向了书房……哎，我看着看着就把时间给忘记了呀！

记得还有一件事，有一次上了一天课外班的我坐公车回家，这是我一天中最轻松的时刻，因为我可以看一会儿书。于是我就拿出一本书，囫囵吞枣般地看了起来，我沉浸在快乐中，但同时也很害怕坐过站。起初，我还看一会儿书，再看看公车开到哪了。可是，我读着读着就忘记了，直到看完书我才发现我还在公交车上，可是早已经坐过了站，我赶紧下了车。唉！这可苦了我的双脚，走了好几站的距离才到家。

这就是我，一个为书而疯狂的少年。

小作者的文章语言通俗易懂，贴近生活实际，向我们娓娓道来。从生活实例中，真切感受到了小作者对读书的痴迷。整篇文章中心思想突出，首尾呼应，展现了小作者为书疯狂的形象。

（范文娟）

# 导盲犬迪克的故事

◆ 张书晨

《导盲犬迪克》是我最喜欢的一本书，主要讲述了一只叫迪克的猎狗跟它的主人阿炯历经千辛万苦一起寻找阿妈的故事。在这艰难的路上，它对阿炯非常忠实，在它的陪伴下，阿炯最终找到了朝思暮想的阿妈，但最后阿炯依然选择了离开，和自己最亲密的朋友迪克远走高飞。

这本书写得栩栩如生，有许多有趣的角色，有许多感人的情节，其中迪克是我心目中的英雄，阿炯是我学习的榜样，胖菊、阿爸和宋英学是我最讨厌、最憎恨的人。缪菁是一位善良的人，但又做错了事情，我心里说不出是什么滋味；雀斑、芦柴棍和淡胡须虽然只是少年，但"有志不在年高"，我相信他们一定会成为拳王的！

在这本书里，我感受到了深厚的友情，"桃花潭水深千尺，不及汪伦送我情"，是谁为了主人而大义灭亲？是谁帮助小主人穿越死林？是谁在北风呼啸的冬天跟小主人依偎在一起？是谁为了小主人而失去耳朵？它多次展现了自己的足智多谋和敏捷的身手，它就是迪克！它对小主人永远是那么忠诚！他们之间的友情使我懂得了，外表并不重要，心灵美才是最重要的！

我觉得这本书不仅仅表现了阿炯和迪克深厚的友情，更多的是给我们以启示：用心去看世界才是最真实的世界！

**■ 教师点评** -------------------------------------------------

　　这篇文章是班级开展整本书阅读活动后，孩子写的读后感。文章语言生动准确，感情真挚动人，行文洒脱，对故事有自己独特的理解，能够体会到"用心去看世界才是最真实的世界"，有深度有立意，令人读了文章，忍不住就想去读原著。

（邵丽华）

# 宠　物

◆ 杨小龙

　　"妈，我想养猫。"

　　在厨房忙碌的母亲转过头，盯着男孩。"理由？"母亲淡淡地问。

　　男孩觉察到了希望，之前男孩问母亲同样的话，母亲都会拒绝。或许是因为男孩问的次数太多，已经磨尽了母亲心中的不耐烦。

　　"有了宠物就可以陪我玩了啊！你不是总说我只会玩手机吗？我向你保证，你让我养猫，我就上交手机。"男孩的眼睛变得明亮起来，话语中透露出难掩的期待。

　　母亲低下头继续手上的工作。"那你不要后悔。"

　　母亲很平静，那平静让人感到奇怪。但男孩没有多想，早就在房间里唱着跳着转了好几圈了，似是许久没有收到礼物的孩子突然得到了心仪已久的东西。

　　不久，男孩家里添了新成员——一只猫，取名叫"麦芽"。麦芽胆小，在家好几天都蜷缩在角落里，像是一个被吓坏了的孩子，只敢躲在属于自己的安全屋里。当家中没有人时才敢走出狭小的空间，为饥肠寻找早已冰冷的食物。

男孩感到失望，他觉得麦芽与自己的想象完全不一样。想象中的欢乐是现实中的清冷，想象中轻而易举，现实中举步维艰。但母亲温柔地劝男孩多些耐心。

或许是猫天性好奇，又或许是猫听懂了母亲的话，麦芽渐渐不怕生了，它允许男孩轻轻地抚摸它。看着麦芽，男孩笑了，母亲也露出欣慰的表情。

然而安稳极易被打破。麦芽每天开疆拓土，原本干净整洁的家一片狼藉，尤其男孩的床成了麦芽巡视的主要场所，总有点记号。男孩和母亲素爱干净，每天的打扫让男孩变得烦躁，原本的新鲜感也消耗殆尽，取而代之的是不停的抱怨。这时母亲却表现出了异常的耐心，总是不厌其烦地整理，一句抱怨也没有。

"妈，你把手机还给我吧！"

母亲愣了愣，"你要违背自己的承诺吗？"男孩因羞愧不敢直视母亲。母亲依旧保持着原有的平静。

第二天早晨，男孩感觉到家里少了什么。母亲看见男孩，轻声说："我把麦芽送到姥姥家去了。"

男孩没有说话，只看了看窗外，天灰蒙蒙的。家里恢复了整洁，整洁的连麦芽曾经来过的痕迹都没有，整洁的令人难受。男孩后悔自己的行为，后悔自己没有多一点耐心，后悔自己最初可笑的承诺。许久，一滴泪滑过脸颊。

此后，男孩总会想起一幅画面：灰蒙蒙的天空下着小雨，麦芽站在宽阔的大道中央，回头看了看男孩，然后朝着没有尽头的道路一直走，再也没有回头……

### ■ 教师点评

一只猫，一位少年，一段往事总是让人无法释怀。少年与猫，谁是谁生命里的匆匆过客，谁又会是谁的牵挂，文章已结束，然留下的回响至今扣动着读者的心扉，言有尽而意无穷。文中传神的动词，充满人情的对话，可谓是锦上添花。

（张　敏）

# 背 影

◆ 杨馨媛

感动，如熏人欲醉的海风，感受海风，我们的内心变得纯净而宽广；感动，如令人向往的田园，领略田园，我们的内心变得朴素而平和。

记得前年的中秋，古筝大师王昌元在上海举办音乐会，因为门票有限，所以只有教古筝的李老师带着我去了上海。

李老师只有20岁，也是个可以向妈妈撒娇的孩子，可是她却在旅行中表现出与年龄不相符的坚强。

刚到上海，晴空万里，热风袭人，我和李老师穿着裙子，手里拿着薄薄的外套，悠闲地走着找宾馆。突然，大朵大朵的乌云压来，天空就像有一群受惊的野马在奔腾，伴随着震耳欲聋的雷声，夹杂着闪电，一场可怕的风暴正向我们逼近！

雨说下就下，大的像有人从天上拿着盆子直接泼洒下来一样，我急忙把伞撑起来，可是突如其来的风太大了，我自己都被吹得东倒西歪，根本顾不上伞。李老师见了，连忙撑开一把大伞，把我完全遮住，还把她的外套也披在我身上。

雨越来越大，我们走得也越来越快，啪嗒啪嗒……"呀！"我一脚踩进了泥坑，脚一崴，疼得我差点摔倒，李老师赶紧扶住我，搀着我一步一步走到路边的小店坐下，说她先自己去找宾馆。我看着瘦弱的李老师在暴风雨中艰难前行的背影，喃喃地说："谢谢您，李老师！"

终于到宾馆了，我累得一下子瘫倒在床上。休息了一会儿，李老师让我先去洗澡，她一边把我早已湿透的外衣挂起来，一边说："雨太大了，这衣服都湿透了！"其实，她的衣服比我的还湿得厉害呢！

躺到了床上，李老师把她的手机借给我，让我给家人报个平安。我给妈妈打着电话，眼泪不由自主地落下来。中秋佳节，本是团圆之日，我却孤零零的在异乡遭遇到台风。不对，我不是孤独一人，透过婆娑的泪眼，我看到李老师正在用吹风机吹着我的鞋，怕鞋湿了我明天没法穿，她的头发还在滴水，湿衣服也没来得及换。看着她忙碌的背影，我的眼泪又默默流下，喃喃地说："谢谢您，李老师！"

漫漫人生旅途，会有鲜花遍地，也会有荆棘挡道。艰难时请带上感恩与感动，你会发现，温暖就在不远处等着你！

■ **教师点评** --------------------------------

朱自清先生在《背影》一文中，用朴素的文字表达了父亲对儿女的爱，表达了心中的感动。小作者的这篇《背影》，同样用朴素的文字，让我们看到了一位老师对学生无微不至的爱，这份爱不仅感动着我，也感动了每一位读者。正如文中所说："漫漫人生旅途，会有鲜花遍地，也会有荆棘挡道。"让我们带着感动上路，一路将花开满地，绿树成荫！

（颜如玉）

# 不怕无能，只怕无恒

◆ 刘曦文

时间如流水一般匆匆而逝，很多记忆也随日子的消失而渐渐褪色，但唯有一件事犹如一块吸铁石，紧紧地吸在我的脑海里，让我终生难忘、记忆犹新，像是刚刚发生的一样。

三年级的时候，妈妈就给我报了奥数班。刚开始我还兴致勃勃，想着好好学，兴许会拿个奖，可是我好像和奥数无缘，怎么也学不进去。我曾经也努力过，可是奥数似乎很讨厌我，远远地躲着我，总是跟我保持着距离，不让我靠近它。

终于，我的梦想彻底破灭了。每次到补习班门口，我好像站在阎王殿的门口一般，但也实在没办法呀，我只能硬着头皮走进教室。上课了，老师那机关枪一样的嘴巴开始工作了，老师讲的滔滔不绝，而且还越讲越有劲，而我在下面像小鸡啄米似的一直点头，看起来好像啥都听懂了似的，其实我根本是在听天书，一头雾水。

太棒了，我一蹦三尺高，兴奋地喊着："终于下课了，熬得我也太不容易了！"这时的我像一只小鸟飞出了笼子，瞬间得到了自由。我连忙收拾好书本，准备冲出教室，可是后面传来了老师的声音，"那位同学，你要干什么去？还有一节课呢！"我好像被雷劈了一般，一动不动，又有一种仿佛掉进万丈深渊的感觉，尴尬、无奈，我只好灰心丧气地坐下了。"丁零零——"上课了，我只能坐在那里，继续受着折磨。最可恨的是老师还把语速增加了N倍，听得我犹如胸口中万箭，差点吐血了，可是再看看旁边的同学，一个比一个听得津津有味，我的心里也只有羡慕嫉妒恨了……

一回到家，我就对妈妈说："老妈，我不想学奥数了，我没有这个能力。"我脸上露出一脸的无辜，妈妈却神态自若地说："不怕无能，只怕无恒。不是你没有这个能力，而是缺乏坚持不懈的精神。"我忽然间茅塞顿开，是啊！没有努力就轻言放弃，我不能这样。于是我便按妈妈说的话去做，结果我的学习突飞猛进，以前的"暴风雨"现在对我来说简直是"张飞吃豆芽——小菜一碟"。

从此以后，"不怕无能，只怕无恒"，这句话成了我的座右铭。

■ **教师点评** --------------------------------------------------

小作者记叙了生活中的一件小事，内容翔实，对人物的心理活动、神态动作进行了细腻的描写，写得生动，给人留下了深刻的印象，最后揭示了启迪，点明了中心。

(何履花)

# 童年趣事

◆ 牟俊安

每个人小时候都有非常多的趣事，我的童年趣事是捉老鼠。

一天，我和爸爸妈妈外出回来，发现家中果盘里的葡萄散落了一地，有的葡萄被挖过了，有的葡萄被啃过了。"这是怎么回事？"爸爸警觉地问。敏感的妈妈大叫道："一定是我们家有老鼠了！"于是我们便四处寻找老鼠的踪迹，不找不知道，一找吓一跳。很快我在爸爸的皮鞋里发现了几颗老鼠屎，而爸爸在厨房的台面上也发现了一些老鼠爪印，一切现象表明老鼠的确来我家了。

咚咚咚——我家捉老鼠的钟声再次敲响了。

晚上，妈妈买来了几个粘鼠板（以前家里来老鼠都是用它消灭的）。

吃完饭，妈妈煎了一根火腿肠，掰成几截，分别放在粘鼠板上并且将粘鼠板放在老鼠活动的区域，然后我们就去睡觉了。

半夜，妈妈听见了一些窸窸窣窣的动静，连忙叫醒了我，我揉着睡眼不情愿地走到放粘鼠板的地方，打开灯一看，哟！粘了一只"大老鼠"，这只"老鼠"正在艰难地把脚从粘鼠板上移开呢，被我和妈妈逮了一个正着，哈哈，这只老鼠就是我爸爸（爸爸是属老鼠的）。原来，爸爸忘记了放粘鼠板的事，晚上上厕所一不小心踩上了，"哈哈哈——"我和妈妈捧腹大笑，呵呵，爸爸也尴尬地笑了。

第二天一早，早起的爸爸专门察看了粘鼠板，只见一只老鼠已经被死死地粘在上面了。

爸爸马上将它拿到楼下扔进了垃圾筒。

**■ 教师点评** -----------------------------------------------

　　文章通俗易懂，贴近生活，读来倍感亲切，对人物的神态、动作进行了精心细腻的描绘，所选素材来源于生活，生活气息浓郁，真实富有情趣。

（周小莉）

# 一句唠叨一份牵挂

◆ 张　众

　　时光飞逝，岁月如梭，一眨眼的工夫，我已经十五岁了。在我记忆的悬河里，有许多美好的事情都值得去回忆，也有许多人是值得去了解的。是他们陪我走过了人生的酸甜苦辣，这其中有一个最了解我最爱我的人，就是我的奶奶。

　　她，是个喋喋不休的人。打我记事起，我能回忆起最多的面孔就是奶奶唠叨时的表情。她总是一边忙碌着家务，一边嘴里叽里咕噜地抱怨个不停，本来脸上就有几条皱纹，眉头一皱，皱纹就像一条条沟壑似的瞬间在脸上爬满了。那时我总是喜欢模仿她的样子，感觉自己就像是个小老太婆一样。她总是为了一些鸡毛蒜皮的事情嫌我：衣服穿得少，锅没洗干净，被子没有叠好……听听我都心烦。这些话总是在我耳边萦绕不绝，每当她说完上半句，我就会顺顺溜溜地接上下半句。听，她又开始教训我了："哎呀，我说你这个娃娃，怎么一点儿也不让我省心呀！天这么冷，怎么就穿这么点衣服，怪不得你总是感冒……"烦！

　　不过，让我有点沾沾自喜的是，她不只是教训我，连爷爷也是她的"手下败将"。她总是嫌爷爷太懒，不帮她做家务。看，他们又开始"战斗"了。奶奶先发动"攻击"："你看你，水都没有了，也不知道提点水，这一家人都把我当服务员，什么事都让我干……"爷爷缩了缩头，小声说：

"我不知道水用完了。"爷爷话音刚落，奶奶又开始了，这时在一旁的我就笑得不亦乐乎……

但谁也想不到的是，自打那天起我竟喜欢上了奶奶的唠叨，因为那包含了奶奶对我浓浓的爱和无穷的关心。有一次，我放学回家，没有看到奶奶，便去问爷爷，爷爷告诉我，奶奶去了姑姑家，刚听到这个消息，我真是笑得嘴都合不拢了，心想这周终于听不到烦人的唠叨声了。那一整天家里变成了我的"天堂"，我便开始胡闹起来，不一会儿，家里便被我弄得像个鸡窝似的。天黑了下来，皎洁的明月透过乌纱似的云儿，露出了娇嫩的脸，"睡神"来了，我也没有收拾我的"杰作"，便一下翻倒在床上，拉开被子，倒头就睡。乡村的夜晚是那么幽静，静的让我有点孤单，突然有那么一点想奶奶了。突然，我颤了一下，回头一看，原来被子早已被我"抛弃"到一边了。夜是那么黑，这时我想起那些骇人的恐怖片来，那些画面就像是播放电影似的在我的脑海里浮现出来，我害怕极了，赶紧闭上眼睛。突然，我感觉到有一个人将被子轻轻地盖在我的身上，我睁开眼睛，借着皎洁的月光，看见一个瘦弱的身影，原来这个人是奶奶。

她还是一个口是心非的人。每当我回家时，扑鼻而来的总是我喜欢吃的菜香味，不用猜都知道是奶奶做的，这时我总是情不自禁地夸赞她一番，但她却毫不领情地说："这不是给你做的，这是给'猪'做的。"听到这句话，心里虽然有点小失落，但我心里明白，她这个人就是"刀子嘴，豆腐心"。那阵阵菜香味就是亲情的味道、爱的味道、家的味道。

爱，不只是在口头上说说那么简单，而是在生活的点点滴滴中体现出来的。让我们一起去发现它、领略它、感悟它……

### ■ 教师点评 -----------------------------------------------

文章富有生活情趣，语言明快，娓娓道来，叙事朴素自然，刻画人物形象生动，读者眼前似乎就真有一位这样爱唠叨的奶奶。

（罗宝荣）

# 雨中校园

◆ 黄怡宾

雨中的校园是郁郁葱葱的，是朦朦胧胧的，是湿润宁静的……

随着秋风送来阵阵凉意，早晨一到校，就下起了淅淅沥沥的小雨。环顾四周，一片崭新崭新的绿映入眼帘。你看！挺拔的松树换上了一套新军装，显得更加精神抖擞，一个个墨绿的松塔上挂着晶莹的雨珠，像戴了一串串珍贵的水晶项链！核桃树也被冲了个凉水澡，一阵秋风吹过，满树的绿核桃晃着脑袋向秋天问好，既调皮又有礼貌。一块块整齐的灌木丛像巨大的绿海绵，吸饱了雨水，苍翠欲滴，轻轻一拍，就会抖落一地水珠。就连小草也显得气质不凡，虽然它们身材渺小，但在雨水的滋润下仍努力向上生长，显得生机勃勃！

雨渐渐大了起来，雨水顺着屋檐流下来，像一串串断了线的珠子，仿佛给教室挂上了一层白色珠帘。屋顶的红瓦被雨水洗刷得焕然一新。院子里的积水越来越多，豆大的雨点落下，溅起一个个夜明珠般的水泡，不时地发出"咕嘟咕嘟"的声音。空气中弥漫着泥土和青草的清香，令人陶醉！平常热闹的校园里变得空无一人，显得十分安静。

不知什么时候，雨悄悄地停了，最后几滴雨珠从房檐上滚落下来，叮——咚——叮——咚——仿佛是这场秋雨的余韵。

## ■ 教师点评 --------------------------------------------------

全文饱蘸秋水的灵气，将雨中的校园描绘得水灵生动、音韵十足、色彩明媚，秋雨中的校园俨然纸上，修辞句的妙用动感蕴美！

(魏明宏)

# 礼 物

◆ 王 琛

　　闹蝶飞舞，是春天带给我们的礼物；阵阵蝉鸣，是夏天带给我们的礼物；秋雨绵绵，是秋天带给农民们的礼物；冬雪纷飞，是冬天带给我们心灵洗礼的礼物。

　　春，一个充满惊喜的季节，是冬天走后，带给人们温暖的季节。春天的一切事物都需要仔细品味它的美好，其实，这些美景就是春的礼物。"桃之夭夭，其叶蓁蓁"，这是《诗经》中对春天足迹的描写，桃花开了，夏天还会远吗？但是，并不是在所有人心中春天的这份礼物是美好的，"国破山河在，城春草木深"便是一例。我善于从礼物中挖掘新知，就如那"海日生残夜，江春入旧年"王湾之感慨。

　　夏，一个充满生机的季节，我不说春天之生机是因为万物似乎在那时都不太舒展。我格外喜爱"黄雾覆云云遮楼"的雨景，我更爱"凭栏观景绿荫处"的闲情雅致，万物似乎都在这个季节舒展开了。诗人笔下的夏天是这样的——"接天莲叶无穷碧，映日荷花别样红""连雨不知春去，一晴方觉夏深"，我觉得又给这季节蒙了一层神秘的面纱。夏天带给我们的不只有炎热，同时也有清凉的夏雨，这是夏天带给我们不一样的礼物。

　　秋，这个季节似乎很不讨人喜欢，故有"自古逢秋悲寂寥"之语，人们似乎找不到秋天带给人们的礼物，似乎只有悲情可言。但另换角度，我更喜秋天"百里条街叶常红"之美景，"青柏岩松又迎冬"之进取，我认为秋天这个充满丰收的季节，不该这么悲凉，更应有"秋语寄情情两度，莫把柔情愁千绪"之乐观之感，这才是秋天带给我们真实的礼物。

　　冬，这个"冰清玉洁"的世界，似乎没有带给人们什么。是像春天"春来闹蝶翩飞舞"，是像"黄雾覆云云遮楼"，还是像秋天"百里条街叶常红"？似乎都不像。在我心中，它留给了我最洁白、最纯洁的自己，我想，这就是冬天带给我们的礼物吧！

我喜爱四季带给我充满诗情画意的世界，这份礼物我每天都在感悟，这份礼物是独一无二的，四季是大自然交给我们最美好的礼物。

### ■ 教师点评 ----------------------------------------------

文章具有文学底蕴，信手拈来的诗词写活了四季的美韵。

（马　婧）

# 有趣的鲁迅

◆ 杨茗兰

小时候，他是整天在百草园里捉蚂蚁喂蚂蚱的天真孩子，是盼着与少年闰土一起看瓜刺猹的无忧少年；长大后，他是横眉冷对千夫指、把笔杆化为匕首的激进斗士。在寸头硬须的高冷形象背后，一代文豪鲁迅，其实也充满了有趣的一面。

一日，鲁迅在绍兴街头偶遇卖糕点的小贩，他被一阵阵香味吸引，一问，一块糕居然只卖半文钱，哪有这么便宜的蒸糕？又问了价钱，还是半文钱。鲁迅便一口气买了四块糕，付给了小贩两文钱。可这时，小贩却不愿意了，和鲁迅争吵起来。原来小贩说的是绍兴话，绍兴话中，八和半很相似。作为绍兴人的鲁迅是故意装作听错与小贩逗趣呢！

鲁迅晚年到上海专事写作，五十多岁却依然童心未泯。一次，鲁迅先生在夜晚继续为唤醒民族惰性而奋笔疾书时，屋外的野猫却一直喵喵地叫着，屡屡打断他写作的思路。无奈之下，鲁迅拿起手边五十支装铁皮香烟罐，打开窗子，对着可恶的猫砸了出去，"呦，怎么把烟也扔没了！"对于手不离烟的鲁迅来说，一个没有香烟的写作之夜是多么闹心。这场面想来甚是搞笑。

鲁迅的文章独占了中国汉语言这座文化河山的一角，可谁又知道，鲁迅也是个顶顶有趣的人呢？想起来有句网络流行语这样说：好看的皮囊千篇一律，有趣的灵魂万里挑一！

■ **教师点评** —————————————————————————————————

虽然小学课本中的鲁迅文章已经不多，但我们依然可以在鲁迅身上学到很多东西。本篇作文独辟蹊径，通过两个小故事描写了鲁迅先生不为人知的另一面，也让我们对鲁迅有了新的认识。作文角度新颖，短小有趣，说明小作者课外阅读范围较广，也欣喜她有了独立思考、转变思维定式的努力。当然，这篇作文在思想性上还可继续挖掘思考。

（黄振华）

# 曲终人散尽，江上数峰青

◆ 付山清

你是否还记得，雪芹那一叹"一场幽梦同谁近，千古情人独我痴"；你是否还记得，赵师秀在雨中等待时"有约不来过夜半，闲敲棋子落灯花"；你是否还记得，李太白独登谢朓楼上喟叹"抽刀断水水更流，举杯消愁愁更愁"；你是否还记得，纳兰容若泪流满面，轻吟着"我是人间惆怅客，知君何事泪纵横"？寂寞，就像是人生的影子，它总与我们相伴相随，所以消除寂寞，不尽可能。可如果悦纳寂寞，收获的或许将是不一样的感悟与精彩。

寂寞，不是恶虎豺狼，它是人生兴奋与狂欢后一剂苦口的良方。乔布斯从哈佛辍学后，终日沉湎在轻快与放纵中，直到他决定去印度苦行，去体验那种久违的寂寞，并将这种感受保持到了生命的最后一刻，最终开创出了"一览众山小"的属于自己的时代。寂寞，就像贪睡时母亲的叮咛，就像厌学时师长的教诲，它尝来苦涩，但是会随着时间的流逝变得朴实而有力。体会寂寞，是人生的必修课。

寂寞，是属于成功者人生中的"最后一片叶子"，是名人与伟人进取不止的动力与希望。"乐坛雄狮"贝多芬在人生最后的寂寞中留下了最壮美的乐章；沈括在"千古难觅一知音"的无限寂寞愁苦中落笔著成古代中国的科学与文化巨著——《梦溪笔谈》；鲁迅先生在那座"众人皆浊我独清，众人皆醉我独醒"的铁屋子里振臂呐喊，掷笔投枪，在"荷戟独彷徨"的悲惨落寞中为20世纪的中国留下了一座民族精神的不朽丰碑。拥有寂寞，是一种痛苦，更是一种修炼；选择寂寞，是一种无奈，更是一段不凡的人生与高尚的境界。选择寂寞，是人生最伟大的抉择。

寂寞，是青年人成长中的苦涩回忆，却也是明天甘甜的收获。今天的我们，耐得住这学海书山的寂寞与冷清，明天的我们，才能用肩头扛起更多的苦难与挑战。"不经一番寒彻骨，哪得梅花扑鼻香？"如果你正在经历这个寂寞又艰难的历程，请用最平和的心态去悦纳吧。寂寞，是考验恒心与毅力的试金石，是促使我们迈向成功、走向成熟的助推器，更是人人必须面对的一道坎。跨过去，便是另一番天地，突破它，才有另一番人生。

生命在前，寂寞在后。如果人生是一潭水，寂寞就是那涟漪；如果人生是一棵树，寂寞就是那化泥的枯叶；如果人生是江上那绵绵青山，寂寞就是山间萦绕的烟霞。身在其中，我们且行且吟，心中纵有感慨万千，也愿于一蓑烟雨中，潇洒独行。

■ **教师点评** ------------------------------------------------

寂寞，始终是我们必须面对的生命状态之一，作者面对寂寞，提出了自己的观点态度：悦纳、接受、歆享。十几岁的少年，在经过对名人、伟人的人生观和自己的求学经历的深入思考后，提出了自己应对寂寞的态度，难能可贵。

（贾　莹）

# 关爱别人　快乐自己

◆ 李宜轩

　　城市的霓虹渐渐初上，夕阳的迷雾搂抱着眷恋，走在熙熙攘攘的人群里，心里那暖暖的记忆闸门却挥散不去，久违的感动瞬间涌上心头。

　　那是一个大雪纷飞的夜晚，下了一天的大雪终于停了，整个大地好像被一层白纱裹住，又好像被一层薄雾笼罩着。行走匆匆的人们，也已换上厚厚的冬装，无暇看看冬日初上的美景，围着厚厚的大围巾疾步向前，似乎大家更希望早早回到暖暖的家里，躲避冬日的严寒。

　　刚刚放学的我被妈妈拉着手，穿过熙熙攘攘的人群，疾步来到酒店外卖口。看着橱窗里琳琅满目的美食，排在长长的队伍后面的我已按捺不住，踮起脚东张西望，生怕爱吃的美食被卖完。忽然，眼前的一幕让我心头一怔，一位黑黢黢的满头白发的老大爷半躺在路边。虽然天已经有点暗了，可依旧能看出他头发蓬乱，眼神黯淡，沾满污渍的脸上闪过一丝忧伤，身边放着破烂不堪的被子还有其他取暖的东西，来来往往的人们面无表情地从他脚边走过，没有几个人会注意他。

　　"妈妈……"我拉拉妈妈的手，又指了指蜷作一团的那个黑黢黢的人。

　　"哦，你想为他做点什么吗？"妈妈俯下身问我。"我们可以给他买点吃的吗？"我说。

　　"当然可以！"妈妈微笑着说。

　　我手里捧着热乎乎的包子快步走向老爷爷，"爷爷，快点吃吧，还很热呢。"转身离开时，一只脚却被紧紧抓住，不知什么时候，半躺在地上的"脏爷爷"黑黑的手中握着熟悉的棒棒糖，不停地摇着示意我快点拿上。我犹豫地回过头看着妈妈，不知道怎么办，只见妈妈点点头，于是我便接过爷爷手中的棒棒糖。一瞬间我的眼角红了，心里洋溢着一种无法用语言表达的感受。

"赠人玫瑰，手有余香。"这是小学四年级发生的一件小事，现在依然记忆犹新。在我们生活的这个大家庭里，不管是富贵还是贫穷，不管是熟悉还是陌生，不管是关爱还是被爱，伸出你的手帮助需要帮助的人，关心需要关心的人，这个大家庭才会更加温暖。

■ **教师点评** ------------------------------------

小作者选取了一个大家再熟悉不过的小事，但却写出了新意。雪天的描写为全文构建出冷基调来，孩子和乞丐之间的真情在涌动，又焕发出缕缕暖意来。作者还用特写镜头细腻描绘出乞丐的外貌，让人生出同情之感。

（姬爱军）

# 我家的小鱼儿

◆ 王一杨

我家里有许多条小鱼，这是妈妈在今年一月份买的热带鱼。在这些热带鱼中，存活下来最多的，就属凤尾鱼了。

每天我一放学回家，就赶紧去看我的小鱼家族。只要看到它们，我就觉得很轻松，心情愉悦。在这些鱼中，有一条身体是灰褐色、尾巴是大红色的凤尾鱼是我和妈妈最佩服的，它就是"英雄母亲"，为什么要给它取这个名字呢？因为它已经生下三拨小鱼苗了，而且一次就能生二三十条呢！

第一次是在三月的一天晚上，妈妈觉得它的肚子大大的、鼓鼓的，好像要生了一样。于是，妈妈把它隔离到了一个大杯子里面，然后我们就睡觉去了。第二天起床后，我们全被惊呆了——杯子里，密密麻麻的小鱼苗有的上，有的下，中间还有一条大鱼，是它们的妈妈。我们马上给它们的妈妈喂了好几粒鱼食，免得它体力不支，"饥不择食"地吃了自己的宝宝。

然后，就将它们隔开了。隔离了几小时后，鱼妈妈拉出了一条又黑又长又粗的屎。妈妈说这是它的分泌物，我顿时觉得它很辛苦。而它的孩子们呢，被隔离后，只要有一点儿风吹草动，它们就像炸开了锅，慌里慌张"四处逃窜"，使人忍俊不禁、捧腹大笑。可现在，它们只要一见到我，就都游到水面上来，嘴一张一合的，好像在说："饿死了，饿死了，小主人，快给我们喂吃的！"我只要把吃的投进去，它们就立刻"杀"食物个片甲不留！哈哈，太可爱了！

第二次是在五月份，那天，我正在观察它们的时候，无意间发现"英雄母亲"的屁股上挂着只能看到脑袋的小鱼苗。我被我的发现吓了一跳，赶紧学着妈妈的样，把"英雄母亲"隔离开了，然后继续仔细观察它。"英雄母亲"在水底一动不动，让人感到它好像很难受，很着急。突然，它用劲向上一"窜"，小鱼苗就来到了这个世界上。由于鱼妈妈使的劲儿大，所以小鱼的身体刚开始看起来有点弯，不过一会儿就好了。这条鱼宝宝游了几圈，就游到了水底，好像在休息一样，真有趣！过了几十分钟，鱼妈妈生完了，生了三十几条小鱼，真厉害！

第三次是在八月底，那次我和妈妈都没发现。直到妈妈看到它把两三条小鱼宝宝含到了嘴里，才明白它又生下了小鱼苗。我问妈妈："鱼妈妈为什么会把小鱼宝宝含到自己嘴里呢？"妈妈说："因为它在保护自己的孩子不被其他的大鱼吃掉！"哇，好奇妙啊！我们赶紧把它和其他的大鱼隔开了。这次，可能是因为我们没有及时发现，耽误了"英雄母亲"的正常生产时间，又或是它在隔离的过程中受到了惊吓，所以这拨小鱼苗的身体素质都不太好，存活率也是最低的。最后，只存活了四五条小鱼，这让我感到非常惋惜。

这就是我的小鱼家族，它有时会给我们带来惊喜，有时会带来惊吓，但它们都是我家中的一员，我喜欢它们！

■ **教师点评** ------------------------------------------------

文章通过对凤尾鱼三次生产小鱼过程的详尽描述，说明"英雄母亲"名副其实。小作者对生活观察细致，描写细腻，语言朴实，结构自然，文章充满了童趣。

（刘红梅）

# 树叶旅行记

◆ 张儒逸

树妈妈有很多很多的孩子。到了秋天，孩子们纷纷离开妈妈的怀抱，飘向四方。这时，每个孩子都成了小小的旅行家。

树叶宝宝们随着秋风婆婆来到了池塘。在那里，正开着一场别开生面的演唱会：青蛙当鼓手，蛐蛐当琴手，金龟子吹萨克斯，蝴蝶和蜻蜓翩翩起舞，蝉唱着优美动听的歌儿。它们欢聚一堂，载歌载舞。连树叶宝宝也随着它们的歌声情不自禁地舞动起来。

树叶宝宝们又随着风婆婆来到了田野。田野里到处都是丰收的景象：金色的麦浪随风滚动，高粱宝宝涨红了脸，玉米个个笑弯了腰，颗粒饱满的大豆从豆荚里露出了圆圆的小脑袋，欣赏这五彩缤纷的世界。

树叶宝宝们跟随风婆婆的脚步又来到了海边。大海真大啊！无边无际的海水里游着世界上最大的鱼——鲸鱼。海豚正在用他们那独一无二的嗓音尽情歌唱。海龟懒洋洋地漂浮在海面上，一边倾听着美妙的歌声，一边享受着舒适的"阳光浴"。贝壳在沙滩上悠闲地散步。欢乐的笑声，悦耳的歌声不时地在大海上空回荡。多么和谐的画卷啊！树叶宝宝们不禁发出感叹！

树叶宝宝们随着风婆婆飘啊飘，飘到了梦幻般的沙漠。金色的沙丘错落有致地散落在沙漠里，和素有"沙漠之舟"之称的骆驼，组成了沙漠中独有的一道风景。

最后，树叶宝宝们回到了妈妈的怀抱里，开始了新的轮回……

看了小作者的文章，眼前仿佛流过一条小溪，清纯、可爱。小作者用纯净的语言表达出了丰富的内涵，小树叶的四季旅行是多么有趣啊！愿你在写作天地中不断成长。

（尹海婷）

# 娘

◆ 陈雪晴

14年前，我娘28岁，生下了我。从此，她就再也没有了青春。

我娘爱干净，她总是把自己收拾得干干净净，把家也拾掇得干干净净。可我不一样，用娘的话说，我长大没人敢要。我眼中的干净，和她眼中的干净不一样，她的干净：地要扫得一尘不染，桌子就要擦亮堂，东西该往哪放、衣服该怎么整理都要有规矩。为此，我可没少挨娘的训。

娘是个急性子，这点随外公。做事干净利落，说话也爽快，但性子急，得罪了不少人。我不一样，我是个慢性子，在娘眼里，我那是浪费时间。娘性子急，有时不听我解释，随口就训，事后来一句："你怎么不早说？"跟个孩子似的。

娘是农民，没有文化，也不识几个大字，但她会用她的方式去支持我、鼓励我。有时帮班级买东西，但晚上作业又多，娘会去帮我买。她说："有你老娘呢，放心！"娘不反对我的业余爱好，她鼓励我大胆去朗诵，发展特长。文艺节我既跳舞，又任主持，娘都默默关注着我，有了娘的支持，我似乎多了一份动力。

娘有时嫌我胖，嫌我吃得多，又嫌我起床晚，然后絮絮叨叨地讲她年轻的时候："我像你这么大的时候……"我仿佛也看见了娘的青春。

娘很严厉。她说，我是她身上的肉，是她的肉，就必须优秀。小时候考试没考好，娘转眼就装扮成了"恶婆娘"，拿棍子追着打我。打完后，先饿一顿，把试卷上的错题改正，然后才能吃饭。小时候，我对娘又敬又怕。

长大了，娘很少打我了。我们的战争大多是口水战，结果不是我哭着去睡觉，就是她冷着脸骂我不孝。我很奇怪，怎么"战争"不断呢？娘肯定也很奇怪，这闺女怎么越大越不争气呢？

娘说我不能顶撞她，老师也说不能顶撞家长，可是，为什么呢？难道娘做错了，我也要装作她是对的。又或者，我的顶撞，轻微的顶撞，也不行吗？

娘有时无理取闹，我有时也无理取闹。有些事她迁就着我，可有些事她决不能依我。她希望我能成为她的骄傲，我也希望我是她的骄傲。但我们俩的"战争"，永没有完。我有时会想：我怎么会摊上这样的娘，娘也许也在想，她怎么会有我这样的女儿。

人生苦，青春短，岁月忙，不可负韶光。娘说：她的青春在生我的那一刻终结，她的人生苦在养育我的14年，可她不后悔有了我。

我曾想，为何我有这样的一个娘，为何我有这样的一个家？我多么想摆脱这个娘。

可是——

我和娘有着一样的黄头发，有一样的白皮肤，都喜欢皱眉头，就连我们吵架时的表情都一模一样。我想，我永远也飞不出娘的世界，我永远无法摆脱她。

我是娘的心头肉，娘又何尝不是我的心头肉，娘给予我的，我该如何去偿还？我长大了，娘老了，我就是她一生的支柱，就像小时候，娘是我的支柱。我倒了，娘不能活，娘倒了，我还能活吗？

14年，时光无形亦无情，何时才能像小时候那样，牵着娘的手，一起走。

娘，我长大了。以后，娘，请牵我的手，我带你走。

■ **教师点评** --------------------------------------------------------

小作者在叙述与母亲的生活琐事中饱含真挚的深情，从小时候对母亲的又敬又怕，到现在的又依又恋，娓娓道来，朴素感人，不失为一片赤子之心。也许打动我们的往往就是这种人间朴素真诚的亲情，本文最可贵的正是这点。

（罗宝荣）

# 榴　梿

◆ 金嘉汭

夏末，我和爸爸妈妈在街上散步，走到一家水果店旁，看着门口那一脸不友好的榴梿，我的心底里油然升起了一种想要跟它"比试比试的滋味"。

它全身长刺，满脸露出"生人勿进"的橙黄色，头上的"刺"竖得直直的，很是傲娇！因为看我对榴梿"情有独钟"，爸爸便买下了它。回到家，爸爸把它那层令人生畏的带刺的衣裳剥掉后，里面露出芬芳扑鼻的乳白色果肉，一瓣一瓣的很可爱。没想到，这怪物居然这么羞涩呢！一般，长的大一点儿的榴梿，里面有八瓣果肉，小一点儿的也要六瓣。人们都认为，榴梿有一股臭臭的味道，其实，新鲜的榴梿并没有那种味道，反而还有一种清甜的特殊的果香呢！新鲜的榴梿不仅很香，口感还非常不错呢！月牙状的果肉厚厚的，有一层光滑的薄膜包裹着，咬开薄膜，软糯、细腻的果肉就呈现在唇齿之间了。吃榴梿就跟吃雪糕差不多，香气在口腔内来回环绕。

可爱的榴梿，你那坚硬狰狞的外壳下，包裹的竟然是如此软糯香甜的果肉，让我爱不释口。

■ **教师点评** ----------------------------------------------

小作者观察细致，先介绍了榴梿的外形，接着重点写了果肉的特点以及味道。内容详细，语句流畅，运用了拟人的修辞手法，表达了对榴梿的喜爱之情。

（何履花）

# 新西兰见闻之普乐园

◆ 杜欣格

今天天气特别好，万里无云，天空蓝得像宝石一样。我的心情也和天气一样，因为今天朋友约了我出去玩儿，你猜猜是哪里？不对不对，不是景点，也不是去逛街。嘻嘻，今天我们要去一个遍布新西兰社区的游乐园，可以说它是新西兰的一大特色。好了，不卖关子了，这个地方英文单词直译叫作普乐园。初来此地可别以为普乐园是国内的操场，它可比操场好玩儿多了。新西兰的普乐园由政府出资修建，分布在大大小小的社区，规模有大有小。普乐园里有各种各样的娱乐设施，最常见的是秋千和滑梯，在一些较大的普乐园，还会有垂直转筒、转盘、超长滑梯、滑索、跷跷板等娱乐设施，让你看到就迫不及待地想去玩儿……

我最喜欢什么？

普乐园里这么多好玩的设施，到底该玩哪个呢？噢！我的选择综合症又犯了，总结来总结去，被光临次数最多的游戏设施有三个。

第三名：转桶。

可以说玩转桶真的是其乐无穷啊！你可以在里面走，可以跑，可以坐着转，也可以躺着转，当然前提是你不怕脏啦！在这个过程中，还会因为不同的转速、不同的玩伴而发生许多搞笑的情况，比如说转速太快跟不上节奏而突然摔个大马趴，或是狼狈地手脚并用甚至四脚朝天，或是因为两人的节奏不同而搞得大家晕头转向……总之是笑料百出啊！

第二名：滑梯。

滑梯同样不错，而且越长的滑梯越好玩。我目前遇到过最长的滑梯大概有个十来米吧，很好玩！唯一的问题应该是……嗯，是因为滑梯太长，所以会产生静电，噼里啪啦，那个酸爽。另外还有一种不锈钢材质、坡度接近垂直的滑梯，虽然不是很长，但玩起来更刺激，甚至有一种海盗船的感觉。不过我还是期待着能有更大、更长的滑梯等着我哦！

第一名：秋千。

秋千可是我的最爱！可别告诉我你不知道秋千是什么。我小时候就很喜欢玩秋千，一有空就缠着姥姥带我去玩，不夸张地说，秋千就是我最喜欢玩的游乐设施，甚至可以说是从小陪着我长大的"好伙伴"。所以，一看新西兰所有的普乐园都有秋千，本宝宝简直高兴地"飞"了起来。而且我还有惊喜地发现，很多普乐园中的秋千不止一种，有坐着荡的、站着荡的，甚至还有一种可以躺在里面荡的大圆盘秋千，多种多样，保证能让所有和我一样的秋千爱好者们乘兴而来，满意而归！

我想，在新西兰的每一个普乐园里，都珍藏着许许多多大人和孩子的快乐回忆。当然啦，现在这些回忆中，又加进去了那一份属于我的回忆。我也希望，每一个普乐园，都能够带给人们更多、更难忘的记忆。

■ **教师点评** ------------------------------------------

优美清新，用词准确，语言平实自然，层次清晰分明。从文中可以看出你是一个热爱生活、放眼世界的孩子，你用真情打动了别人，再次感谢你带给大家美好的感受！

（瞿　红）

# 这里，也是我的舞台

◆ 马宋琰

舞台是一个万人瞩目的地方，一个充满聚光灯的地方，一个令人骄傲、令人向往的地方。然而，我的舞台却与众不同，它就是我从小最为喜爱、伴我长大的地方——我家的后院。

它虽是后院，却几乎无人问津，不像前院热闹无比。只有风，静静地陪伴着它。于是这里，顺理成章地成了我的舞台！

我唱歌音是不准的，一唱便会惹得人笑，依爸爸的话说，就是给周围的人带来了"毁灭性的灾害"。但是我喜欢唱歌，很着迷的喜欢，可如何能有足够的胆量去给家人带来"听觉盛宴"呢。我并非没有尝试过，只是每次都是以观众——我家人的嘲笑收尾的。因此，我去了我的舞台——后院。

就如往常一样，那里只有鸟儿的叽喳声，只有风拂过草坪的声音，只有寂寞的声音。于是我便对着那棵显得严肃的古梨树席地而坐，草覆盖过了头顶，我对着后院的一切景物忧伤说着："你们说，我是不是真的不适合唱歌呢？要不，我给你们表演一下吧！"于是我站起身来，在齐腰高的草间边奔跑着，边唱着歌。我很高兴，高兴终于有人，哦不，终于有物听我唱歌了，而且无物打断，让我很安静地从头唱到了尾，顿时一种无名的神圣感涌上心头，心中充满自豪。接着我又面对柳树，为它演唱了一首《柳树姑娘》，柳树轻摆着柳枝，似乎在为我鼓掌。这次我的心是平静的，无论是好是坏，我用心去感受了，用灵魂去演唱了，不是为了博得称赞和掌声，也不必在意别人的评价。那天，我从清晨唱到了傍晚，一颗颗星点缀了夜空后，我才停了下来，我想，在那一天，那个女孩的歌声才是最美的，因为它充满了童真，是用宁静的灵魂在歌唱！是被心灵所净化的、最纯洁的、无污染的声音！

外面的世界必然是嘈杂的，在这个功利的世界里，人的心是浮躁的，又有几人能摘下虚荣的面具，真正活出自我。我无法真正地思考，真正地快乐，真正地放开自我！只有在后院那块天然的舞台上，我才能表演出真正的自我，表演出不拘一格的性格，表演出独一无二的人生，表演出我心灵中的最高境界！

在后院这个舞台上，风在伴奏，树叶在伴舞，花儿在捧场，我在歌唱！

### ■ 教师点评

小作者选取一块荒无人烟的后院作为自己的人生舞台，展示自己的歌喉，释放自己的心灵，这样的构思别具匠心，既能打动人心，也带给读者耳目一新之感。

（张慧琴）

# 12 月 份

## 撑起一把油纸伞

◆ 张瀚之

暮雨潇潇，小巷深深。他独自撑着一把油纸伞，在湿滑的青石路上踟蹰着，为了心中的那一株丁香。他已褪去曾经的颜色，放下漫卷诗书，敛起满腹经纶。今晚他只是一个人，是一个渴望和她相遇的痴心人。谁能说起巷角的青苔何时长出？又有谁能说清那油纸伞下身着青衫的男子，因为伞檐两滴雨汇为一滴落下而荡起的心中涟漪……

撑起一把油纸伞。在蒙蒙烟雨的苏公堤上，新燕啄着春泥，细雨打湿了迷蒙的江南，悄无声息地将天与地、人和妖以一根根无形的细丝相连。垂柳下负手而立的白素贞在远远断桥上瞥见了那个青衣少年。千年修行的寂寞，烟雨浮起的湖面难敌少年春风似的抬眸。抬眸，轻笑，千年的她此时只是一个手足无措的闺中女子。他在乌篷船头，牵起她的手，将手中那把油纸伞交给她，等待着那早已注定以悲剧收场的爱情。雨敲在青砖屋瓦上，打在摇曳的凤尾竹上，缠绵了整个江南，两颗心在咫尺天地间悄无声息地生根、发芽，葱茏了凄美的一生。

撑起一把油纸伞，那把多情的伞下又藏了多少缤纷的梦？岁月盈盈，多少悲欢离合的曲子在伞下唱出。张爱玲的《半生缘》中，世钧和曼桢在亭中买下一把淡蓝色的油纸伞，两人匆匆分别又错肩而过后，那把伞一路流转，陪伴曼桢步入十里洋场的繁华和喧嚣。她茕茕孑立，她的内心是否与伞面上的雨一样苍凉、凄楚……一把油纸伞，从江南仄仄中走过，是寂寞的灵魂，还是充盈的期盼？是顾盼生姿念着吴语的女子，还是身着长衫瘦削的男子？在雨的声响里，彼此静默地伫立着，两两相顾互生凄楚。"雨巷诗人"戴望舒撑着油纸伞，在雨巷中缄默地走过，心中涌着或浪漫或悲伤的情诗；"十年饮冰，难凉热血"的梁启超撑着油纸伞匆匆离了北平，回首谭嗣同等人的热血融入雨中，流下了泪水；"千古伟人"毛泽东撑着油纸伞跨进了南湖的画舫，此时烟雨怎么知道那是中国革命在雨中诞生的新篇章……

撑着一把油纸伞，我走过烟雨江南，透过低垂的伞檐，我看见满头白发的老妪将一把油纸伞装进儿子的行囊，我看见衣袂飘飘的女子挽着身边的男子藏在伞下红了脸颊，我看见新娘头上那把象征喜庆的红伞映照了她的霞帔，我看见背着书箱踏着芒鞋的秀才匆匆行过溅起的水花……那一滴垂在伞檐的雨里，我看见了贯穿千年的烟雨和那把等候的油纸伞。

烟雨江南，独对青山。留不住的是岁月，挥不去的是记忆，细雨打湿雨巷的油纸伞，而梦中那一株丁香早已永驻我心。

### ■ 教师点评

这是一篇文质兼美的好文章。作者以戴望舒《雨巷》中的诗句"撑一把油纸伞，独自彷徨在悠长、悠长又寂寥的雨巷……"起笔，由此想象营造了一个烟雨空蒙、迷离幽思的古典情境。娓娓道来的画面不再有时空的局限，随着语言这条河流潺潺流淌而出，直抵心中所有的美好和哀思。

（王侯丽）

## 魂牵梦绕的梧桐树

◆ 杨抒衡

小时候，我住在奶奶家，每当在家里玩腻了，奶奶就会把我带到院子最南边的那棵梧桐树下陪我玩，久而久之，我对这棵梧桐树产生了感情。

一天，我和奶奶在院子的草坪里散步，突然，我发现一棵小树苗笔直地插在土里，碧绿的嫩芽若小手一般，在风中召唤着我，那样子可爱极了！我迫不及待地拉着奶奶来看这精灵一般的小苗苗，奶奶告诉我，这就是梧桐树苗。原来这就是梧桐树呀！我连忙跑回家取来自己的小水壶，在树苗的周围浇起水来，嘴里还念叨着："快点长高吧，让我看看你我谁长得更高！"

第二天早晨，一起床我就催奶奶，拽着奶奶往楼下跑。"快点快点，说不定它都已经长得超过我了……"可一到楼下，我却没有看到高大的梧桐树，看到的仍是那一根细细的小苗苗。奶奶说："梧桐树的生长周期很长，一天的时间它是不会长高的。"我哪里懂这个呀！仍然不甘心，于是又跑回家取来我的小水壶，使劲地浇啊浇。

渐渐地，我累得跑不动了，瘫坐在地上，望着小树苗发呆，开始想象它长大后的样子……

第三天是个下雨天，奶奶怕我着凉，不让我出门。我倔强地拿起雨衣，准备去给小树苗挡雨。"奶奶，小树苗淋了雨会生病，也会长不高的。"我毅然决然地冲下楼去给小树苗挡雨，我把大伞举在小树苗的顶上，在雨中站了半个小时。呼——呼——"奶奶，今天的风真冷，幸亏我去了，不然小树苗就死了。"最后的结果，我和奶奶都感冒了，爸爸妈妈为此批评我任性，不过我依然乐呵，毕竟那棵梧桐树苗没有被淋到雨呀！

就这样，我和小树苗共同度过了三年时光。现在它已经成了参天大树，再也不需要我为它遮风挡雨，反倒是我常常和院里的小朋友一起，在梧桐树的庇佑下，玩"捉迷藏""瞎子摸象"的游戏。玩累了，我们就坐在树下歇息，梧桐树则用它偌大的叶子挡住炙热的阳光，叶缝中透进来许多光斑，映在地上，就像一个奇幻的世界。每每这样的时刻，伙伴们望着天，看着叶，盯着树，真是极大的享受！

渐渐地，我和梧桐树在一起的日子越来越少，但我和它的情感却根深蒂固。每当我学习退步受训时，站在树下生闷气，风将树叶吹响，有规律的"沙沙声"就好像在安慰我，让我不要伤心、气馁；考试取得好成绩时，我也会向它炫耀；学校里发生的趣事也要向它诉说，渐渐地，梧桐树成了我生命中不可或缺的亲人……

后来，我和爸爸妈妈搬进了市区，我无比思念那棵梧桐树。梦中，我回到了奶奶家，看见了慈祥的她，还有那棵梧桐树……

■ **教师点评** ------------------------------------------------

淡淡的语句却透露出浓浓的情感，读完之后让人久久回味，小作者和树互相关爱，共同成长，这一幕久久挥之不去！

(姬爱军)

# 核心与边界

◆ 缪浩文

"好花还需绿叶衬"，这是我们常听的。这是说一朵花的美还需要普通绿叶的衬托，说是"普通"，实则是一种宝贵的"边界"，试想，如果你的眼界中只有鲜花，你又怎知美呢？

我们常说的"核心"，实际上就如万绿中的一点红，它本身并无多少优异，只是因为比较，所以显得出彩。至此，我们可以看出核心与边界互不相离，否则，任何一方都是边界，都是核心。

核心或许很强大，但它依旧需要边界，不单为了衬托，而为了更强大。人们心中的"球王"梅西，他被冠上"核心"之名，实是无可厚非，但是，他永远存在于场上十一人中，他永远不是被单独称为核心，而是"团队核心"。一个团队中，有核心势必就有边界，训练时边界也许是那些技术稍逊一些的球员，但他们更能突出核心的强大；在场上比赛时，边界也许是场地边界，再强大的核心也无法做到处处顾及，所以他需要队友，需要边界上的队友来扩大自己的核心范围。这很好理解，就如梅西再强大，在一支十一人的队伍面前他永远处于劣势，而不再是核心。

核心之所以强大，是因为他的能力，更是因为他对边界的包容。脍炙人口的相声之所以说传至今，是因为捧、逗二人的配合，可以说逗笑的成分主要由逗哏发出，但是少了捧哏却总觉得孤零零的，趣味自然减少三分，因为欢乐是人与人之间的，需要有肯定、衬托的那一方。正如老话"独乐乐不如众乐乐"所说，捧、逗二人不为谁词多谁词少，只为欢乐，才使核心有了边界，欢声有了笑语。

核心需要格局，边界需要多元。核心往往是领导者的地位，这并不意味着核心作用和边界有着本质上的差别，只是核心需要看得远，边界需要做得细。茫茫大海上，何处才是出路，这是每个人都想知道的。眺望的老船长必须明白何处是归宿，如何为这一船的生命负责；而那些身强力壮的水手，则需要心无旁骛、扎紧麻绳、拉高帆布，跟随老船长一同向前。核心与边界，实则是互相无可替代，因为合作才是二者的出路。

何者都是核心，何者都是边界，我们不能主观上认为谁高于谁，这个世界本就不停转动，我们不可能找出至上的那一方。存在都是有意义的，而所谓的核心与边界，只不过要教会我们合作。从核心中看到边界，从边界中看到核心，你会看到不一样的世界。

### ■ 教师点评

这是一篇期中考试命题作文。作者在有限的时间内紧紧围绕主题展开有思想、有层次、有逻辑的论述，把"核心与边界"的关系在短时间内论述得如此清晰到位、用语准确，而且一气呵成，的确令人惊叹！

（孙　亮）

# 数风流人物

◆ 蒙雨飞


"滚滚长江东逝水，浪花淘尽英雄。是非成败转头空，青山依旧在，几度夕阳红。"

恰似这长江水，从一朵朵汹涌的浪花中卷过曲折风云的三国画卷。在感叹历史的同时，我们更应当有所思。

我最敬佩的一位人物便是孙权。

踞江东，志在九州。继祖业，承父兄，既冕主吴越万兜鍪。纵使天下几变，稳东南占中原，水师锁长江抗曹刘。

就连曹操方面也忍不住感慨："生子当如孙仲谋。"

君不见赤壁纵野火烧铁索连环船，也不见御北敌联西蜀长江上鏖战。孙权善用谋略，用人当属一绝。他虽是继承父兄基业，缺乏沙场磨砺，在斗争中学会斗争，但他以海纳百川的魅力使大批能臣武将为自己效忠，让江东真正做到人才济济。孙权政治头脑很精明，用人不疑，懂得让自己的劣势被手下的能臣一一补充。正是因为有这些人才的辅助，孙权才能雄踞江东，争霸天下。

君不见吕子明踏轻舟白衣渡川，也不见陆伯言烧连营火光冲天。孙权重用吕蒙，奇袭荆州，袭杀关羽；重用陆逊，不畏刘备庞大蜀军，火烧连营，再夺胜利。从历史角度看，孙权的一系列行为再次表现他是乱世豪杰。

在孙权登上皇位后更是大有作为。执政期间，他派人航海，加强对台湾的联系。选贤臣，促进江南土地开发，显示卓越治国才华。"年少万兜鍪，坐断东南战未休。天下英雄谁敌手？曹刘，生子当如孙仲谋。"

历史上风流人物数不胜数，可真正名垂青史的人却不多。在这些历史人物的身上，我们可以看到很多难能可贵的品质，既在学习领悟，也在思考。我想孙权身上最值得人学习的便是他少年称王的勇气和非凡谋略。

最后，以最崇高的敬意献上：运帷幄，英雄几拂袖。覆江东云雨，尽风流，耀青史，芳名留。

■ **教师点评** ————————————————————————————

本文重点分析三国人物——孙权。题目引自毛泽东诗词，与文章主旨颇为契合，文中分析有理有据，文字优美，尤其结尾处意味深厚，文笔雅致。

（刘雅莉）


# 关爱，无处不在

◆ 杨轶涵

关爱是什么？是生病时整夜陪伴在你身旁照顾你的父母。关爱是什么？是遇到难题时同学的耐心讲解。关爱是什么？是扭伤脚时送你到医务室的老师。关爱是什么？是……

记得有一次，课外班下课，我骑着自行车回家。可是，没走多远，自行车的轮胎就被一个钉子扎破了，我心想：这可怎么办呢？离家还那么远，该如何是好呢？想着，我便把自行车推到路旁，靠在墙上。就在这时，碰巧一位好朋友走过来，说："我们去玩会吧，等会儿再回家！"我毫不犹豫地答应了，也就把修车这事忘得一干二净了。

我和朋友们玩得不亦乐乎。快乐使我很快地忘了回家，忘了那辆被扎破轮胎的自行车……

不知不觉已经到了中午，我突然想：糟了，这么长时间我还没回家，妈妈肯定会着急的。说着，我飞快地跑向停放自行车的地方，"咦，自行车怎么不见了？"东找西找，怎么也不见自行车的影子，"会不会被偷了呢？唉，都怪我，妈妈一定会批评我的。"

这时，马路对面走过来一位老爷爷，到我跟前停下脚步，问："孩子，你是不是在找什么东西呢？""爷爷，我的自行车丢了。""这样啊，你的自行车是什么颜色的？""爷爷，是一辆蓝白相间的26自行车。""噢，你跟我去取自行车吧。""好的，爷爷！"我疑惑地看着爷爷。

原来，爷爷发现路旁墙边靠着一辆自行车，车轮胎破了，就推回自己的修理铺，补好车轮胎，想着肯定有人会来找自行车，到中午就看到了来找自行车的我……

看到失而复得的自行车，我激动地说："谢谢爷爷，您真是个大好人，我该怎样感谢您呢？""我帮您干……""不用谢，举手之劳，尽我所能！"爷爷笑着说。

此时，我心里比吃了蜜还要甜，不知说什么好！我深深地向爷爷鞠了一躬，推着自行车回家了。那首"只要人人献出一点爱，世界将变成美好的人间……"萦绕在耳边，久久回荡。

关爱，无处不在。只要人人献出一点爱，这个世界将更加美好！

### ■ 教师点评

小作者将一位陌生老爷爷帮助自己修自行车这件事记录下来，完美地体现了"关爱无处不在"的主题。通过对人物的语言描写、心理活动描写，将事情叙述得完整生动。

（张 妍）

## 汉字比拼

◆ 于子皓

一天中午，字典爷爷睡着了，可是他身上的汉字孩子们为一点小事——谁最常用，而争吵了起来。

"大"伸伸胳膊，骄傲地说："我最常用，大草原、大海都是我大字组成的。""飞"马上抢着说："我最常用，飞翔、起飞还不是我上场！""王"不服气地大声喊道："你们看，只有我才能组成国王、王子这样高贵的词！"他们三个互不相让，吵得脸红脖子粗，个个怒目圆睁，一场战争快要打起来了。

看到这个情况，"小"和"力"还有"干"一人抱起一个把他们分开，三个人异口同声地说道："大家都有用，少了谁也不可以！你们不要互相伤害了。"可是，他们三个就是不听，仍然在吵……声音越吵越大，这吵闹声把熟睡的字典爷爷吵醒了。字典爷爷问："孩子们，发生了什么事情，吵得这样惊天动地？""小""力""干"异口同声地说："爷爷，他们为谁最常用吵成这样的。"

字典爷爷一听赶忙说："不要再吵了，我可爱的孩子们，你们各有各的用处，少了谁也不能组成一篇好文章，你们要团结一心，拧成一股绳，这样才能让文章变得丰富多彩！"

"大""飞""王"听后惭愧地低下了头说："我们知道错了，我们不应该吵闹，字典爷爷原谅我们吧。"

从此以后，汉字们再也没有争吵过，每天都洋溢着欢声笑语，字典爷爷开心地告诉孩子们："我们是充满友爱的大家庭。"

■ **教师点评** --------------------------------------------------

小作者行文自然流畅，没有华丽的辞藻，但是能用简单朴实的语言，让我们感知到另外一个世界，想象丰富合理，意味深长。

（郭晓红）

# 树林、笼子和我

◆ 赵翊涵

终于，我睁开了眼睛，扑扇了一下翅膀，谢天谢地！我还活着。

可是，这里并不是我那翠绿色的家园，而是一个空间狭小、只有两个食盆的小房子。虽说是小，但对于我们鸟儿来说也算是宫殿了，红色的实木栏杆，黄色的门，两个食盆是陶瓷的，上面还有中国画，屋顶像宝塔一样一层接着一层，少说也有五六层，不光这些，还有一截小树枝。这真是宫殿啊！

宫殿外面，有着美丽的风景：三两棵树在风中摇摆着树枝，映山红、满天星、玫瑰、太阳花等各种花儿竞相开放，真是美不胜收。

可我是怎么到这里的呢？这宫殿是谁为我准备的呢？正想着，一个小女孩看到了我，兴奋地对她妈妈说："妈妈，小鸟醒过来了，我要给它喂食去了。"

哇！这么好！还有人伺候我，一定是我行了不少善事，老天给我的奖励。我对自己说："阿月，你真行！"

就这样，我在这宫殿里度过了很长的时间，那日子真快活啊！无忧无虑的。

无忧无虑？这词有点夸张。实际上，我最近并不高兴，心里总有一种空落落的感觉。后来，我才知道那空落落的感觉叫乡愁。

尽管我的待遇比以前更好了，饿了有食吃，渴了有水喝，那个小女孩也很爱听我歌唱，但那空落落的感觉一直在蔓延。

一天夜里，我醒来了，听见一只鸟儿在树丛里欢快地叫着，在树丛中用小树枝搭着窝。

啊！也许那才是真正的快乐吧，要是我……咦？我想起来了！事情大概是这样的：那天，我在树林里寻找食物，忽然，我看见一个人扛着一把乌黑的东西，应该是猎枪，我正打算去告诉树林里的伙伴们，不料，他发现了我，低声说了什么，我打算仔细去听，没想到他竟拿起一根棍子砸我，我眼前一黑，就什么也不知道了。等醒过来时，我就在这里了。

不行，我要立刻回到我真正的家园，跟小伙伴们在一起。于是，我用嘴打开笼子，飞向我的家园，果然不远，原来我的家园就在这附近啊！

我立刻飞过去，看见的不是那茂密的树林，而是一个个大树墩，那些树林中的伙伴都去哪了呢？

忽然，我听见微弱的哭泣声，正准备飞过去，不料那只鸟儿比我还警觉，细细一看，原来是我儿时的好友阿花。

等到我们互相看清对方后，就拥抱在一起。"阿花！你这是怎么了？其他伙伴们去哪里了？"

"唉！你是不知道，自从你走后，树木就一棵棵地倒下了，小伙伴们也一个个陆陆续续被人抓走了，我是侥幸逃脱的。"

啊！人类，你们怎么那么残暴？破坏森林，让我们失去伙伴、失去家园、失去自由。醒醒吧，人类！再这样继续下去，受到伤害的将不仅是我们，你们也一定会受到惩罚的！

■ **教师点评** --------------------------------------------------

一篇很有深意的童话。开头的幸福生活和结尾失去家园的强烈对比、小鸟的心理变化都引起读者的强烈震撼。作者借小鸟之口控诉了人类对自然环境的破坏，呼吁大家保护自然，爱护环境。

（王晶菁）

# 走遍天下笔为侣

◆ 李家好

如果你独自驾船周游世界，而只能带一样东西供自己娱乐，你会选择哪一样呢？一幅美丽的图画？一支笔？一只竖笛？还是一副扑克牌？一部手机？

这似乎很难做出选择。

如果你问我，我会毫不犹豫地回答：我要选择一支笔。一支笔？你也许会惊讶。没错，就是一支笔。

如果我带上一支笔周游世界，在旅途中，我会用笔记录一路的风土人情，我会用笔画下一路的所见所闻：清澈见底的湖，水中悠然自得的鱼儿，空中自由飞翔的鸟，蔚蓝的天与洁白的云，高耸入云的山与无边无际的森林，不同地域人们的服饰与习俗……

如果我去周游世界，用笔记录和画画，就能让我诉说快乐与忧愁。用笔记录，让我记住了美丽的风景、传奇的神话、精彩的历史故事等，也让我懂得了好记性不如烂笔头。我愿意用笔记录下热带雨林，冰天雪地，茫茫大海，袅袅炊烟，沙漠戈壁，长河落日。我愿意去记录一切的一切。画画，让我懂得世界多么绚丽多彩。我愿意画下春天的鲜花，夏天的绿树，秋天的瓜果，冬天的白雪，白天的山峦，夜晚的星辰，海中的飞鱼，天空的小鸟。我愿意画下一切的一切。如果可以，我要自己写一本游记，画一本画册，展示给他人，让他们看到外面世界的精彩，感受大自然的神奇，慨叹人类的伟大。当记录和画画给别人也带来快乐的时候，我便有"赠人玫瑰，手有余香"的幸福。

如果我驾船周游世界，在茫茫大海中，我坐在摇曳的小船上，信手写下些许文字或者随手涂出画面，看海鸥掠过水面，听海风拂过耳旁，该是多么的惬意！

笔是记录你生活中点点滴滴的工具，更是陪你走过漫漫人生道路的伴侣。它是属于你的，独一无二的，因为世界上没有两个人会用同一支笔写出同样的文字。

■ **教师点评** -----------------------------------

小作者以充满动感的语言，附之精心的构思，由学习中常见的笔入手，联想到生活中的点滴。叙述似一条徐徐而流的小溪，清秀，流畅，文笔优美，感情竭诚细腻，具有个人风格。

（王庆伟）

# 路在脚下

◆ 陈 凤

我还要一个人走很长很长的路，所以我告诉自己：风来自很远的地方，去去也无妨。

——题记

曾经在课本上看到鲁迅先生这样说："地上本没有路，走的人多了，也便成了路。"当时不懂，即便是现在也没有什么感悟。还记得这样一段话："黄色的树林里分出两条路……两条不同极端的路，这一走，便足以决定终生。"

有一位哲人曾这样说过："在生与死之间有一段距离，叫作生命；而如何走过走好这段距离，叫作生活。"每个人都生来平凡，从出生的那一刻起，直到人生的最后，每个人的结局无一例外，都是走向消亡。既然结果已注定，无法改变，那就走好这段叫作生活的路。

如果把每个人都看作一种不同思想的载体，那么思想不一样，行动自然也不一样。没有谁生来高贵，又有谁是生来卑贱，上帝对每个人都是公平的。没有谁是生来不凡和天赋异禀，又有谁会是生来"朽木不可雕也"。所谓"勤能补拙"最好的体现在于：天才可以办到的事，靠勤奋也能办到，而靠勤奋可以办到的事，天才却不一定可以办得到。所以，心中有梦，无惧风雨。

绿萝拂过衣襟，青云打湿诺言，余生漫长，何必慌张。当繁星织上夜空，抬头仰望灿烂星海，莽莽乾坤，我们不禁会感叹宇宙之浩瀚，星河之灿烂。相比之下，人则显得那样渺小，微不足道。歌德曾经说过："你若要喜爱自己的价值，就得给世界创造价值。"雷锋的价值则体现于"我活着是为了让别人活得更美好"。在青春的大好年纪里，做我们该做的事，不要在该努力的年纪选择安逸。古人都知道，"少壮不努力，老大徒伤悲"。或许，每个人心里或多或少都会有过不去的坎儿，但是不断翻看伤疤只会让自己更加沮丧，很多事情可以不忘记，但一定要学会放下。所以我们不要恶狠狠地回顾过去，也不要怕兮兮地向往未来，而是要满怀激情地过好现在，用全身心的爱来迎接今天。

走过很长一段路之后，你就会知道，时过境迁，世态炎凉，要走的终究留不住。既然留不住，何必去挽留？就让冗杂的事务顺应时间的流逝，渐渐退隐在我们的生活里，就像很多人闯进你的生活，仅仅只是为了给你上一堂课，然后转身离去。生活依旧会继续，太阳依旧会早早升起，千万不要把幸福寄托在别人身上，自己不优秀，遇见什么人都没用。所以，不困于心，不乱于情，不念过去，不畏将来。

人生路漫漫，困难何其多。这一路上，走走停停，兜兜转转，有太多事要面对，有太多事要去理会。年幼时，可以说出太多的"我不想"，到了要对自己负责的年纪，请认真地问自己："我想成为怎样的人？"青春除了用来享受和挥霍，还要用来思考和抉择。请勿忘，我有梦想尚待实现，一万年太久，只争朝夕！

**■ 教师点评** --------------------------------------------------------------

小作者是一位留守儿童，但她自立自强、坚韧乐观、活泼开朗、成绩优异，常常感动着我们。言为心声，本文实为自我精神之写照。

（罗宝荣）

# 上善若水

◆ 杨觐瑄

礼物，是人与人之间表达情感的媒介，是人与人之间传递思想的方式。每个人都收到许多礼物，生日礼物，节日礼物……那么，你有收到自然的礼物吗？

水，是生命之源，万物之根，没有水，世上就没有生命。没有水，就没有叽喳成群的小鸟，没有秀丽幽深的森林，也没有嬉戏玩耍的孩童。所以我时常在想，水，是自然送给我们独一无二的礼物。

水坚忍又豪放，柔软又刚强。水有着我们所没有的完美品质。细碎水花间，它带给了我们一份特别的礼物。

"明月松间照，清泉石上流。"幽深昏暗的峡谷中，可以听见水滴的声音，滴答滴答，清脆悦耳，宛如孩童的笑声。每一滴水，自上而下，落在石头上，溅出一朵又一朵完美的小水花，创造出令人震惊的景象——钟乳石。不知要多少滴水才可创造出如此宏伟壮丽的景象呦！不知要多少年的坚持不懈才可创造出如此瑰丽的场景啊！"滴水可穿石"，水就用这种方式，送给了我们一个礼物：世上之事，持之以恒，便可成功。不轻言放弃，不怨天尤人，始终谨记，坚持不懈，便可成功。

"日月之行，若出其中，星汉灿烂，若出其里。"曹操的《观沧海》，向我们展示了海的广阔。海洋有着博大的胸襟，天下万物，哪个不在它心中？海洋广袤无垠，芸芸众生，哪个不在见到它后为自己心胸的狭隘而感到惭愧？水用这种方式展示了它心胸之博大，并送给我们又一个礼物：君子，心胸广博，小人，斤斤计较。"小不忍则乱大谋。"若是你心胸狭隘，一点儿小事都不忍，今后如何成大器？接纳别人，也包容自己。

掬一捧水在手中，感受它轻轻晃动的样子，我的心中不禁感慨万千，如此一滴水，都有这般品质，都能给我们这般珍重的礼物，我们不应反思吗？在如此灯红酒绿的世界中，什么才是最重要的？我认为是坚持与宽容。坚持不懈，可以为你成功的路打好基础；宽容他人，可以在成功的道路上助你一臂之力。如果你做到了这些，那么你只需走在梦想的路上，上下求索，便可成功。

上善若水，感谢大自然的馈赠！

■ **教师点评** --------------------------------------------------

这是一篇颇有哲理的文章，小作者明察秋毫，将水的特性和品性淋漓尽致地展现了出来。文中引用的诗句恰如其分，起到了画龙点睛的作用。我想，这份大自然的厚礼不仅带给作者诸多人生的道理，也让读者获得很多为人处世的思考吧。

（马　婧）

# 我与小提琴的苦与乐

◆ 王麓铭

每个人都会有一门或好几门自己喜欢的艺术，我也一样。我喜欢小提琴。

可以这么说，我学小提琴是痛并快乐着！记得有一年暑假，我正在准备考小提琴三级，可是由于我前一段时间没有好好练琴，所以老师说我考过的概率不大。当时我非常失落，因为考级一年只考一次，当年要是考不过就得等第二年了。于是我便自暴自弃，但是妈妈没有放弃我，她将我每天练琴的时间增至六个小时。我每天早早起床练琴，天天把双臂练得又酸又痛。就这样过了一周、两周……终于，在我的不懈努力和妈妈、老师的悉心指导之下，我可以快速流利地拉出练习曲和协奏曲了。

那段时间的每天早上，家里都会传出我拉得一遍比一遍好的琴声，可以说是天天都会有进步。这令我的小提琴老师十分惊讶——因为我在很短的时间内将自己的水平提升了一大截。但是我还是需要真正的考验，这一天很快就来了。

几周后，我拿着一张考级报名表背着小提琴来到了等候区。人越来越多，在那里我看到了许多学不同乐器的人，他们有些跟我一样，也非常得紧张。终于到我了，我有些惧怕地看着主考官们，强行令自己的手不再颤抖，然后拉起了琴……

几个月后，我终于收到了那份考级证书——我通过了！我特别兴奋，事实证明我那段时间的苦没有白吃，也印证了那句老话："世上无难事，只怕有心人。"

我觉得拉小提琴，不光只是为了把音符拉出来，更重要的是要用心灵去感受它。当你感受到它的时候，你已经深深地喜欢上了小提琴。

■ **教师点评** --------------------------------------------

内容真实，语句通顺。通过文字的叙述，真的看到了作者对小提琴的热爱。

（欧国雄）

# 可爱的虎皮鹦鹉

◆ 王熙茗

我养了两只虎皮鹦鹉，是鹦鹉中偏小的一种，它们身材娇小，羽毛丰满。雄的叫"青衣"，头是黄色的，身子是绿色的，像戏曲中的青衣。雌的叫"白雪"，全身纯白，像雪一样漂亮。合在一起叫"青衣白雪"，简直是一对"黄金搭档"呢！

青衣和白雪爱吃谷粒，如果你听到沙沙的声音，那一定是它俩在吃谷粒了。它们吃谷粒时，如果嘴张得特别大，就又变成铛铛的声音了。平时，青衣和白雪和睦相处，井水不犯河水，但一到吃东西的时候，就似乎变成"敌人"了。它们互不相让，甚至有时会上升到打架的程度。可青衣厉害，总会用强壮的身体把白雪挤到一边，再用嘴啄几下白雪毛茸茸的头，白雪只能无奈地看着青衣独享美食。尽管争得面红耳赤，它们还是好朋友，还是每天一起玩耍。

有一天，我把青衣拿出鸟笼，放到手上教它说话，可刚放到手心，它就嗖地一下飞起来了。它飞到客厅窗帘的顶部，眼睛滴溜溜地看着我，不愿下来。

几个小时过去了，看不到青衣回笼子，白雪不高兴了，它独自待在鸟笼里，一声不吭，一口食也不吃，闷闷不乐。晚上，妈妈回家后，用一根竹竿拨动窗帘，青衣忽然飞了下来，妈妈一把抓住了它。妈妈说："青衣在窗帘上待了一天，一定饿坏了，所以，这么容易就抓住了。"青衣回到鸟笼里，真的是饥不择食似的一阵狂吃，根本顾不上在一边手舞足蹈的白雪。

白雪也有顽皮的时候，有一次，它拉完屎，在笼子里蹦蹦跳跳、叽叽喳喳，一不小心把屎粘在身上了，可它还美滋滋地唱着跳着，真是臭美不知道害羞呀。

我可喜欢我的虎皮鹦鹉了，它们又可爱又可笑，是我学习之余的好伙伴，经常把我逗得哈哈大笑，给我带来了不少的乐趣呢。

■ **教师点评** ------------------------------------------

小作者以一双发现的眼睛观察周围的世界，处处飞扬着想象的活力，将一对鹦鹉写得栩栩如生、活灵活现，字里行间都透露着丰满而愉快的童年生活。语言十分细腻，故事情节生动，是一篇难得的习作。

（禾　苗）

# 窃读记

◆ 梁珂然

我有许多爱好，比如书法、弹琴、吹口琴、画画……但我还是个小书迷，为了读书我不知想过多少种方法，可惜都被火眼金睛的老妈识破了。

那天，我买了好几本沈石溪的动物小说，心想：今天快点写作业，写完看会儿书。晚上，作业完成得很早，我便问妈妈："可以看会儿书吗？"老妈一脸严肃地回答："你先把语文阅读、数学练习题、英语文章写完。"我灰溜溜地跑进房间，飞速地完成练习，又跑出来问："妈，写完了！我看会儿书。""等等，今天写作业的速度很快，才八点半，去把琴练了！"老妈在卧室喊着。我气得差点晕过去，也没办法，只好去啦。十分钟过去了、二十分钟过去了，我弹得很没意思，终于熬到五十分钟了，我迅速收拾好琴谱，问妈妈："练完了，现在可以去看书了吧？""该上床了，"老妈回答，"周末再看吧。"哼！一天的努力白费了。只好无奈地去洗漱。忽然，脑子里出现了窃读的计划。回房间的路上我顺手拿起一本书藏在睡衣里，然后火速地压在枕头下。过了一阵，外面没声音了，估计爸爸妈妈也睡了。悄悄地，我打开台灯，小心翼翼地抽出书。"哎呀！"手一偏，拿错了。无奈还得出去取一本。刚打开门，只见老妈从卧室走出来，惊讶地问我："怎么还没睡，溜出来干吗？"我假装睡意蒙眬地回答："刚才做梦，梦见想上厕所，好不容易找到厕所，这时我醒了，才发觉是真的要上厕所啊。"我往卫生间走，老妈见我没什么事就回房了。我松了口气，拿起书仔细地确认了一次，赶紧回被窝了。看着看着，突然听到外面传来脚步声，不好！老妈又来查房了。我连忙关了灯，把书藏进被窝里，假装睡觉。老妈进来，发现我的眼皮一眨一眨，马上知道我又看书了。这次计划失败了！

既然写作业快也不让我有时间看书，那干脆就慢慢来。下午一回到家我就走进房间"写作业"去了。妈妈看出了我的反常，就问我："今天这么认真？"我故作镇定地回答："今天作业多，早写早休息！"妈妈走后，我摆好作业本，便拿出书津津有味地看起来。过了一阵，妈妈来了，我手忙脚乱地把书藏进被子里，拿起笔开始写作业。妈妈关心地说："今天写作业自觉，来，奖励点水果。"说着端出一个果盘。发现我的桌子都放不下我的书了，"桌子上的书放不下了，可以放在床上"，说着便掀开被子，这下课外书就暴露在了阳光下。"好啊，竟然偷看闲书！"又被老妈识破了。

第二天是周六，我一个人在家里练琴，便又有了窃读的念头，拿来一本书，读了起来。这时，老妈打来电话："干什么呢？""练琴呢！""嗯，好好练！"妈妈的电话刚打完，门就打开了。呀，老妈原来就在门口。我把书藏进盖琴的红布里。妈妈一进门就心急火燎地说："快，把作业弹一遍，然后和弟弟出去玩！"我高兴极了，忘了红布里的书。我迅速把琴弹完，换衣服，妈妈帮我收拾琴。刚进卧室，就听见老妈的吼叫声："梁珂然，一个人在家不好好练琴，又看闲书！"哎呀，又被发现了。

看来窃读是行不通的。只有提高学习效率，做好计划，才能有充足的时间，光明正大地得到读书的机会。

■ **教师点评** - - - - - - - - - - - - - - - - - - - - - - - - - - - - - - - - - - -

小作者培养了较好的阅读习惯，真正做到了喜欢读书、热爱书籍。全文列举事例丰富，文字通俗易懂，尤其是对想方设法窃读的细节描写得很生动，对窃读被妈妈发现后的失落也写得很有感情色彩。

（何履花）

# 雪，冬天的小使者

◆ 何明桦

初冬的一天，我们刚上完第一节课，天空便飘起了雪花。透过教室的窗户，松树上、草地上一片银白，看到这场景，令人不禁想起了童话故事里的银色王国。

下课铃一响，我立刻跑到操场上，洁白无瑕的小雪花纷纷扬扬地从空中飘落下来，宛如美丽的银蝶在空中翩翩起舞。小雪花飘落在我脸上，凉丝丝的，舒服极了。雪越下越大，在空中飞舞，似烟非烟，如雾似雾，整个城市都笼罩在白茫茫的大雪之中，就像白雪公主在为我们铺雪毯呢！远远望去，雪像小银珠，像小雨点，像钻石，像柳絮，像杨花，为我们挂起了一片白茫茫的铺天盖地的大雪帘。透过厚厚的雪帘望去，远处的高楼大厦仿佛在雾中，又宛如在云中，显得特别好看。看着这纷飞的雪花，我觉得那雪是仙女撒下的碎玉，是桂花树上纯洁的花絮，是嫦娥打翻的胭脂，还是冬天特有的"蝴蝶"。雪花降落在树上，毛茸茸亮晶晶的，像驯鹿探出的角，如蝴蝶翩飞，落在屋顶上、树枝上，为路旁的松柏编织了一件洁白的礼服。远远望去，巍巍的群山好像起伏的波涛，美丽极了。

好一个粉妆玉砌的世界，好一幅动人的瑞雪图。这是兰州的第一场大雪。在我们的校园里，也是一片雪景。不管在梨树上、松树上、屋顶上，都是白茫茫的一片，我爱这银装素裹的校园！

雪，冬天的小使者。它洁白无瑕、婀娜多姿。我喜欢雪，喜欢它像童心一样纯洁晶莹。雪给我们带来了无限欢乐。雪，我赞美你，我歌颂你！

■ **教师点评** ----------------------------------------

　　小作者抓住了雪的特点，将雪花飞舞的样子写得惟妙惟肖，用数个比喻句描绘出了雪花带给世界的美丽与快乐，读着文章，犹能感觉到小作者内心的快乐与对雪花、对自然的赞美之情。

（邱　燕）

# 求助的鸭妈妈

◆ 王苗颖

　　一天下午，当巡警们坐在休息室里做短暂的歇息时，进来了一位一直守在外面的年轻巡警。

　　"好不容易有个休息的机会，你怎么这么迟才来？"一位巡警问。

　　"没什么事儿，有一位女士来求助我。当然，她很特别，她，她是一只鸭子。你们想听出了什么事儿吗？"

　　看着几个凑上来的同事，年轻巡警清了清嗓子，开始讲："今天你们回来的时候，我也准备休息，刚走几步，就看见一只大鸭子，领着六只小鸭子，摇摇摆摆地过马路，那样子真滑稽，我看着它们走了一会儿，就转身去追你们了。"

　　"没想到，三四分钟后，那只鸭妈妈居然跑过来，挡住了我和两位同事，它的身后没有小鸭子。"

　　"它走到我们面前，歪着头瞅了一阵。然后做出摇摇欲坠的姿势，好像在对抗着什么。"

　　"一般情况下，鸭妈妈不会丢下小鸭独自走这么远的路。再加上它刚才的动作，我们渐渐明白了鸭妈妈的意思……小鸭子出事儿了！"

　　"我们急忙跟着鸭妈妈赶到'事发现场'。只见一个下水道出现在我们面前，几只小鸭子正在下水道里惊慌失措地往上跳。我们立刻拿来工具，将六只小鸭打捞了上来。令人惊奇的是，在打捞小鸭的过程中，妈妈显得既冷静又理智，除了偶尔发出轻柔的叫声安慰孩子们外，它几乎没有干涉这次救援。"

"小鸭子都被救上来了，鸭妈妈马上扑过去，用嘴轻轻地帮小鸭梳理羽毛。我们用毛巾擦干小鸭子身上的水，鸭妈妈着急地用翅膀扑我们，发出一阵阵大叫。"

"小鸭子都被擦干了羽毛放了下来。小鸭子们摇晃着围拢在妈妈身边，鸭妈妈亲切地啄啄这个，拍拍那个。"

"过了一会儿，小鸭子们重新在妈妈身后排成一排，摇摇摆摆地上路了。我们目送着它们走远，就耽搁到这会儿了。"

年轻的巡警讲完了，大家都散了。这时，门外走进来一个人，对年轻的巡警一笑，说："您好，门口有人找您。"

年轻巡警一愣："什么？谁？出了什么事儿？"

那人笑了："是一只很可爱的鸭子呢，还有六只鸭宝宝。"

**■ 教师点评** --------------------------------------------------

太棒了！一件趣事跃然纸上！文中多有亮点，比如掉到下水道的小鸭子慌慌张张往上跳的描写，虽然只是寥寥几个字，却把小鸭子和妈妈失散后的无助和急切地想回到妈妈身边的感觉刻画得入木三分。结尾鸭妈妈登门致谢的脑洞更是大大的亮点！总之，可以从文中看出小作者是一个善于观察、热爱生活的小同学。

（柳维红）

# 樽中月影思太白

◆ 张祺昕

浮浮沉沉，人生极似这清苦却芳香的叶，茶味醇厚，掩不住的是徽州墨的香。我翻开诗卷，你从千年前翩跹而来，广袖一携，诗意盎然……

你从茫茫云海间走来，素衫飘逸，风骨清朗。我看你脚步流连在那四溢的酒香中，或小酌，或豪饮，或停杯问月，或独酌无亲，朗月伴你推杯换盏。你醉眼惺忪，歌月徘徊、舞影凌乱，尽兴了，挥毫泼墨，不亦乐哉！烹羊宰牛且为乐，会须一饮三百杯，何其酣畅淋漓，好不痛快！

似癫如狂、恃宠而骄、怒骂笑嗔、嘲其所有，差力士脱靴，令贵妃磨墨，朝野皆惊，快哉！快哉！

你胸怀大志，济苍生、安社稷，却遭奸人排挤。你放荡不羁，挥手离去，踏遍大好河山。到天山，你赞，"明月出天山，苍茫云海间"；不得赏识，你忧，"白发三千丈，缘愁似个长"；你安慰自己，"天生我材必有用，千金散尽还复来"；你对友人一片赤诚，炙热如火，酬谢汪伦，"桃花潭水深千尺，不及汪伦送我情"；闻友人左迁，你遥寄一篇"我寄愁心与明月，随君直到夜郎西"，表达同样怀才不遇的同情。

你的一生浪漫至极，不负"仙"之雅称。大醉，忽觉自己漫步太清，那一轮明月正皎洁，你揽月心切，竟不觉那只是一轮倒影……

■ **教师点评** ------------------------------------------

在你的文字中我再次感受到了那个淡泊名利但又桀骜不驯的"诗仙"。整篇文章将才情和诗情熔于一炉，开篇含情、煞尾带韵。闪亮理性之光和诗情之韵的同时还构建了文章。叙写勾勒简洁，给读者留下深刻印象。

（罗凤霞）

公益作文大讲堂

# 记忆、想象：文字的重建

阳 飏

很高兴有这样一个机会和大家聊聊作文和所谓的写作。毫无疑问，学生作文也是某一种意义上的写作，是为真正的写作做准备。上海有个新概念作文大赛，其理念为："新思维"——创造性、发散型思维，打破旧观念、旧规范的束缚，打破僵化保守，提倡无拘无束。"新表达"——不受题材、体裁限制，使用属于自己的充满个性的语言，反对套话，反对千人一面、众口一词。"真体验"——真实、真切、真诚、真挚地关注、感受、体察生活。出发点就是探索一条还语文教学以应有的人文性和审美性之路，让充满崇高的理想情操、创造力、想象力的语文学科，真正成为提高学生综合素质的基础学科。

说到这儿，我想起当年儿子热爱写作，说以后要像他老爸那样，可以待在家里不用按时上班下班，想干嘛干嘛。他就想通过新概念作文大赛获奖了之后可以不用高考直接推荐上大学，只是投出去的文章泥牛入海无消息，最后只能还是按部就班参加高考。只是他上了大学之后，居然收到了一本新概念作文选集和几百元的稿费，他的文章没有得奖但是入选了参赛作文选集。作家当不了，专心学习研究学问吧，但那段对写作的热爱，对他的人生有相当大的启示。

我算是一个专业写作者，我的生活也基本都和写作相关，这些年我每年都多次外出参加各种文学采风活动，尤其在甘肃各地行走，更是有一种心理上的自得感，高天厚土，都是我的甘肃啊。有一句话说得好：要么读书，要么旅行，灵魂和身体，必须有一样在路上。我有一本将要出版的书，《走过甘肃大地》，这也是我多年来游历甘肃各地所记录下来的文字，对甘肃的历史、地理、文物等各方面进行了个性化的文学梳理，将诸多属于专业考古、历史研究的内容，从文学的角度重新进行了审视与解读，涉及内容基本涵盖了甘肃各个地区。对于想从人文角度进一步了解甘肃的读者，本书可视作一册甘肃纸上文字地图，不是按图索骥，而是进行一次有着独特感官印象的精神漫游，亦如古人谓之的"卧游"，且具有某种意义上返璞归真、逍遥自得的形而上的象征意味。对于我来说，甘肃地理可谓一个大课堂，可以从中学习许多或许书本上所学不到的地理、历史等知识。

《走过甘肃大地》这本书所记述的地方我基本都去过，有的甚至去过多次，但每次去还都会有一种莫名的感慨。之前我已经写过几本关于甘肃文物、甘肃简牍、甘肃遗址的书，我想说的是，再宏阔的历史也是由无数细节所构成的，这也是我们之所以会被某些历史片段一次次感动的原因所在。我对甘肃这块大地始终怀有一种感恩的心情，因为我写作的根就是扎在这块土地上的，也就是说，是这块土地养育了我和我的文学写作，成就了我从小就想要成为一个作家的梦想。

我说的第一个问题是：文学是记忆的，文学在叙述它的记忆的时候，表达的是生活，就是你记忆的那些生活。你写生活也就是写人和自然的关系，写人和物的关系，写人和人的关系。要把关系表现得形象、生动，那就需要细节，没有细节一切等于零。

中国最早的诗歌是记载在《吴越春秋》里，大约7000年前一首名为《弹歌》的二言短诗：

断竹/续竹/飞土/逐肉

全诗虽然只有短短的八个字，却有动作、有场景，通过一系列细节，生动形象地向我们展示了古代先民们一边唱着歌一边砍竹子做弓弹石块打猎的生活场景。

我们说，特定年龄阶段的感性经验对一个人的成长有着至关重要的影响，我出生在20世纪50年代，我的成长过程毫无疑问与时代紧密相关。我有一组诗歌《自传小诗》，其中一首《60年……》这样写道："一颗巨大的麦粒/把我击昏在60年的门槛上"——这就是"说出"，说出你的个人经历和记忆。

有作家举过一个例子，说拿了个碗到瀑布下来接水，瀑布下来的水量特别大，但是用碗接不了很多水，最多是接一碗水。我们个人的表达和一个时代的繁复风云相比肯定是微不足道的，但是，我们以我们个人的体验参与到这个时代并且"说出"了自己的感受。

一个时代有一个时代的人文环境和自然环境，我的文章所表现的注定应该具有我所生活过的那个时代的特征。也就是说，作家应该是一位时间和空间的精神旅行者。

相比那些写大题材的作家，我似乎是一个欣赏以"小"为美的作家，如果非要往大里说，于我就如同是一只羊驮上了一头骆驼的重负，或许我也只能是羊的命，骆驼吃草羊也吃草，我还是羊吃草吧。

在我的文章中，世界是"一根草一滴水繁殖起来的"。

因为一些细节的记述，而正是细节，使得一篇文章显出了一点生动和有趣。"有趣"，也就是一种文学的趣味。

如果说写作本身应该是一件严肃的事情，但是这并不妨碍写作也是一件很开心、愉快的，甚至是调侃戏谑的过程。

作家面对一页白纸，或者电脑键盘，仿佛是面对没有鸟的笼子。作家把一篇文章写出来，如同把那只鸟放了出来。

如果说写作具有一种使命，那就是所谓"文字的炼金术"。这就是下面要说的问题：想象。

一个热爱尘世生活的作家，大自然就是天堂，现实生活是你写作不会枯竭的源泉，一旦脱离了现实，艺术与美就会患上贫血症，我们栖居在这个不完美的大地与世界之上，其生存的意义在于自己以语言和生活展开对于存在与命运的对话，从而诗意地栖居于这个充满了美丽与光明，又到处是悲哀与苦难的世界之上。

关于想象，我再举个例子，英国诗人休姆有一首诗：

### 秋

秋夜一丝寒意——
我在田野漫步，
遥望赤色的月亮，附身在藩篱上，
像一个红脸庞的农夫。
我没有停步招呼，只是点点头，
周遭尽是深深沉思的星星，脸色苍白，
像城市中的儿童。

月亮=红脸庞的农夫，星星=城市中的儿童。

有一个孩子的小诗，写的是对他爸爸下班回家的印象：每天一下班，爸爸就像蒸汽火车头一样，冒着热气，轰隆隆地开回来了。写爸爸刮胡子：爸爸拿着剃须刀，又在收割成熟的黑麦子了。

这样的想象是奇特而且富有趣味的。可以说，想象是诗人最重要的创造力。法国诗人波德莱尔说：想象是"各种官能的皇后"。美国诗人庞德说过一句过头的话，意思就是与其写一本书不如写好一个形象。我在这儿强调形象，实际就是强调想象对于一篇作文的重要性，从小训练具有一种想象的思维能力，对于日后的写作会有极大的益处，一定会收到事半功倍的效果。

想象亦被称为"创造力的眼睛"，可以说，想象是一种奇妙的思维方式。

我这几年学画画，画一条鱼，我加了一朵云或者添了一只麻雀，起名为会飞的鱼——意味似乎就不一样了，多了点画外之音。和写作一样，文字之外的意思才是我们要品味的，举个例子，就和倒茶不能太满，溢出来了不礼貌一样，写作文也不能太满，要给读者留有想象的余地。

想象是自由的，是作家灵魂的飞翔，对于想象，人生感受、人生体验，永远是第一性的。

给同学们提几点建议：

1. 多读书，保持热忱的阅读，开阔自己的视野，明辨什么是好的文章。阿根廷作家博尔赫斯关于读书有一段话尤为精彩："在人类浩繁的工具中，最令人叹为观止的无疑是书，其余的皆为人体的延伸。诸如显微镜、望远镜是视力的延伸，电话则是语言的延伸。犁耙和刀剑是手臂的延伸。而书则完全不同，它是记忆力和想象力的延伸。"

2. 要有目标，写作是有技巧的，通过文字表达出来肯定有好坏之分，通过一定正确的写作训练，可以掌握一定的内在规律。天才有，但是天才也需要勤奋才能达到大境界，所以，要做好持之以恒的心理准备，写作是马拉松跑，需要毅力。

3. 培养自己的想象力，我们每天面临的是一个变化无穷、波澜壮阔的世界，保持童心，对事物充满兴趣和热爱，这样，才能让自己的心灵飞翔。我们看活了九十多岁的齐白石的画，一条鱼、一只虾，甚至一个萝卜、一棵白菜，无不充满了童趣，正因为如此，他的画才那么有生命力，看起来是那么活活泼泼。可以这样说，在时间和自然面前，不论画家还是作家，永远是个孩子。

4. 虚心求教，不放过一切可以提高自己能力的机会。这样的话，你不仅可以结交到一些志同道合的同学，还可以有更多趣味相投的朋友，这些，都会成为你人生的宝贵精神财富，何乐而不为？这样，也才可以让写作成为你的美好愿望和人生追求。

大概总结一下：写作对于我们的意义，就在于让想象和心灵飞翔的同时，还能够激活并唤醒我们缺失的记忆。说到底，写作就是一种记忆，就是重新编撰和删减，让原本毫无关联的事物呈现出它们相互依存的隐秘和秩序。

写作，无非就是我们向这个世界表达自己情感而倾诉的一种方式。好的作家应该具备一种精神向度，且有着平易之间见智慧的艺术境界。

谢谢各位老师和同学！在这么一个春天的下午，面对这么多春天一般的面孔，让我们一起度过了一段值得记忆的好时光。

阳飏　一级作家，出版《阳飏诗选》《风起兮》《风吹无疆》《中国邮票旁白》《山河多黄金：甘肃文物启示录》《百年巨匠：黄宾虹》《左眼看油画》《右眼看国画》等诗歌、随笔、艺术评论十四本。作品被收入各类选集。曾获《星星》诗刊跨世纪诗歌奖和《星星》诗刊年度诗人奖、甘肃敦煌文艺奖一等奖、甘肃黄河文学奖一等奖等奖项。

# 生活是创作之源

王惠梅

在平时的学习中，很多同学一谈到作文就谈虎色变、厌烦不已。我觉得不是学生不愿写作文。谁不想作文时，思路清晰，行云流水，一气呵成，酿成佳作；谁不想出口成章，妙笔生花，得到老师的首肯，同学的叹服，家长的称赞。可是学校、家庭两点一线的学习生活早已让很多学生麻木了视觉，疲惫了听觉，所以一写作文，就慌忙应付，背诵套话，重复旧话，甚至是胡诌假话。

有一次我批改整个年级的考试作文，一个开头吸引了我。"我梦想：来到塞外的大漠，在夕阳的金黄中感受'长河落日圆'的壮丽。我梦想：来到海边的沙滩，从波涛的澎湃中感受'乱石穿空，惊涛拍岸，卷起千堆雪'的惊心动魄。我梦想：来到白雪皑皑的高山，在朝阳的艳丽中，领略'红装素裹'的分外妖娆。"虽然这个开头排比、比喻连用，显得太整齐划一，可对于初中生而言，起笔就能做到虚实结合、情景交融、诗文有度，而且角度新颖，实属不易。于是我给了一个较高的分数，可是没批多少，又出现一个"我梦想：来到塞外的大漠，在夕阳的金黄中感受'长河落日圆'的壮丽"。于是我在试卷上默默写了一句"这个开头我刚见过"，然后皱着眉头往后批，生怕担心的事会发生，果然又出现几个"我梦想：来到海边的沙滩"，到全部作文批完，一数，竟有十几位同学"梦想：来到海边的沙滩上"，过后一查才知道全是背诵套用网上的作文开头。

除此外，一些同学的作文还停留在重复旧话的真情假景之中。比如说，考试前的焦虑难过自然是有的，可是虽然作文里难过落泪时大雨倾盆，振作崛起后雨过天晴，两线并行的想法是好的，但是由于过渡得太生硬，让我特别想说一句："你又不是小龙女，更不是龙王龙太子，怎么可以呼风唤雨！"一有挫折，就去石头缝里找小草，一谈坚强，就能看到小区墙角的蜡梅花。且不说，一个人真正挫败时，满心的难过伤心，满脑的迷惘无助，根本不会低着头满世界找小草，单就冬季初春干旱的兰州随处可见南国的蜡梅花就值得怀疑。

更厉害的是胡诌假话。当同学的一篇关于情系故去老人的文章受到好评时，同学们纷纷效仿，一时间"故去了的爷爷""天堂里的奶奶"使得作文里愁云密布，一片哀容。其实，十几岁的生命里，可能这种阴阳两隔的经历确实是痛彻心扉的、真情感人的，但纷纷效仿的结果是麻木了阅卷者的视觉，自然也就不得高分。这些作文的弊端归根结底就是练得少，缺乏生活的历练，缺乏关于生活瞬间的采集，缺乏生活画面的发现，更缺乏对生活的思考和对生命的唤醒意识，写作时才显得畏首畏尾，不知所措。偶尔听到同学课堂上朗读一篇佳作便如获珍宝，纷纷效仿，殊不知，因为作文能力和写作水平的差异，别人作文的好可能就成了你习作中的害。

那么我们怎样才能写好自己的文章呢？我想分三层来说明。

第一层，我想告诉大家的是，要有自信。要敢写，要多写。可能刚开始，有点难，不知写什么、怎么写，硬逼着自己写出来也无外乎几行字。我要告诉你的是，这不要紧，因为积少成多、积沙成塔的道理谁都知道。你可以写写日记，把你当天发生的快乐的事或难过的事，甚至是稀松平常的小事都记下来，哪怕只有几个字、几句话都无所谓，重要是养成写的习惯。你还可以写随笔，字数由少到多，可以发表对某事的看法，可以发发牢骚，可以写写评论，写一首连自己都看不懂的幼稚的小诗，也可以随意描绘一个景致。总之，写的多了，你会发现，你学会观察了，于是，窗台上的一朵花，小区里的一棵树，或是一片浮云，一阵微风，都可以让你驻足良久，看到更多的东西，那可真是一花一世界，一叶一菩提。

等你写的再多一些，你又会发现，自己能把一件事说清楚了，再回头看看，就会觉得所记的内容，有些语句值得回味，而有些就是流水账，不值得一提，可是慢慢地你就有了一定的鉴赏能力，也就进入了写作的第二层。这时候你就可以在日常生活中收集一些更有价值的素材，并用几句话记录下来，我称它为"碎片式的记忆"。

为什么称为"碎片式的"？因为它可能是路上看到的一个稍纵即逝的画面，也可能就是瞬间能感动自己、震撼内心的一个动作、一个眼神、一次对话……这些丝缕的思想碎片有时就像风一样，你不随手记下来，它就会随风而逝。素材用时方恨少！举一个我收集素材的例子。一天细雨绵绵，我看到小区台阶上相互搀扶着的一对老人，耄耋的爷爷左腕挎着折叠椅，左手撑着伞倾斜于对方，右手搀扶着一位身体颤抖的奶奶。雨水打湿了爷爷的肩头，可他却浑然不知，只是不停地鼓励着伞下拄着拐的奶奶，"走得好，哎，就这样，一步一步地上！"那一刻，青石板的台阶，两旁翠绿的抽了枝芽的柳丝，以及灰灰的天空、蒙蒙的细雨，都似幕布一般衬托了两位垂暮老人的背影，就像一幅油画一般定格在我的脑海中。一瞬间我的鼻头一酸，真正感悟到"执子之手，与子偕老"的温情。这就是碎片式的记忆。

有了这些"碎片式的记忆"，你就得进一步思考该怎么建立事物之间的联系了。我们可以从清代王夫之的《姜斋诗话》中找到途径，那便是"会景而生心，体物而得神"。这两句是说我们临遇景物就应该萌生心思，体验事物就要把握神韵。再通俗一点就是外出旅游，见到一景一物都要联想感怀，平日里的生活学习中每一次经历都会有价值，要努力去挖掘，每一种情感都值得珍藏。我们要学会在日常的生活中收集碎片式的记忆，在广袤的自然界捕捉有营养的画面，并建立"景物"与"心神"二者之间的联系，就能习得好文章。

遴选有价值的素材，并创建事物之间的联系，就会慢慢写好文章。大家都熟知一个名字——太阳，但是我们不知道跟太阳相对的月亮也有另一个名字叫太阴。那么熟悉了阳光下生活的我们，喜爱月光如水的我们，该如何建立日月交替与心灵变化的联系呢？这就需要通过联想、想象达到贯通。

我很喜欢于丹老师对于太阳和月亮的诠释。太阳圆满热烈，赋予我们力量，在太阳底下，我们拥有了一颗进取心；月光皎洁、明亮，可月亮终究有阴晴圆缺，她让我们懂得了一个人立足于社会，更应该有度量，于是，在月亮底下，我们便拥有了一颗平常心。

太阳赋予我们的进取心，让我们在工作学习中能拿得起；月亮赋予我们的平常心，让我们在遭受挫折时能放得下。一个人在生活里，要拿得起就需要有力量，放得下却需要有度量。没有力量就什么也拿不起来，在世界上无法安身立命。但没有度量的话，就什么事情也放不下，永远扛着的话，那你还怎么前进呢？所以说这个世界上最大的平衡是阴阳之间的平衡，可见太阳、月亮这些司空见惯的自然之物也能教给我们很多的道理。其实穿越万古山川、天地江河时所体会到的种种变化，都能让我们明白很多做人的道理。"会景而生心，体物而得神"，只要你用心思考，唤醒那些美好的记忆，作文时，任何外物都可以和生活生命创建联系。

学会正确地遴选素材，试着创建外部事物与内部心灵之间的联系后，你就可以尝试第三个台阶"融会贯通"了，具体来说就是王夫之《姜斋诗话》中的第一句"含情而能达"了，意思是说，蕴含情感而能通达事理。我们收集生活中的情感，捕捉生活中的信息，不仅要符合大家共识的审美要求，而且文章要写得有感情、识大体，白话概括就是"情感真挚，立意深刻"。也许你觉得"立意深刻""融会贯通"的佳作只是个别优秀的学生才能做到的，那我要告诉你，只要你掌握方法，付诸行动，认真练习，每一位同学都可以做到。

有些同学可能还在担心自己下次写文章时，仍然会心烦意乱，胸闷气短，手里转笔，脑里空白，一时间无处下手，于是搜肠刮肚，写写停停，好不容易凑出几行字。即使是脑洞大开，有点灵感，也是信马由缰，不能做到心中有数。于是乎继续对作文产生畏难心理，这样也不要紧。

金一南少将的一句话我想把它送给今天在座的各位同学，"做难事者必有所得",做容易的事情,做自己轻车熟路的事情,闭着眼睛都能干,那是重复不是提高,做一件自己没做过的事情,那便是挑战,不管成功与否都是提高。抱定了练好作文的决心,认真研习作文的方法,采集生活中的点点滴滴,将他们紧密联系、感悟品析,便能迎难而上,习得佳作。

最后,关于写作,请大家别忘了王夫之的三句话,"含情而能达,会景而生心,体物而得神",发现生活,唤醒生命,让生活中的点点滴滴成为取之不尽、用之不竭的创作之源。

王惠梅 兰州树人中学语文教师,语文备课组长,区级骨干教师,优秀教师。录像课《行路难》荣获市级一等奖,课题《初中作文三分式梯度点拨策略研究》荣获市级一等奖,多篇论文在国家级和省级刊物上发表,指导学生在各类作文大赛上获奖。始终奉行"唤醒"教育,通过语文教学唤醒学生曾经对生命、对自然的记忆,从而激发学生的求知欲和探索精神。

# 让孩子们愉快地享受阅读和写作

刚杰·索木东

鉴于自己是个文学爱好者，又在高校工作的缘故，老有家长朋友问我："如何才能提高孩子们的写作水平呢？"

其实，这是个宏大的命题，或者说是一个非常复杂的、难以具体回答的问题。在我本人看来，每个人都是独一无二的优秀个体，每个孩子也都有着与众不同的天资和兴趣，自然也就拥有隶属于自己的未来和个性化的发展，不可一概而论。

自然，基础写作能力，不分行业和长幼，是一个人安身立命的从业之基，也是未来文明社会里一个合格的社会人所必须具备的基本技能。

那么，如何才能给孩子们养成一个良好的写作习惯，切实提高他们的文字组织能力呢？或者，换言之，如何才能使他们在将来的生活和工作中，流利而自信地写出一些文章，甚至爱上写作、成就自己呢？

个人认为，所有良好的写作，如果非要找出一个放之四海而皆准的方法的话，那就是"深阅读"和"勤练笔"。

那么，首先应该怎么样帮助孩子培养一个非常好的阅读习惯呢？

俗语说得好："读书，是成本最低的高贵。"文学大师、曾担任阿根廷国立图书馆馆长的博尔赫斯也曾说过："如果真有天堂，天堂就应该是图书馆的模样。"

在"互联网+"大背景下，碎片化信息充斥着我们的生活，浅阅读，已经成了这个时代的通病。但是，我们也得非常清晰地认识到，不管科技发展到何等地步，不管将来的文字载体变化成什么样子，"深阅读"永远是提升自己知识内涵和人生修养的最便捷途径。而纸本书，也因为它的特殊品质，必将一直存在下去，而且仍旧会得到"真正的读书人"的无比青睐。

所以，培养孩子良好的阅读习惯，除了各级各类学校需要上好这门课之外，家庭更需要高度重视阅读习惯的养成。我们都知道，有一间书房的家庭，有一对喜欢阅读的父母，他们的孩子就不会是一个只会玩电游的新时代的接班人。

个人认为，首先要从兴趣上引导孩子进入阅读。法国思想家孟德斯鸠说过："喜欢读书，就等于把生活中寂寞的辰光换成巨大享受的时刻。"而这个享受，对孩子而言，首先就要从兴趣开始。家长和老师，在孩子们读书的初始阶段，要结合他们的兴趣点，选择一些适合他们年龄段的优质图书，比如绘本、连环画等，带他们进入阅读之门，培养一个坚持每天阅读一小时的好习惯，这也是养成教育的一部分。

其次，要逐步提升孩子的阅读品质，让他们带着追求去阅读。克尼雅日宁说："读书有三种方法，一种是读而不懂，另一种是既读也懂，还有一种是读而懂得书上所没有的东西。"也就是说，我们不但要慢慢引导孩子们去读经典、去读原典，而且还要引导孩子们在大地上读书，在实践中读书。也就是通俗所说的"读万卷书，行万里路"。

三是要给孩子们培养一个带着纸和笔阅读的好习惯。吴晗先生的一句话，最能概括这个过程："读书是学习，摘抄是整理，写作是创造。"

四是要培养孩子带着思考阅读的能力。法国启蒙思想家、文学家、哲学家伏尔泰曾经说过："书读得越多而不加思索，你就会觉得你知道得很多；但当你读书而思考越多的时候，你就会清楚地看到你知道得很少。"讲的就是这个道理。

书读到最后，还得从书本里面跳出去，这就是读书的高境界——带着批判阅读。一言以蔽之："尽信书，则不如无书。"

杜甫先生说过："读书破万卷，下笔如有神。"但是，光说不练，无异于纸上谈兵。我们除了要永远记得，在自己和孩子的床头和行囊里放一本好书外，还要和孩子们一起，在生活中时刻带上一双会观察的眼睛和一支会记录的笔。

有了良好的阅读储备以后，写作，其实一点也不难！

和阅读一样，孩子们写作能力的提升，首要解决的问题，还是"坚持"二字。如果我们能坚持让孩子每周写一篇作文，记录他感兴趣的人、物和事，从最初的三言五语，到最后的长篇大论，假以时日，受益良多。

自然，好的写作过程，一定是将观察、阅读和练笔、评阅紧密结合起来的一个过程。作为老师和家长，我们不但要帮孩子们系好"写作的第一粒扣子"，更要让他们慢慢学会自己"穿衣吃饭"。

个人认为，写作的第一个阶段，应该是叙事清楚。无论文章长短，主题永远是核心，递进的层次也就是叙事的架构是基础，主次分明、详略得当的叙述则是提升，最后如果能在文章结尾时做到呼应主题，一篇好的作文自然而然也就诞生了。

写作的第二阶段，就要做到使用优美的语言和掌握精湛的书写技巧。我们都知道，文字是语言的符号，也是通向浩瀚宇宙的阶梯。遣词造句，应该有灵气。而这些灵气，一定来自阅读。这也就是为什么对小学生要强调名言警句和范文的背诵了。"细节决定成败。"这不单是做人做事的真理，也是写作的真谛。作为老师和家长，我们指导孩子的作文时，一定要在强调语言锤炼的同时，更注意细节的描写。同一主题，同一题材，唯有凸显细节，才能提升质量。

跳出"小我"，则是写作比较高的另一个阶段。而要达到这个阶段，可以讲出来的理论可谓汗牛充栋。但总结起来，无非就是"发乎情，止乎礼，行于文"。实际一点而言，就是要让孩子们在写作时规避以下情况——言之无物的空洞写作、无病呻吟的虚情假意、为赋新词的矫揉造作、生搬硬套的牵强附会、辞藻华丽的本末倒置。

而如果能做到推己及人、心怀苍生，那就是能够塑造"大我"、引起共鸣的更高阶段了。这个阶段的写作，也就是严肃意义上的"作家写作"。个人的理解，这个阶段的文学作品，应该就是能用最朴素的语言完成叙述和描写，然后在跳跃性的文本结构中，通过峰回路转的诗意表达，深度反映对物质世界灵魂高度上的拷问和思考。也就是说，当我们能由小见大，由"一物"而见"万物"时，也就进入"作家"的队列。

写作的最高阶段，就是不再有任何"炫技"的返璞归真。也就是说，要在叙事上做到大巧若拙的质朴，在语言上做到举重若轻的精致，在立意上做到意料不到的回转，就会实现与众不同的表达，从而达到"超然物外、对话宇宙"的超脱境界。如果能到达这个阶段，我们的写作也就达到了通俗意义上的"大家"水平。爱是人类永恒的主题，也是写作者的终极追求。而要达到这个程度，首要就是心中要有爱，要有心怀苍生的大爱。

综上，如果我们能做到"自由阅读"，继而能做到思想上的"超然物外"，自然就能用温暖的文字，来装点自己的人生旅途，书写诗意美好的生活了。

刚杰·索木东　藏族，又名来鑫华，甘肃卓尼人。中国作家协会会员。有诗歌、散文、评论、小说散见各类报刊，入选多种选本，译成多种文字。著有诗集《故乡是甘南》。现供职于西北师大。

# 我手写我心——撰写自己的生命叙事

贾 莹

　　谈及"写作",人们多会感觉到这是个特别宏大的话题。从学生的角度看,大家都比较希望语文教师可以手把手教自己如何有法有序构建文字,如何简单有效得高分。但是从根源上看,对于成长中的学生而言,掌握写作的技巧固然重要,但对于写作展开更深层次的思考和理解,认清写作之于自我的意义,却有可能更重要,它往往可以决定他们在写作这条道路上可以走多远。

　　最近刚好在批学生的作文,题目是任选2019年高考作文真题其一,自己创作一篇作文。学生写的总体不错,立意明确、题目清晰、结构有序,可以说基本得法。但是大部分作文,读完总觉得少了些什么。我总结了一下,缺少的是一种直击人心的力量,从阅读者的角度看,这些习作里我们不太能看到作者自己,也很难对作者的观点产生心灵共振,换句话说:这些文字不接地气,缺乏持久而鲜活的生命力。然后,我找了本2019年的高考高分作文集,对比翻看,想了解我们学生的习作与高分作文的差距在哪里。对比之后,最突出的感受是,特别优秀的高考作文,一定是符合"立意深刻""内容充实"这两个基本特点的。这是作文的灵魂。

　　那么这个作文的灵魂从哪里来？我认为在于写作者在文字里熔铸了个人丰富的生命体验。也就是说，我们的学生习作，立意不够高远，原本在于我们对事物或事情的理解不够深刻，情怀不够宏大；我们的习作，内容不够充实，源自我们的视野不宽广，素材不充足；我们的习作，表达不出彩，原本就是因为我们词汇不丰富、语言不饱满。而思维的深刻、视野的宽广、表达的饱满，并不是在考场上凝神聚气、灵光乍现就能做到的，它应该是每个人长久积累的结晶。俗话说，"台上一分钟，台下十年功"，对于作文考试而言，也是同理。作文，尤其是优秀的应试作文或者比赛作文，肯定不仅仅是灵感迸发的结果，它一定是长久丰富的积淀在规定时间里的集中体现，所有的考生面对同样的问题的时候，你的思考到达了怎样的高度，你的语言具备了怎样的储备，你就能够写出怎样水准的文字。所以，长久的积累一定要越早开始越好，要从你的生活里走来，从你的生命体验中走来。写作不在生活之外，写作就在生命之内。一个没有丰富深沉精神世界的孩子，我们很难期待他能创作出立意高远、内容精警的好文章。至于写作的技巧和套路，那一定是建立在深厚内容基础之上对于文字的优化。技巧的精妙程度，并不能代替文字本身的深度与高度。甚至我个人认为如果是小孩子写作文，那就更应该保留"童心"而非培养"匠气"。正所谓，技巧通过训练可以得到，但精神的涵养却必须从正在成长的生命开始培养，从写作者成长的每一天中获取力量。

　　简言之，我在此想表达的核心观点是：写作就是一个撰写生命叙事的过程，每一个人都能做到，且能做好。"生命叙事"这个概念，是从基础教育界这几年比较流行的一个和教师专业发展相关的概念"教育叙事"中迁移过来的。在这里借鉴一下最近在读的王琰主编的《大作家讲作文》序言中的话来作以诠释，那就是"作文是记录，也是表达，是呈现自己内心的最好形式"。其实我们每个人都是一个天然的母语表达者和创作者。结合之前引用的话来理解"生命叙事"，那就是：我们每个人，都是一个能用母语来记录、表达自己生活，呈现自己丰富精神世界的创作者。

　　那么这个"生命叙事"应该怎么样来完成乃至完美呈现呢？一言以蔽之——"我手写我心"。具体而言，我认为首先一点就是要心存敬畏，敬畏个体生命的成长过程，真诚地投入生活。一个人，如果活得不精彩，眼睛里也看不到世界的精彩，他的笔底自然很难写出精彩的文字。真诚地生活，真诚地对待发生在自己身上的每一件事，不敷衍每一个日子，不敷衍人生的每一个历程，然后把这些历程中对真善美的发掘和假恶丑的批判积累起来，汇成生命的大江大河，汇成思想的洪流，当你的感触、情绪饱满到一定程度的时候，笔底自然就有文字流淌，古人称之为"情动于衷，发于言"。即便当时没有写，但这些对生命的感受，这些生活的片段，只要是你真诚经历过的，它一定会积累在你的记忆里，终有一天会喷薄而出。比如作家尔雅先生就曾谈到，"文学对我来说是一种重要的生活"，而他的散文《故土风物》（三题）写的全是自己的生活，和朋友在一起的生活，自己的创作生活，青少年时期的农村生活。其中《1987年的夏天》是朝花夕拾式的回忆性质的文字。当时没有写，但是记忆深刻，存在心中了，等到回头需要时，把素材从记忆的驼峰里采撷出来，即便是追忆文字也写得毫不费力，只因当时是那么真诚而用力地活过。这样的写作就是典型的生命叙事。同样的，作家马步升先生的散文《激情燃烧的片段》，是在成年以后追忆童年生活，写到"打猴儿""滚铁环""少林模仿秀"等片段，简直活色生香，读来令人身临其境。正是有了真诚刻骨的生活经历才有了后来美好的追忆。所以生命叙事的第一步，想写出人生的喜怒哀乐、笑骂歌哭，那得先经历这些东西。不要把光阴当作日历上的刻度，要开启自己善于观察的慧眼，打开自己善于感知的心门，冲破感情的堤坝，同时不忘唤醒理性的思维，眼观六路，耳听八方，心里装着生活、装着现在，也装着远方，这是生命成长的过程，也是精神涵养的过程，也是为生命叙事积蓄力量的过程。每一个认真生活的人都要相信自己一定有能力完成自己的生命叙事。

当然，"生命叙事"并不总是十分容易顺畅就能完成的，很多学生其实可能也会遇到这样的难题：我一直很用力地生活，但是经常是活得太用力，感情大开大合，常常使自己沉浸其中不能自拔，忘记书写和记录，照样没留下什么痕迹，怎么办？这种情况其实每一个人都会遇到，或者说是大部分人的生活常态。感动的时候会大哭，开心也会大笑，痛苦时候感觉痛彻心扉，可惜上床睡一觉，不管什么感动的、开心的、悲伤的心情全都像流水账一样划过心田了，连只言片语也未曾留下。面对这种烦恼，克服它的办法其实也很简单，那就是——只要写起来。这是我们实现生命叙事的第二个要点。

写作在某些时候是激情澎湃的产物，但如果要把写作作为终身追求，想要写好，甚至成名成家，那一定就是日积月累的成果了。从学生的角度来讲，我们首要的是要让自己动笔写起来。动笔写起来的方式，我认为最好的仍然是写日记或者随笔。日记里写什么？不定主题，就先写下去。一开始，实在不会写，就先记叙这一天发生的事情，俗称流水账。时、地、人、情、景、物，几个要素写清晰，要么时空为序，要么事理为序，要么以充沛的感情贯穿始终，一开始先把它写成像模像样的篇章，日子久了，写出手感了，再尝试进行优化。挑出上述要素中对你触动最大的一点进行展开。比如今天天气好，风景不错，写作重点就放在摹景状物，组织语言的时候，多注意描写这种表达方式的使用；如果今天发生了或者你看到了一件对你有触动的事情，那就把记叙文的基本要素写清楚，注意叙述的顺序，还有事情的要点与枝蔓之间的详略取舍，尤其要注意写出事件的起承转合，写出高潮；如果今天跟同学朋友家人发生了不愉快，那就更是写文字的好时机，关上门来，痛骂一番对方，自责一番自己，趁着情绪饱满的时候噙着泪、咬着牙，怀着一股狠劲儿，把感情抒发透彻，反问、排比、呼告，这些修辞大胆用上，出来效果一定比流水账要好。正所谓生命一旦感觉到痛苦，文学就产生了。总之，就是抓住特点，抓住这一天生活中的出彩点，抓住生命体验中最打动心灵的领悟，不敷衍自己的情感，真诚表达，写出来的文字，那就有自己的特点了，也就是我们常说的文字有了自己的灵魂。

写出一两篇好日记、好练笔不难，可是坚持写十年、几十年，估计做到的人就凤毛麟角了，这就涉及完成生命叙事的第三个要点——坚持。凡事难在坚持也贵在坚持。正如北宋文学家苏轼在《晁错论》里曾说过的："古今之成大事者，非惟有超世之才，亦必有坚忍不拔之志。"坚持不必天天挂在嘴边、刻在桌前，最好的坚持是风淡云清，不必刻意。每天固定写作时间，雷打不动，把日记写作、日常写作视为同吃饭睡觉学习一样的事情，自然而有规律。形成自己的写作生物钟，不仅能帮助自己把日常写作坚持下去，还能培养自己在规定时间里的专注力和思维的敏捷度。其实生活对于大部分人而言是一种平淡的重复，有时候甚至平淡到令人觉得平庸，平庸到令人怀疑自我生命存在的价值与意义。每个人都应该有自己对抗平庸的方式，这个方式是能够让你清晰感知到自己生命力量的所在。身为语文教师，我觉得对于写作的热爱，对写日记的坚持，就是一个很好的方式。

当然，认真生活、认真记录生活，对于成为一位很好的写作者来讲，未必是充分的。我们可能仍旧会觉得精神不完满，这时候怎么办？还有一个重要途径是多读书。"粗缯大布裹生涯，腹有诗书气自华"，生活没有教会我们的，书籍能够弥补，直接经验不够的地方，通过书籍获得的别人的间接经验也很好。当然，谈到"阅读"那就是另一个宏大的话题了。

对于很多文字爱好者而言，尤其对于青少年文字爱好者而言，成为作家，是一件非常值得期待的事情，也是值得其为之终身努力的事业。但对于大部分人而言，我们更可能成为作家之外的其他人。这也是不必惊慌的事情，不必害怕有一天我们会因为没有成为作家而与文字断绝联系，相信种子，相信时间，相信生命的力量，相信自己手中朴素的笔，相信自己的母语表达，相信自己可以做好独属于自己的生命叙事，相信不远的将来，我们的文字会带我们走向我们想要追逐的诗与远方！

贾莹 河南西峡人，文学硕士，西北师范大学附属中学语文教师，附中《教研论坛》责任编辑。从事古代文学与语文教育教学研究，多次参与国家级、省级课题研究并发表论文数篇。曾担任西北师大附中北辰人文实验班班主任，多年任附中北辰人文实验班、昌绪工程实验班语文教师，并指导学生在各类作文比赛中获奖。